ELIAS GUILHERME TREVISOL

APOROFOBIA NO BRASIL

A discriminação estrutural sob a ótica da Comissão Interamericana de Direitos Humanos

ELIAS GUILHERME TREVISOL

APOROFOBIA NO BRASIL

A discriminação estrutural sob a ótica da Comissão Interamericana de Direitos Humanos

NIDH
Núcleo interamericano de Direitos Humanos

Rio de Janeiro

2026

Dados Internacionais de Catalogação na Publicação (CIP)
(Câmara Brasileira do Livro, SP, Brasil)

Trevisol, Elias Guilherme
Aporofobia no Brasil : a discriminação estrutural sob a ótica da Comissão Interamericana de Direitos Humanos / Elias Guilherme Trevisol. -- 1. ed. -- Rio de Janeiro : Instituto Interamericano : II Ltda - Núcleo Interamericano de Direitos Humanos, 2026.

246 p.

Bibliografia.
ISBN 978-65-83301-16-1

1. Direitos humanos 2. Aporofobia 3. Discriminação social 4. Pobreza 5. Sistema Interamericano de Direitos Humanos 6. Comissão Interamericana de Direitos Humanos 7. Brasil I. Título.

26-301233.7 CDU-342.7

Índices para catálogo sistemático:

1. Direitos humanos 342.7

Maria Alice Ferreira - Bibliotecária - CRB-8/7964

AGRADECIMENTOS

A seção dos agradecimentos quase sempre oferta mais liberdade de escrita, mas praticamente toda forma de liberdade, sabe-se, corresponde a uma responsabilidade.

Agradecer requer prática e nem sempre estamos atentos a tudo a que devemos gratidão. Nessa seção, buscarei agradecer a muitos que me ajudaram durante o percurso do mestrado. Infelizmente, não há como mencionar a todos e todas, mas, caso não os nomeie neste momento, a todos que estiveram comigo, presentes ou em pensamento, minha sincera gratidão.

Minha caminhada pelos estudos e pelas questões sobre o mundo sempre foi estimulada por minha falecida mãe, Vera Regina Cruz Trevisol. Minha avó Enilda e meu avô Guilherme Trevisol e minha mãe sempre ensinaram o valor do trabalho, paciência e amor. Eterna gratidão à minha família. Do início ao fim, tudo devo a vocês.

Os professores do mestrado em Direito da UNESC (PPGD) me acolheram em minhas limitações humanas, esclareceram algumas dúvidas e criaram muitas outras, afinal, o conhecimento é uma busca ingrata e uma experiência sempre parcial, sempre que se aprende algo, sabe-se que há tanto mais a saber.

Assim, a luz do conhecimento devo a muitos professores, mas não poderia deixar de agradecer ao professor Antônio Carlos Wolkmer, sempre atencioso e cortês com todos, um intelectual que orgulha a todos os discentes da UNESC, à frente de seu tempo e que com sua imensa humildade e conhecimento, ilumina a toda uma geração de pensadores. É uma honra ter sido e continuar sendo seu aluno. Muito obrigado.

Na trilha do mestrado em Direitos Humanos da UNESC, mais que professores e professoras brilhantes da própria instituição, conheci mentes grandiosas, como a do professor Siddharta Legale. O professor Legale foi um dos organizadores no 47º Curso de Direito Internacional promovido pela Organização dos Estados Americanos em parceria com a Universidade Federal do Rio de Janeiro no ano de 2022. Minha admiração por seus pensamentos e por suas obras doutrinárias sobre o sistema interamericano já era anterior a esse curso, porém, naquele período de poucos dias, pude constatar em primeira mão, além de seu vasto conhecimento, toda a dedicação voltada à docência e à pesquisa como projetos de vida, a você professor, muito obrigado.

À minha querida orientadora, professora Débora Ferrazzo, rendo também boa parte da conquista empreendida no mestrado e, muito da dissertação. Sem teu carinho, dedicação, tempo e atenção esmerada às minhas intermináveis dúvidas, esse percurso provavelmente não teria sido concluído. Por toda tua importância nesse trabalho de pesquisa e pelo que representa em minha vida enquanto exemplo acadêmico, docência e profissional, muito obrigado.

Chegar até o mestrado não foi tarefa simples, me irritei com injustiças e por isso busquei o conhecimento em Direitos Humanos na UNESC, mas nessa caminhada abdiquei de muito tempo, mais tempo do que imaginava, tempo de lazer junto a quem amo, abdiquei de tempo à advocacia, clientes e processos, deixei a pesquisa ser uma das prioridades nesses dois anos em minha vida, de 2022 a 2024, e jamais poderia ter feito isso sem a compreensão, amor, carinho e todo apoio dado por minha esposa, Tatiane Jaskiu da Silva Trevisol.

"Tati", às vezes as palavras "muito obrigado" ou "gratidão" não conseguem definir exatamente o sentimento de alegria e felicidade por ter você ao meu lado. O apoio que me deste em tempos de indecisão, de tensão ou mesmo medo quanto ao caminho trilhado no mestrado foi fundamental para que eu pudesse realizar esse projeto até o fim. Sem você, pouco ou nada teria realizado.

Não é fácil definir o amor, o amor se sente, se compartilha sem que se diminua, o amor existe por si e a melhor forma de definição é o puro sentimento, sem ele, amor é apenas uma palavra. Esse amor inexplicável por palavras é o que sinto todos os dias por ti desde que te conheci. A você, mais que agradecimentos, deixo registrada a certeza de que boa parte desta conquista acadêmica é porque tive você a meu lado. Amo-te.

Por fim, sou muito grato a Deus, essa força infinita que a tudo origina e que, por meio da fé, impulsiona tantas e tantas vidas, inclusive, a minha. Muito obrigado.

NOTAS SOBRE ESTA EDIÇÃO

Este livro resulta da dissertação de mestrado defendida pelo autor no Programa de Pós-Graduação em Direito da Universidade do Extremo Sul Catarinense (UNESC), na área de concentração Direitos Humanos e Sociedade, sob orientação da Professora Doutora Débora Ferrazzo. A passagem do texto acadêmico ao formato de livro exigiu um conjunto delimitado de intervenções editoriais, aqui declaradas em nome da transparência devida ao leitor e ao próprio autor.

A primeira intervenção é de natureza normalizadora. Todo o texto foi submetido a revisão ortográfica e gramatical integral, segundo o Acordo Ortográfico da Língua Portuguesa em vigor, com uniformização de hifenização, crase, regência, emprego de maiúsculas, tratamento de numerais e padronização tipográfica de aspas, reticências e travessões. As correções restringiram-se à forma: nenhuma tese, hipótese ou conclusão do autor foi alterada.

A segunda intervenção diz respeito ao sistema de citação. A obra conserva as normas da Associação Brasileira de Normas Técnicas, mas adota, como é próprio do livro científico, o sistema de notas de referência previsto na NBR 10520, em substituição ao sistema autor-data empregado na dissertação. Cada obra é referenciada de forma completa em sua primeira ocorrência; nas ocorrências seguintes, emprega-se a forma abreviada, composta de sobrenome do autor, título reduzido, ano e página. As notas explicativas do texto original foram preservadas e integradas à mesma sequência numérica. As citações que os autores citados fazem no interior de suas próprias passagens foram mantidas tal como no original. A lista de referências, ao final, reúne a totalidade das obras utilizadas, com os endereços eletrônicos e datas de acesso que, nas notas, foram suprimidos por economia de leitura.

Não foram alterados o desenho dos capítulos, a ordem da argumentação, o marco teórico, o recorte metodológico nem os tempos verbais do original, que conservam, em várias passagens, a projeção característica do texto submetido a exame de qualificação. Optou-se deliberadamente por essa preservação: trata-se de um livro que nasce de uma pesquisa e que guarda as marcas de seu percurso.

Registre-se, por fim, que as três ilustrações reproduzidas na seção 1.1 são de autoria de José Carlos Lollo, para texto de Blandina Franco, e integram a obra Aporofobia: você não conhece a palavra, mas conhece o sentimento (São Paulo: Companhia das Letrinhas, 2023). São aqui reproduzidas parcialmente, a título de citação, para fins de estudo e crítica, na medida justificada pela finalidade da análise e com indicação expressa de autoria e origem, nos termos do art. 46, III, da Lei nº 9.610/1998. Os direitos patrimoniais sobre as ilustrações permanecem integralmente com seus titulares.

LISTA DE SIGLAS E ABREVIATURAS

ADPF	Arguição de Descumprimento de Preceito Fundamental
CADH	Convenção Americana sobre Direitos Humanos (Pacto de San José da Costa Rica)
CIDH	Comissão Interamericana de Direitos Humanos
CNJ	Conselho Nacional de Justiça
Corte IDH	Corte Interamericana de Direitos Humanos
DADDH	Declaração Americana dos Direitos e Deveres do Homem
DESCA	Direitos Econômicos, Sociais, Culturais e Ambientais
DUDH	Declaração Universal dos Direitos Humanos
IBGE	Instituto Brasileiro de Geografia e Estatística
OEA	Organização dos Estados Americanos
ONU	Organização das Nações Unidas
PL	Projeto de Lei
PPGD	Programa de Pós-Graduação em Direito
REDESCA	Relatoria Especial sobre Direitos Econômicos, Sociais, Culturais e Ambientais
STF	Supremo Tribunal Federal
SUS	Sistema Único de Saúde
UNESC	Universidade do Extremo Sul Catarinense

SUMÁRIO

PREFÁCIO

No ofício da pesquisa, frequentemente nos deparamos com bifurcações que nos convocam a fazer escolhas que podem se tornar mais do que a própria pesquisa, podem transcender o campo da produção epistemológica e vir a ser nosso *compromisso de vida*, nos mostrando um novo *modo de realidade*. Penso que ver esse processo se desenvolver é uma das oportunidades mais gratificantes da vida acadêmica, pois nele observamos pensamentos e teorias transformando pensamentos e teorias das novas gerações, que, por sua vez, virão um dia a transformar também outras gerações.

A pesquisa que generosamente é compartilhada agora, na forma deste belo livro, representa um desses processos, em que tive a grande alegria de ver o amadurecimento de um pesquisador rumo à alteridade latino-americana. Sou testemunha privilegiada de como o Mestre Elias Guilherme Trevisol, adotando uma postura epistemológica bastante honesta, aceitou desafiar a si mesmo em todas as etapas de sua pesquisa, não hesitando em retornar, refazer, reestruturar e até abandonar seus saberes ao constatar, *analeticamente*, que às vezes precisamos desconstruir o velho, para poder construir o novo.

Nessa jornada, os temas foram tomando forma e revelando sua própria complexidade. Então, avançando a leitura nas páginas que seguem, vamos nós também compreendendo que a pobreza e miséria são, em qualquer contexto, uma das formas mais elementares de violação dos direitos humanos, mas que na América Latina, são ainda mais perversas, pois são atravessadas e retroalimentadas pela discriminação étnico-racial, de gênero e de origem, entre outras particularidades dessa sociedade periférica ante a Totalidade eurocêntrica. Por isso, muito feliz o resgate histórico das lutas dos pobres na América Latina, com as quais aprendemos e seguimos nos comprometendo com a *práxis* de libertação.

Com o presente livro, o Mestre Elias Guilherme Trevisol se soma às vozes cada vez mais fortes e organizadas no campo das teorias críticas, em especial, das críticas descoloniais. Ao fazê-lo, Elias oferece uma *necessária* perspectiva crítica em relação ao sistema de proteção dos direitos humanos: uma crítica ana-dialética, que inclui na pauta de preocupações e considerações de tal sistema, as particularidades da nossa sociedade, nossas necessidades, aspirações e desafios.

Se o tema, por si só, já torna este livro uma leitura essencial, sua forma de desenvolvimento e suas contribuições para o pensamento crítico e a defesa dos direitos humanos no Brasil e na América Latina, o engrandecem ainda mais. Este livro também abre caminhos, bifurcando o pensamento hegemônico em possibilidades que podem transcender a teoria, levando-nos também a assumir a *práxis* de libertação como compromisso de vida.

DRA. DÉBORA FERRAZZO

Docente no Programa de Pós-Graduação em Direito da Universidade do Extremo Sul Catarinense (PPGD/UNESC). Doutora em Direito (2019) pela Universidade Federal do Paraná. Mestra em Teoria, Filosofia e História do Direito (2015) pelo Programa de Pós-Graduação em Direito da Universidade Federal de Santa Catarina.

APRESENTAÇÃO

Há uma frase muito conhecida no direito, segundo a qual os juízes deveriam ser filósofos. Sou cético de que seja possível tamanha metamorfose de burocratas em humanistas, como também sou não creio que os alquimistas dos séculos passados de nossa "Tubiacanga jurídica" pudessem transformar chumbo em ouro. É esse desafio mítico e quase mágico que Elias se propõe a transmutar a discriminação aos mais pobres conceituada filosoficamente da "Aporofobia" de Adela Cortina, em um conceito jurídico e normativo não apenas para compreender o Brasil e a América Latina, mas também para torná-lo judicializável e exigível com, contra e apesar das políticas públicas resistentes e/ou defeituosas no combate à discriminação da população mais vulnerável em função da pobreza.

Neste admirável milênio novo que se inaugura, repleto de descobertas e inovações tecnológicas, velhas certezas e ceticismos foram abalados. Em meados de 2025, no laboratório de física de partículas da Suíça, físicos conseguiram transformar chumbo em ouro por meio do acelerador de partículas na Europa forçando a colisão dos núcleos de chumbo em alta velocidade. Durou apenas alguns microssegundos, mas nesses milésimos o sonho se tornou ciência.

A onírica ficção filosófica, ao se tornar jurídica, torna-se um ouro conceitual, capaz de enriquecer o potencial transformador do sistema interamericano de direitos humanos, reforçando a normatividade do dever de igualdade e não discriminação do art. 24 da CADH e do art. 30 da Carta da OEA que exige um desenvolvimento integral.

O presente livro, "Aporofobia no Brasil", fruto da brilhante dissertação de mestrado de Elias Guilherme Trevisol, é como esse sonho impossível de nós alquimistas dos direitos humanos que sonhamos com um mundo com mais direitos para mais humanos.

Fruto da dissertação defendida no mestrado em Direitos Humanos pela Universidade do Extremo Sul Catarinense (UNESC), sob a orientação cuidadosa da Professora Débora Ferrazzo, a presente investigação foi aprovada com nota máxima e recomendação de publicação pela banca composta pelo consagrado e exigente professor Antônio Carlos Wolkmer e por mim.

A inovação, como se sabe, não é o requisito de uma dissertação de mestrado. Elias, por isso, fez materialmente uma verdadeira tese de doutorado ainda que formalmente se trate de uma dissertação de Mestrado, transcendendo as fronteiras do esperado, o que, a um só tempo, honra a melhor tradição crítica da área e a auxilia a continuar avançando em bases não apenas filosóficas, mas também empíricas.

Seu mérito está justamente em transformar uma inquietação sobre a pobreza, a desigualdade e a discriminação em uma investigação jurídica capaz de interrogar as estruturas que naturalizam a exclusão e, sobretudo, de procurar caminhos normativos para enfrentá-la. A própria trajetória da pesquisa revela esse movimento de amadurecimento: como observa Débora Ferrazzo no prefácio, Elias precisou rever, reconstruir e até abandonar algumas de suas certezas para permitir que o objeto da pesquisa se revelasse em sua complexidade.

Conheci Elias nesse percurso. Antes mesmo de participar de sua banca de mestrado, tive a oportunidade de conhecê-lo por ocasião do "47º Curso de Direito Internacional da Organização dos Estados Americanos", realizado em 2022 em parceria com a Universidade Federal do Rio de Janeiro e com a participação do Núcleo Interamericano de Direitos Humanos (NIDH/UFRJ), cujo termo de cooperação estava sob a minha coordenação.

Essa foi uma experiência particularmente significativa porque permitiu perceber, de perto, o interesse que Elias já demonstrava pelo Sistema Interamericano e pelos direitos humanos. O próprio autor registra, nos agradecimentos, a importância daquele encontro para sua trajetória acadêmica e intelectual. Mais tarde, tive a satisfação de participar de sua banca de mestrado e de acompanhar a consolidação de uma pesquisa que, desde então, já apresentava uma característica que considero fundamental: a disposição de aproximar teoria crítica, direitos humanos e instrumentos jurídicos para transformação social.

O transplante da filosofia para o direito do tema escolhido é, por si só, inovador: a aversão ao pobre. Contudo a pesquisa vai além ao aclimatar ou tropicalizar o conceito "aporofobia", de modo a compreender que sua inserção no Brasil é mais complexa, uma vez que a rejeição ao pobre se entrelaça, do lado de baixo do equador, com o racismo, a herança colonial, a desigualdade territorial, as discriminações de gênero, a xenofobia e outras formas de subalternização associadas às relações de poder e desigualdades do sul global. Afinal, a discriminação econômica caminha lado a lado com uma discriminação que é irremediavelmente geográfica.

A pesquisa demonstra, por um interessante estudo de casos, que a aporofobia como fenômeno estrutural e interseccional, é não apenas uma manifestação individual de preconceito. É nesse ponto que o livro ganha especial relevância para o Direito. Elias não se limita a demonstrar que a aporofobia existe. Sua pergunta é mais difícil: o que o Direito pode fazer diante dela? E, particularmente, que papel pode desempenhar o Sistema Interamericano de Direitos Humanos? A investigação parte das contribuições da Comissão Interamericana de Direitos Humanos (CIDH) e, sobretudo, da Relatoria Especial sobre Direitos Econômicos, Sociais, Culturais e Ambientais (REDESCA), procurando identificar em que medida relatórios, recomendações e outros documentos produzidos no âmbito interamericano oferecem parâmetros capazes de orientar a atuação do Estado brasileiro.

A originalidade do trabalho está, assim, menos em simplesmente apresentar a aporofobia como um novo conceito e mais em construir uma ponte entre a crítica social à pobreza e o direito antidiscriminatório interamericano presente não apenas, mas sobretudo na atuação da REDESCA da Comissão Interamericana de Direitos Humanos. O livro pergunta o que já existe no Sistema Interamericano que pode ser utilizado para reconhecer, prevenir e combater essa forma de discriminação. Ao fazê-lo, contribui para ampliar o próprio campo do direito antidiscriminatório brasileiro, mostrando que a proteção contra a discriminação não precisa permanecer restrita às categorias tradicionalmente reconhecidas, sobretudo quando diferentes vulnerabilidades se entrelaçam.

Há, portanto, uma coerência profunda entre o objeto, o método e a finalidade do livro. Elias parte de uma realidade brasileira marcada por desigualdades históricas; recupera as raízes sociais e jurídicas dessa estrutura; dialoga com a filosofia da libertação e com o pensamento crítico latino-americano; reconstrói os fundamentos do Sistema Interamericano; e, finalmente, procura verificar se as orientações da CIDH e da REDESCA encontram correspondência no direito e nas políticas públicas brasileiras. O percurso está organizado precisamente nesses três movimentos, que vão da história da discriminação contra os pobres à teoria crítica dos direitos humanos e, depois, à análise da atuação interamericana e de sua incorporação pelo Brasil.

Recomendo fortemente a leitura deste livro não apenas porque pude acompanhar parcela da ascensão acadêmica de Elias, mas sobretudo porque a dignidade e proteção de mais direitos para mais humanos ainda é como o ouro: escasso e concentrado nas mãos de poucos que puderam explorar e retirar de povos e territórios inteiros, ceifando as suas vidas e riquezas. Mas ao menos hoje, nesta apresentação, ou durante a leitura atenta deste livro, possamos ainda que por apenas milissegundo fazer como os físicos e sermos capazes de transformar leitura em ouro para que possamos devolver os sonhos daqueles que possuem pouco ou nada. E para modificar o núcleo das estruturas de poder, precisaremos ser no direito tanto um pouco como filósofos, quanto como os físicos.

Rio de Janeiro, 18 de agosto de 2026

SIDDHARTA LEGALE

Advogado. Professor da UFRJ. Professor Visitante do PPGD-UCAM. Pós-doutor e Doutor pela UERJ. Doutor, Mestre e Bacharel pela UFF. E-mail: siddhartalegale@hotmail.com

INTRODUÇÃO

A aflição que dá origem a este livro está sedimentada em um tema específico: aporofobia na sociedade brasileira. Esse neologismo criado pela filósofa espanhola Adela Cortina para determinar a aversão ou o ódio aos pobres é manifesta e continuamente presente na sociedade brasileira, tanto quando exercida pelo Estado, quanto por algum indivíduo a outro.

O conceito de aporofobia na sociedade brasileira é distinto daquele observado por Adela, eis que o Brasil registra fatos e uma história institucional bem diversa da Espanha, sendo esse último sede de inúmeras expedições históricas de dominação e colonização.

Ao tratar-se da Aporofobia, além de compreender-se como uma forma genérica de aversão com base na hipossuficiência financeira do indivíduo em situação de pobreza, é também uma forma discriminatória que hierarquiza, subalterna, humilha e reduz o ser pobre à insignificância pretendida pelo sistema capitalista, liberal, burguês, elitista e eurocêntrico implementado na estrutura social brasileira. Daí por que dizer, a depender do trabalho que será desenvolvido, poder-se-á afirmar, ou não, que a aporofobia é fruto da discriminação estrutural percebida institucionalmente como projeto de Estado.

O desenvolvimento histórico-social do Brasil deve impactar na discriminação aos pobres, uma vez que poderá revelar o porquê de o corpo pobre brasileiro ter traços fenótipos, em sua maioria, definidos. Geralmente, os que sofrem com o racismo, xenofobia e outras formas discriminatórias podem sentir os resultados danosos da aporofobia, desde que, por circunstâncias alheias a sua vontade, estejam em situação de pobreza.

A questão, portanto, é que a aporofobia, ao menos para a análise deste trabalho, como possível fruto da discriminação estrutural da sociedade brasileira terá como requisito constitutivo a pobreza involuntária, não ocorrida pelo voto de pobreza de um religioso, por exemplo.

Mais que um aspecto histórico-social, a discriminação estrutural já foi identificada pelos organismos internacionais de proteção aos direitos humanos como a Comissão Interamericana de Direitos Humanos, apontando-se o problema, ainda sem resolução na *práxis* brasileira.

Com efeito, no presente trabalho apresenta-se o presente problema: De que forma há a implementação ou não das diretrizes da CIDH quanto ao combate da aporofobia no direito interno?

Nesse contexto, dispõe-se como objetivo geral analisar se o Brasil corresponde às contribuições normativas e recomendações da Comissão Interamericana de Direitos Humanos, através da REDESCA, sobre a discriminação estrutural aos pobres e extremamente pobres, aplicando-as internamente.

Torna-se relevante a investigação quanto ao impacto normativo que possuem os relatórios e casos no sistema interamericano de proteção aos direitos humanos da CIDH, na medida em que a proteção de não discriminação de qualquer forma é um dos grandes temas mundiais alçados no pós-Segunda Guerra Mundial, marco histórico de um novo olhar aos direitos sociais e ao princípio da fraternidade e igualdade pelos países.

Além disso, a pertinência da problemática no cenário interno está sedimentada nos anseios normativos de um povo que sofre sistematicamente com a aporofobia, principalmente, nos centros urbanos, onde se encontram e se concentram inúmeras pessoas em situação de pobreza ou pobreza extrema. Esses últimos, indivíduos que geralmente não possuem moradia própria, possuem laços familiares muitas vezes rompidos e normalmente fazem de logradouros públicos sua residência permanente ou provisória, também chamadas pessoas em situação de rua.

A desigualdade social e discriminação estrutural que assola não só a América Latina, mas todo o Brasil, deve ter suas estruturas centrais revistas e criticadas, pois, sendo a desigualdade, o preconceito, assim como a pobreza e a discriminação construções sociais, podem elas ser desconstituídas, caso projete-se uma visão de mundo, política, social e jurídica de direitos humanos utópica, mas possível de igualdade concreta entre todos, sem hierarquização ou subordinação de um ser para com o outro ou mesmo, sua extinção em prol do desenvolvimento e acumulação capitalista.

Essa situação de desigualdade social e discriminação estrutural no Brasil, num país de dimensões continentais, com economia pujante e que é atual Estado de relevo no cenário internacional, inclusive participando ativamente do G20 (Grupo dos 20 é o foro formado pelos ministros de finanças e presidentes dos bancos centrais das 19 maiores economias do mundo, mais a União Africana e a União Europeia. Foi criado em 1999, após as sucessivas crises financeiras da década de 1990), precisa ser combatida com vistas a um projeto de Estado fraterno e que implemente normas antidiscriminatórias não só contra as discriminações que interseccionam os corpos pobres, mas principalmente, que reconheça e proteja toda essa massa de vulneráveis de violências histórica e sistematicamente persistentes.

Para definir-se a resposta ao problema acima indicado, o trabalho contará com três objetivos específicos.

O primeiro objetivo será revisar e descrever a estrutura histórica dos direitos humanos na América Latina e, mais especificamente, no Brasil quanto a definição discriminatória aos pobres, a fim de revelar quais são os aspectos históricos e sociais da aporofobia no país.

Esse primeiro objetivo será desenvolvido no primeiro capítulo, em que buscar-se-á desnudar as raízes históricas do Brasil, concebido eurocêntrica e hegemonicamente, como nação colonizada, subalterna e servil aos propósitos expansionistas e capitalistas europeus, assim como todo seu povo originário.

É por essa razão que o primeiro capítulo tratará de compreender e descrever a forma sistêmica de discriminação étnico-racial implementado desde o Brasil colonial, podendo, assim, demonstrar onde se encontra o foco central da análise discriminatória, ou seja, qual será o cenário instituído primeiramente pelos colonizadores europeus e, depois, pelas elites econômicas que se formaram pós-abolição formal da escravatura, onde se travará a possível implementação, ou não, de normas que visem combater a aporofobia.

O segundo objetivo, explorado no segundo capítulo, será analisar de que forma a realidade social brasileira pode ser concebida diante da sistemática aporofobia exercida pelos opressores e como a filosofia da libertação dusseliana pode contribuir para uma *práxis* construtiva antidiscriminatória, considerando-se, posteriormente, a contribuição do sistema interamericano de direitos humanos quanto a proteção dos direitos sociais no continente americano.

Já o terceiro capítulo tem a pretensão de identificar se o Brasil internaliza as diretrizes traçadas pela REDESCA da CIDH sobre a proteção das pessoas pobres e em extrema pobreza no Brasil, assim como verificar se o Estado brasileiro reverte em normas e políticas públicas concretas e eficazes os relatórios e recomendações feitas pela CIDH.

Acrescenta-se que o presente trabalho pretende contribuir para o fortalecimento e a promoção e proteção dos direitos humanos no Brasil, como forma de garantir a igualdade de direitos não só formal, mas material entre os indivíduos pobres.

O tema proposto, acredita-se, terá uma profunda relevância social, uma vez que a ampliação do conhecimento sobre o tema da aporofobia e da discriminação estrutural declarada pelos documentos produzidos pela REDESCA da CIDH pode revelar uma grave chaga da sociedade brasileira, sobretudo, quando se observa a falência do projeto da modernidade iluminista, destinatário da promessa jamais cumprida de liberdade, igualdade e fraternidade.

Tem-se que os resultados possíveis desta investigação permeiam a assertiva de que a população pobre é alvo, de forma amplificada, das consequências das desigualdades e exclusão periférica nos índices de desenvolvimento social derivadas do sistema capitalista, sendo corolário lógico que a ausência de criação das oportunidades de ascensão social pelo Estado recaia como a manutenção e reprodução de famílias pobres como projeto político em andamento, até porque tais indivíduos são excluídos, ao que tudo indica, intencionalmente, do projeto político-econômico-social neoliberal implementado com mais intensidade nos anos de 1990 no Brasil, a partir do governo do ex-Presidente Fernando Henrique Cardoso.

Em que pese o Brasil tenha aderido internamente à Convenção Americana de Direitos Humanos no ano de 1992 (CADH), através do Decreto nº 678/92, e em seu artigo primeiro a CADH determina normas aos Estados-membros a implementar-se direitos "sem discriminação alguma por motivo de raça, cor, sexo, idioma, religião, opiniões políticas ou de qualquer outra natureza, origem nacional ou social, posição econômica, nascimento ou qualquer outra condição social", intui-se, também de forma hipotética, que ainda hoje haja resistência do Estado brasileiro a cumprir recomendações da Comissão, órgão do sistema interamericano responsável pela promoção, monitoramento e implementação dos direitos humanos e da CADH nas Américas.

A relevância da pesquisa se dá porque é preciso compreender como se desenvolve a discriminação estrutural contra as pessoas em situação de pobreza no Brasil, conforme postulado pela REDESCA numa perspectiva sociológica e jurídica, revelando quem é, propriamente, o sujeito específico do qual é objeto da discriminação estrutural e como o Estado brasileiro lida (ou não) com esse fenômeno social.

Com efeito, se utilizará como marco teórico a conduzir a investigação, a teoria crítica latino-americana, apta a desnudar a realidade encoberta pela modernidade eurocêntrica e revelar, criticamente, meios de repensar a realidade através de uma ótica libertária do ser oprimido rumo a um projeto insurgente descolonizador, cuja *práxis* de libertação possa dar ensejo a um novo modelo de sociedade, pensado no outro, pelo outro e para o outro.

Como método de abordagem utilizar-se-á o método dedutivo, no qual parte-se da compreensão da regra geral, hipoteticamente verdadeira, para chegar à conclusão dos casos específicos, dessa forma, de duas premissas, se retira uma, decorrente e lógica. Assim, mais que explicar-se os conteúdos da premissa, se a premissa for verdadeira, a conclusão também deve ser.

Ademais, far-se-á uso do método de procedimento monográfico, com técnica bibliográfica e prática de coleta de dados através de documentação indireta.

Nesse sentido, pretende-se oferecer com o trabalho uma contribuição para o meio acadêmico e para a sociedade, a fim de destacar a importância do direito antidiscriminatório, da REDESCA e da própria CIDH para o cenário jurídico brasileiro, na medida que esse último, órgão do sistema interamericano, possa fornecer concreta orientação política, jurídica e sociológica, que proporcione condições de regulação normativa com vistas a conceder uma vida digna às pessoas em situação de pobreza no Brasil.

No contexto de meu percurso acadêmico, a presente pesquisa vem reforçar a trajetória profissional que me impulsiona e direciona a uma atuação advocatícia mais humanitária, em favor dos direitos dos mais pobres e numa perspectiva antidiscriminatória.

Além disso, a pesquisa proporcionará bases para atuação profissional no âmbito do direito internacional público e dos direitos humanos, na medida em que fortalecerá as bases normativas e possíveis influências da CIDH no direito interno. Neste aspecto, este livro permitirá a interlocução com o sistema interamericano de proteção aos direitos humanos, desde a especificidade da filosofia da libertação como instrumento de fortalecimento normativo com objetivo de combater a aporofobia no Brasil.

O mestrado em Direito da Universidade do Extremo Sul Catarinense propõe um estudo crítico e interdisciplinar dos direitos humanos, a partir das transformações sociais e do reconhecimento do valor da vida humana.

Nesse mesmo sentido, o mestrado possui como objetivos, dentre outros, levantar os grandes temas contemporâneos pertinentes aos direitos humanos e proporcionar elementos teóricos que permitam instrumentalizar um novo projeto dos direitos humanos na sociedade, crítico, mas com bases objetivas a construir uma sociedade mais solidária, fraterna e igualitária.

O tema da aporofobia no contexto brasileiro apresenta coerência com a proposta do Programa de Pós-Graduação em Direito da Universidade do Extremo Sul Catarinense (UNESC), uma vez que pretende pesquisar a discriminação estrutural contra as pessoas pobres no Brasil, a partir da leitura de obras literárias pertinentes e documentos específicos, como indicativos do primeiro "Relatório sobre pobreza e direitos humanos na América", acerca dos informes de país, "Brasil", V informe anual da REDESCA, ambos de 2021, e sobre o informe temático da "Pobreza e Direitos Humanos", do ano de 2017, e demais anuários expedidos pela REDESCA até o ano de 2023.

Além das leituras específicas sobre a CIDH, o desenvolvimento da dissertação contará com leituras de vasta bibliografia e documentos que versem sobre a aporofobia, filosofia da libertação e teoria crítica latino-americana, como obras de Adela Cortina, Antônio Carlos Wolkmer, Enrique Dussel, Roque Zimmermann, Jessé Souza, Valério Mazzuoli, Onuma Yasuaki, Caio Paiva, Siddharta Legale, Pierre Dardot, Milton Santos, dentre muitos outros, interseccionando, assim, autores e autoras da área jurídica (constitucional e internacional), da sociologia e da filosofia jurídica.

Dessa forma, o trabalho de caráter monográfico e bibliográfico encontra-se devidamente vinculado com a área de concentração em "Direitos Humanos e Sociedade" e com a linha de pesquisa em

"Direitos Humanos, Cidadania e Novos Direitos" da Universidade do Extremo Sul Catarinense (UNESC).

A investigação proposta de técnica histórico-crítica acerca da discriminação estrutural aos pobres vai ao encontro da promoção do direito humano a uma vida digna e sem discriminações, portanto, verifica-se adesão do tema proposto tanto à área de concentração do mestrado, quanto a linha de pesquisa, cujo recorte incide diretamente às lutas sociais e todo o conjunto de processos históricos exercidos por normatividade e exercício pleno dos direitos humanos.

Mais que implementar-se a célebre frase imputada a Hannah Arendt, "ter direito a ter direitos", no contexto da América Latina, é preciso poder exercê-los de maneira integral, sem a incidência do racismo, da xenofobia, do machismo e outras formas de discriminações, rumo a uma vida com a maior dignidade possível.

A utopia de uma constituição de sociedade fraterna, realmente igualitária e que proporcione condições dignas de convivência a todos faz parte da essência filosófica e ética que impulsiona o presente trabalho.

Este livro, de igual forma, possui coerência com a linha de pesquisa da orientadora escolhida, Professora e Doutora Débora Ferrazzo, que acumula toda uma trajetória de estudos, pesquisas e publicações na área do Direito Constitucional e da filosofia da libertação de matriz dusseliana, especialmente no que tange aos direitos das populações mais vulneráveis na América Latina.

Importa registrar que o tema de pesquisa alinha-se ao Núcleo de Estudos em Direitos Humanos, Cidadania e Novos Direitos (NUPEC) da UNESC, o qual tem como referencial jurídico a Constituição Federal de 1988 e sua principiologia humanística, sob a égide da garantia dos direitos sociais e da instituição de uma perspectiva democrática da política, e que se abre para a criação de novos direitos, os quais podem ser expressos através de políticas públicas, consideradas como um direito de cidadania a todos, inclusive e ao que aqui interessa, aos mais pobres.

CAPÍTULO 1. DISCRIMINAÇÃO CONTRA OS POBRES NA AMÉRICA LATINA E NO BRASIL: ASPECTOS HISTÓRICOS E SOCIAIS

O presente capítulo objetiva responder de que forma a discriminação aos pobres se desenvolveu no Brasil, ou seja, descrever como surge e se desenvolve a aversão, ódio ou rejeição aos pobres na sociedade brasileira e na América Latina.

A discriminação interseccional aos pobres é marca acentuada da história brasileira, assim, o conceito de interseccionalidade permite observar ideologias diversas sobre raça, credo, gênero e sistemas econômicos, articulando-se sistemas que promovem a desigualdade, pois são controlados por determinados grupos sociais que detêm o domínio sobre as relações de poder, em diferentes áreas e domínios, tanto no espaço público, quanto no privado, no plano interpessoal ou cultural. Dessa forma, a discriminação interseccional explica o porquê de determinadas discriminações partirem das desigualdades de certas categorias que moldam vários processos sociais de maneira congruente.[1]

O movimento feminista negro, como relata Moreira,[2] deu origem à expansão do conceito de discriminação interseccional, aliás, é esse grupo social que tem abordado reflexões teóricas sobre as peculiaridades das mulheres negras e, mais que elementos incidentes simultaneamente para produzir a marginalização de vulneráveis no plano das relações individuais e coletivas, evidencia-se o plano de

[1] MOREIRA, Adilson José. *Tratado de direito antidiscriminatório*. São Paulo: Editora Contracorrente, 2020. p. 415.
[2] MOREIRA. *Tratado de direito antidiscriminatório*, 2020. p. 416.

relações assimétricas na sociedade nacional ou internacional, pois, também são reproduzidas por sistemas econômicos e culturais de forma global.

Dizer que a discriminação aos pobres é interseccional revela que o sistema político liberal e de matriz capitalista instaurado no Brasil a partir dos anos 1990,[3] acaba por produzir e reproduzir relações assimétricas entre determinados grupos sociais, desvelando a face desigual e cruel de tratamento entre seres humanos, ao mesmo tempo em que estigmatiza-se constantemente os pobres, operando-se, assim, uma perene marginalização do ser despossuído, do sem bens materiais ou que pouco lhe sirva à manutenção da vida precária.

Nesse contexto de discriminações interseccionais na sociedade brasileira, faz-se necessária a análise de certas categorias históricas e construtivistas do corpo pobre, cuja aversão do indivíduo se dá não somente por ser da raça que é, sejam eles ou elas negros, hispânicos, uruguaios, estrangeiros de vários locais, ou mesmo, não só pela carga discriminatória de gênero, seja feminino, homossexuais ou outras formas de descobrir-se enquanto ser no mundo, mas através de um sistema e projeto socioeconômico assimétrico e hierarquizado de Estado, que faz dele (o pobre) sua contumaz vítima, de olhos transtornados pelo desespero diante da desolação e corpos retorcidos pela fome.[4]

Assim como o racismo, a xenofobia, a homofobia e outras formas de discriminações, a aversão ao pobre precisava de um nome, cunhado primeiramente pela filósofa Adela Cortina como aporofobia.[5] Mais que uma chaga social, a aporofobia constitui-se em

---

[3] O projeto neoliberal será explicado na seção 1.2 deste livro, mas, implementado pelo Estado brasileiro a partir dos anos de 1990 teve fundamento, segundo Porto (cf. PORTO. *Estado e neoliberalismo no Brasil contemporâneo*, 2020, p. 4) no "agravamento da crise econômica, desencadeada entre os anos de 1989/1990, e o esgotamento do modelo intervencionista estatal, inaugurado na década de 30".

[4] BOFF, Leonardo. *Ethos mundial*: Um consenso mínimo entre os humanos. Rio de Janeiro: Sextante, 2003. p. 61.

[5] O conceito de aporofobia será trabalhado na próxima seção.

um dos vetores constitutivos do sistema político e econômico brasileiro, reprodutores e mantenedores das desigualdades sociais estigmatizantes entre aqueles que oprimem e exploram, detentores dos meios de produção e aqueles que são oprimidos e explorados, sujeitos às maneiras de produção e trabalho vigentes, constituindo-se em atividade fetichizada e alienada, "que proporciona aos homens uma vivência rasa e penosa" e reproduz a dominação sistemática, não só dos meios de produção, mas do próprio ser pela burguesia.[6]

1.1 A Concepção de Aporofobia e as Bases da Discriminação aos Pobres no Contexto Brasileiro

O cenário brasileiro de desigualdades sociais, desprezo, menoscabo e aversão aos mais pobres faz desenvolver um fenômeno histórico, social e jurídico que remonta, até onde se conseguiu chegar nessa pesquisa, ao Brasil colônia. Contudo, mesmo que a discriminação possua várias maneiras de se manifestar, dentre elas, elege-se como adequada para o início do presente trabalho aquela que se define como uma "imposição de tratamento arbitrário a partir de um julgamento moral negativo", o que pode contribuir para a colocação da vítima numa situação de desvantagem e perene subordinação.[7]

A discriminação ao pobre é aquela que coloca o despossuído em sequenciais tratamentos arbitrários, desiguais para com a elite hegemônica e eurocêntrica formada pela história de domínio violento de terras e pessoas pelos europeus. Como ensina Adela Cortina, "As portas da consciência se fecham ante os mendigos sem

---

[6] ÁVILA, Lívia Neves. Crise estrutural do capital e a evidenciação das tendências burguesas. *In*: LAMAS, Fernando Gaudetero; OLIVEIRA, Ednéia Alves de. (org.). *Ofensiva do capital, trabalho e desigualdade social.* Rio de Janeiro: Lumen Juris, 2017. p. 150.

[7] MOREIRA. *Tratado de direito antidiscriminatório*, 2020. p. 326-327.

casa, condenados mundialmente à invisibilidade", logo, o problema central da discriminação no seio capitalista não é, por si só, a raça, a etnia, ou mesmo, o estrangeiro, o "problema é a pobreza",[8] destinada a indivíduos de carne e osso específicos, possuem corpos sistematicamente definidos, indígenas, negros, pessoas com deficiência, entre outros.

De fato, a aversão ou ódio ao pobre não é a rejeição à condição de penúria material das pessoas, mas centra-se no preconceito aos indivíduos carentes.[9] É dizer, a pobreza,[10] por si só, enquanto condição de carência material, não gera a aversão ou o ódio ao pobre, o pivô central dessa espécie de discriminação é o ser despossuído, o próprio ente carente de bens materiais na sociedade capitalista. É com o objetivo de conhecer esse "ser", enquanto vítima de opressão histórico-social que continuar-se-á a investigação.

Adela Cortina, ao analisar a realidade da Espanha, não exclui o racismo, a xenofobia, a homofobia ou outras formas correlatas de discriminação naquela sociedade, porém, pontua que "há muitos racistas e xenófobos, mas quase todos são aporófobos",[11] aliás, é a autora espanhola quem primeiro designa a expressão aporofobia da junção da palavra grega áporos com a palavra em latim "fobia", constituindo o termo em analogia à "xenofobia" e "homofobia".[12]

A rejeição denominada aporofobia, como conceitua Cortina,[13] é uma forma peculiar de discriminação, diferentes de outros tipos de

---

8 CORTINA, Adela. *Aporofobia*: a aversão ao pobre, um desafio para a democracia. São Paulo: Editora Contracorrente, 2020. p. 26.

9 BANDEIRA, Lourdes; BATISTA, Analía Soria. Preconceito e discriminação como expressões de violência. *Revista Estudos Feministas*, 2002. p. 125.

10 Os principais conceitos de "pobreza" ou "pobre" serão desenvolvidos no capítulo seguinte, porém, utilizar-se-á para a análise deste trabalho o critério financeiro-material, ou seja, a pobreza entendida como carência de bens materiais.

11 CORTINA. *Aporofobia*, 2020. p. 26.

12 CORTINA, Adela. *Aporofobia, el rechazo al pobre*. Un desafío para la democracia. Barcelona: Paidós, 2017. p. 22.

13 CORTINA. *Aporofobia*, 2020. p. 48-49.

ódio ou rejeição, entre outras razões, porque a pobreza, conforme a autora, "não é um traço de identidade das pessoas".

A discriminação ao pobre define-se como uma forma de tratamento arbitrário subalternizante que perpassa e intersecciona outras formas discriminatórias até chegar ao corpo pobre. Discriminações como racismo, xenofobia, homofobia e misoginia são sopesados, porém, o preconceito moral ao pobre é centrado no indivíduo carente, naquele que serve de mola propulsora da exploração da mais-valia,[14] porém, conta com pouco ou nenhum capital, portanto, pouco úteis numa sociedade de trocas, a não ser pela sua exploração laboral.[15] Isso não quer dizer que a maioria dos indivíduos pobres de um país não tenham traços, corpos e demais características fenotípicas, culturais e sociais próprias e semelhantes, decorrentes da respectiva história constitutiva da nação. É por essa razão que um resumo histórico da construção do Brasil, enquanto povo latino-americano é necessário para o desvelar do objeto da aporofobia: o pobre, enquanto aquele que pouco ou nada tem a oferecer de capital na sociedade de trocas e a quem é direcionado o ódio do agente que pratica a aporofobia.

A partir de uma análise sociológica, resultante da concepção de "incidente de ódio" ou do "discurso de ódio", o ódio aos pobres é condição necessária para a rejeição ou aversão daqueles que pouco ou nada possuem na sociedade inserida no contexto econômico capitalista. Esse ódio pode ser entendido como atos de violência, hostilidade e intimidação que possuem como alvos pessoas selecionadas por sua identidade, as quais são percebidas pelos praticantes da aporofobia como "diferentes".[16]

Assim, embora o direito à liberdade de expressão seja imprescindível para a manutenção de um Estado Democrático,

---

[14] O conceito de "mais-valia" será explicado e descrito na seção 1.2 deste livro.

[15] CORTINA. *Aporofobia, el rechazo al pobre*, 2017. p. 14.

[16] CORTINA. *Aporofobia*, 2020. p. 36.

possibilitando-se a propagação de ideias divergentes, isso não pode ser escudo para a prática e disseminação de discursos de ódio, afinal, a liberdade de expressão não isenta as pessoas de suas responsabilidades no cumprimento de normas, convenções sociais e, sobretudo, acerca do ordenamento jurídico vigente.[17]

O discurso de ódio, repulsa, aversão a um indivíduo possui a característica de se dirigir a um indivíduo por ele pertencer a um grupo coletivo mais frágil, com menos possibilidade de se defender e estigmatizado, convertendo-o no alvo do ódio, difamando-o com discursos espúrios e teorias científicas que presumem seu âmago desprezível, procuram, dessa forma, demonstrar que, na realidade, existe uma desigualdade estrutural entre os grupos dos que pronunciam o discurso de ódio e o grupo estigmatizado, uma dicotomia formada por nós vs. eles.[18]

Nas palavras de Adela Cortina:

> *Os incidentes de ódio se produzem quando há constância de comportamento de desprezo e maltrato a certas pessoas por pertencerem a um determinado coletivo, mas esse comportamento não cumpre o requisito de estar tipificado como crime. Obviamente, o fato de que não possam ser considerados crimes não lhes retira importância, não apenas porque podem degenerar em condutas criminosas, mas, sobretudo, porque o âmbito moral é mais amplo que o do Direito, e tanto a atitude de desprezo aos outros como as atuações mais contundentes são expressões de um caráter mal formado, de uma situação degradada.*
>
> *Quanto ao discurso de ódio (hate speech), é também, infelizmente, tão antigo quanto a humanidade. Ele consiste em qualquer forma de expressão cuja finalidade seja propagar, incitar, promover ou justificar o ódio a determinados grupos sociais, a partir de uma posição de intolerância. Com este tipo de discurso se pretende estigmatizar determinados grupos e abrir portas para que possam ser tratados com hostilidade. De fato, o Comitê de Ministros do Conselho da Europa o define como "toda forma de expressão que difunda, incite, promova ou*

---

[17] TRINDADE, Luiz Valério. *Discurso de ódio nas redes sociais.* São Paulo: Jandaíra, 2022. p. 90.
[18] CORTINA. *Aporofobia,* 2020. p. 53.

> *justifique o ódio racial, a xenofobia, o antissemitismo ou outras formas de ódio baseadas na intolerância (grifos do original).*[19]

A discriminação direta, definida como um tratamento que traga desvantagens aos membros de uma minoria por motivos que não podem ser justificados moral ou juridicamente, contudo, se diferencia da discriminação indireta, entendida como aquela que, por trás de uma norma ou prática institucional aparentemente neutra, traz consigo um impacto desproporcionalmente negativo sobre um grupo específico de vulneráveis. Em outras palavras, a discriminação indireta é fundamentalmente marcada pela ausência de um elemento central da discriminação direta, ou seja, a intenção explícita de discriminar alguém ou mesmo, um determinado grupo, mas o faz de forma tangente.[20]

Na visão de Almeida,[21] as consequências efetivas da discriminação direta e indireta ao longo do tempo constitui-se em "estratificação social, um fenômeno intergeracional", em que afeta sobremaneira o percurso de vida de todos os membros de um grupo social, retirando-lhes chances de ascensão social, de reconhecimento e de sustento material.

A definição de aporofobia, portanto, embora não exclua atos ou manifestação ativa de ódio aos pobres, também pode ocorrer por omissão ou discriminação direta ou indireta. Nessa última, em que pese não haja intenção direta e explícita de sujeitar o pobre a dominação e submissão por atos comissivos, cria-se impedimentos ou obstáculos dessa classe de vulneráveis ao acesso à direitos fundamentais ou a uma vida digna. Um exemplo que pode ser dado é o Estado condicionar, numa sociedade capitalista, a oferta de tratamentos de saúde rápidos e eficazes a pessoas ou indivíduos que possuam capital para pagamento de altos valores, enquanto o pobre,

---

[19] CORTINA. *Aporofobia*, 2020. p. 37, grifo do original.
[20] MOREIRA. *Tratado de direito antidiscriminatório*, 2020. p. 401-402.
[21] ALMEIDA, Silvio Luiz de. *Racismo estrutural.* São Paulo: Sueli Carneiro, 2019. p. 27.

despossuído, muitas vezes, morre na "fila do SUS", conforme avaliação de Alexandre Marinho.[22]

Com base nessas perspectivas, Trindade[23] considera que a intersecção dos elementos gênero, raça e identidade nacional é reveladora sobre o pensamento dominante que moldou a construção da brasilidade, revelando um intrincado e sutil jogo de inclusão, exclusão discriminação, uma vez que, segundo o autor, é possível perceber uma clara "adoração à beleza branca como representação máxima da identidade nacional, excluindo os demais grupos raciais, sem sequer mencioná-los".

O Estado brasileiro avançou quanto a questão do tratamento de saúde a toda população e, em especial, aos pobres, mas continua a discriminá-los em certa medida, eis que a prestação do serviço público é, ainda hoje, deficitária ou insuficiente em muitos casos no que se refere ao aspecto de proteção integral e universalidade do SUS. Não existe aqui um desígnio proposital explícito de exclusão ou submissão do pobre a um tratamento de saúde por vezes precário e insuficiente, mas ainda é instituído tratamento discriminatório àqueles que não podem pagar por tratamentos particulares mais céleres, como dispõe Gilson Carvalho quanto ao funcionamento do sistema: "A meta é diminuir a universalidade da clientela. Levar as pessoas a cada vez mais se utilizarem de planos privados de saúde pagando sobre o que já pagam".[24]

Em que pese tenha se criado o Sistema Único de Saúde (SUS) pela Lei nº 8.080 de 1990[25] e, nesse ponto, ter sido um grande passo do Estado em direção ao direito à saúde voltado também aos pobres, como um sistema integral e universal e com o objetivo de atender a

---

[22] MARINHO, Alexandre. Um estudo sobre as filas para transplantes no Sistema Único de Saúde brasileiro. *Cad. Saúde Pública*, Rio de Janeiro, p. 2229-2239, out, 2006. p. 2237.

[23] TRINDADE. *Discurso de ódio nas redes sociais*, 2022. p. 52.

[24] CARVALHO, Gilson. A saúde pública no Brasil. *Revista estudos avançados 27 (78)*, 2013. p. 23-24.

[25] BRASIL, Senado Federal. *Lei nº 8.080/1990*. Lei do Sistema Único de Saúde. Brasília, DF: 19 de setembro de 1990.

toda população, ainda hoje o sistema se mantém com inúmeras e históricas debilidades logísticas, orçamentárias e materiais[26].[27]

A aporofobia se manifesta por atos, palavras e omissões que de alguma forma procure desumanizar ou subalternizar os pobres, fazendo-os sentir que são hostilizados e menosprezados pelo simples fato de ser pobre. Com efeito, Blandina Franco e José Carlos Lollo ensinam que algumas pessoas inseridas num contexto de suficiência financeira possuem a tendência de pré-julgar e discriminar as pessoas em situação em pobreza e pobreza extrema, proferindo, por exemplo, as seguintes expressões: "eles não são ninguém, filho", "acho eles fedidos", "tenho medo deles", "são uns infelizes", "que fome que nada! Tudo fingimento", "Eles deixam a cidade suja", "remexem nosso lixo", "estão nas ruas por suas más escolhas", "alguns são perigosos", "atrapalham o trânsito" e "não trabalham, são vagabundos".[28]

Blandina Franco e José Carlos Lollo, em obra intitulada "Aporofobia: você não conhece a palavra, mas conhece o sentimento", destinada a um público infanto-juvenil demonstram que algumas imagens valem mais que muitas palavras, a saber:

[26] A referência ao SUS é utilizada como mero exemplo e sabe-se da importância e relevância desse sistema de saúde para todos os brasileiros, não sendo o objetivo deste trabalho aprofundar ou problematizar o tema, contudo, é válido como exemplo de instituição pública em que, por vezes, efetiva a precarização dos serviços oferecidos, de maneira a impulsionar, consequentemente, o mercado particular e privado de saúde no país.

[27] FUNCIA, Francisco Rózsa. Subfinanciamento e orçamento federal do SUS: referências preliminares para a alocação de recursos. *Revista Ciência & Saúde Coletiva*, v. 24, p. 4405-4414, 2019. p. 4413.

[28] FRANCO, Blandina; LOLLO, José Carlos. *Aporofobia*: você não conhece a palavra, mas conhece o sentimento. São Paulo: Companhia das Letrinhas, 2023. p. 15-35.

Figura 1 — Fonte: FRANCO, Blandina; LOLLO, José Carlos. Aporofobia: você não conhece a palavra, mas conhece o sentimento. Ilustrações de José Carlos Lollo. São Paulo: Companhia das Letrinhas, 2023, p. 36.[29]

Figura 2 — Fonte: FRANCO, Blandina; LOLLO, José Carlos. Aporofobia: você não conhece a palavra, mas conhece o sentimento. Ilustrações de José Carlos Lollo. São Paulo: Companhia das Letrinhas, 2023, p. 38-39.

[29] Reprodução parcial de obra de terceiros para fins de estudo e crítica, com indicação de autoria e origem, nos termos do art. 46, III, da Lei nº 9.610/1998. Os direitos patrimoniais sobre as ilustrações pertencem aos respectivos titulares.

Figura 3 — Fonte: FRANCO, Blandina; LOLLO, José Carlos. Aporofobia: você não conhece a palavra, mas conhece o sentimento. Ilustrações de José Carlos Lollo. São Paulo: Companhia das Letrinhas, 2023, p. 45.

Descrever sentimentos obtidos após uma conduta de aporofobia não é tarefa simples, porém, com base numa observação de apreço ao povo, dirigindo-se "atenção afetiva e interessada às coisas do povo" e valorizando-se a cultura popular,[30] mediante ilustrações e diretas ponderações, Blandina Franco e José Carlos Lollo, demonstram que a aversão ao pobre não se manifesta simplesmente num discurso de ódio, em atos de violência ou no proferir palavras discriminatórias, mas também faz emergir um sentimento que expressa a crueldade e indiferença para com o indivíduo pobre, muitas vezes, sem saber-se racionalmente o porquê.[31]

A constituição de práticas instituintes aporofóbicas no Brasil, enquanto patologia social,[32] possui razões histórico-sociais bem determinadas pelos fatos ocorridos desde seu nascedouro como

30 BOFF, Clodovis. *Como trabalhar com o povo e com os excluídos.* São Paulo: Editora Vozes, 2015. p. 12.
31 FRANCO. *Aporofobia,* 2023. p. 45.
32 CORTINA. *Aporofobia, el rechazo al pobre,* 2017. p. 22.

nação-povo conquistado, portanto, necessário realizar-se um breve histórico latino-americano da discriminação aos pobres.

1.2 O Sistema Social de Discriminação no Brasil e a Questão Étnico-Racial

A América do Sul foi conquistada no final da Renascença, período em que os ocidentais empreendiam imensuráveis esforços para desvelar os mistérios deixados pela Idade Média. O enigma oceânico florescia na Europa do século XV, com esforços da Itália, Espanha e Portugal em estreitar suas relações comerciais com as Índias e dados preciosos de judeus e árabes, moradores ou assíduos frequentadores da península ibérica, gerando, assim, a conquista, em 1500, do Brasil pelos portugueses, oriundos do reinado de Manuel o "Venturoso", que em hebraico significa "Querido de Deus".[33]

A façanha do chamado "descobrimento" da América foi impulsionada pelo financiamento dos Reis Católicos da Espanha na busca por pimenta, gengibre e noz-moscada, à época, condimentos tão preciosos quanto o sal, que conservava a carne sem que apodrecesse ou perdesse seu sabor.[34]

Logo após a chegada de Pedro Álvares Cabral na orla de Porto Seguro, Portugal se encontrou em profundo dilema: ou povoava a orla costeira com pessoas em condições de defendê-la, ou para sempre perdia a "dádiva do acaso" aos corsários que ali aportavam, assim, naquela conjuntura, recorreu a coroa portuguesa ao sistema já tentado nas ilhas do Atlântico, de capitanias hereditárias outorgadas à

---

[33] PRADO, João Fernando de Almeida. *O Brasil e o colonialismo europeu.* Vol. 288. São Paulo: Companhia Editorial Nacional, 1956. p. 19.

[34] GALEANO, Eduardo. *As veias abertas da América Latina.* 23. ed. Rio de Janeiro: Paz e Terra, 1986. p. 24.

homens ricos da Coroa e em condições de explorar e proteger a terra brasileira de modo útil para si e para a monarquia.[35]

Segundo Furtado[36] o objetivo das Capitanias Hereditárias era descentralizar o poder e incentivar o povoamento, além de facilitar a exploração dos recursos naturais. Cada donatário tinha a responsabilidade de financiar a colonização, estimular a produção agrícola, promover a defesa territorial e administrar a justiça em sua capitania, o que se mostrou infrutífero, dada a inabilidade da elite portuguesa com a lida com a terra. Em troca do investimento, porém, recebia-se o direito de explorar e comercializar os produtos e recursos naturais da região, marcando nitidamente a matriz da sociedade capitalista brasileira desde aquela época.

Como resultado, em 1759, o Marquês de Pombal, então ministro de Portugal, implementou uma reforma administrativa que extinguiu as Capitanias Hereditárias e criou as chamadas Capitanias Gerais, que passaram a ser administradas diretamente pela Coroa Portuguesa. Essa mudança teve como objetivo centralizar o poder e melhorar a administração das terras coloniais.[37]

Em suma, as Capitanias Hereditárias foram um sistema de divisão territorial e administrativa adotado pelo Reino de Portugal durante o período colonial brasileiro, juntamente com as tentativas, falhas, de escravização dos indígenas, que por razões culturais, deflagraram processos de resistências aos trabalhos impostos pelos colonizadores. Assim, os colonos que habitavam o Brasil tiveram que recorrer, mais tarde, a braços bem mais caros, os africanos, o que possibilitou o desenvolvimento daquela sociedade colonial.[38]

Os primeiros colonizadores portugueses, ao entrarem em contato com os indígenas que habitavam aquela terra, iniciaram um

[35] PRADO. *O Brasil e o colonialismo europeu*, 1956. p. 20.

[36] FURTADO, Celso. *Formação Econômica do Brasil.* São Paulo: Companhia das Letras, 2007.

[37] FAUSTO, Boris. *História concisa do Brasil.* São Paulo: Ed. USP, 2019.

[38] MOURA, Clóvis. *Rebeliões da senzala: quilombos, insurreições, guerrilhas.* 6. ed. São Paulo, SP: Anita Garibaldi, 2021. p. 73-74.

processo do "ciclo do escambo", ou seja, usaram o trabalho braçal dos indígenas para a extração de madeira, especialmente, do chamado Pau-Brasil, em troca de espelhos, miçangas, utensílios variados, de forma que se exigia (com emprego da força) do indígena o trabalho e nada ou praticamente nada lhe davam em troca, demarcando, dessa forma, um sistema de exploração e degradação econômica, social e cultural dos nativos, inclusive, com auxílio dos Jesuítas, que submeteram os indígenas a uma semisservidão disfarçada, que não se confundia com a servidão até então concebida, mas também não lhes davam a liberdade de ser e manter sua cultura, contribuindo para o abastardamento cultural e destruição dos valores dos povos nativos.[39]

O colonialismo pode ser definido como um sistema hierárquico, implícito e ainda atual, no qual uma nação estabelece controle político, econômico e cultural sobre um ou mais territórios fora de suas fronteiras, geralmente, com o objetivo de explorar os recursos dessas regiões e promover seus próprios interesses, promovendo a hierarquização, sobretudo, de populações por critérios étnico-raciais surgidos com a expansão colonial europeia.[40]

O colonialismo no Brasil se configura como um sistema complexo e que, até hoje, influencia o país em diversos aspectos sociais, políticos e jurídicos. A chegada dos colonizadores portugueses, no século XVI, foi marcada pela imposição de sua cultura e de seus valores aos povos indígenas, que foram subjugados, destruídos e mortos. Além disso, os portugueses também trouxeram para o Brasil milhares de africanos escravizados da África, que foram utilizados para trabalhar nas plantações de cana-de-açúcar, café, algodão e outros produtos, definindo-se a colonização do Brasil num movimento de levar a civilização, entendida por uma sociedade

---

39 MOURA. *Rebeliões da senzala*, 2020. p. 72.

40 LISBÔA, Natália de Souza. Perspectivas decoloniais do novo constitucionalismo latino-americano. *Revista Conpedi Law Review, Quito-Equador*, v. 4, n. 2, p. 199-214, jul-dez,2018. p. 201.

feudal, ibero-lusitana e mercantilista do Ocidente europeu, onde ela não existia, o que resultou em um processo de exploração do mais débil, do mais fraco, do oprimido, em ato de espoliação e aviltamento cultural, em nome da razão e da fé católica, o que pode denominar-se de colonialismo.[41]

Esse sistema de produção baseado no latifúndio e na monocultura teve como objetivo a exportação de produtos para a metrópole, gerando grandes lucros para Portugal, mas também resultando na exploração da mão de obra escrava, no aumento da desigualdade social e na dependência econômica do Brasil em relação a Portugal. Essa dependência gerou um processo de subdesenvolvimento que se estendeu por séculos.[42]

De acordo com Buarque de Holanda,[43] a colonização portuguesa no Brasil foi marcada por uma mentalidade patrimonialista, em que as terras e recursos naturais do país eram vistos como propriedade da metrópole, e não como patrimônio do povo brasileiro. Essa mentalidade se refletiu na forma como o país foi governado durante séculos, com a exploração dos recursos naturais em benefício da metrópole e da elite local, em detrimento da população mais pobre.

Essa desigualdade social e econômica gerada pelo colonialismo ainda é sentida na atualidade, tendo o Brasil uma das maiores concentrações de renda do mundo e uma grande parcela da população sem acesso a serviços básicos de saúde, educação e saneamento básico, ou seja, deixados à condição de penúria. Como pontuou Furtado,[44] essa dependência econômica em relação à metrópole foi um dos principais fatores que impediu o

---

[41] SAMPAIO, Tamires Gomes. *Código oculto*: política criminal, processo de racialização e obstáculos à cidadania da população negra no Brasil. São Paulo: Editora Contracorrente, 2020. p. 27.

[42] KHALED JR., Salah H. *Ordem e progresso*: A invenção do Brasil e a gênese do autoritarismo nosso de cada dia. 3. ed. Rio de Janeiro: Lumen Juris, 2019. p. 104.

[43] HOLANDA, Sérgio Buarque de. *Raízes do Brasil*. São Paulo: Companhia das Letras, 2006.

[44] FURTADO. *Formação Econômica do Brasil*, 2007. p. 52.

desenvolvimento do Brasil durante séculos, mantendo o país em uma posição periférica em relação às nações consideradas mais desenvolvidas.

A análise da formação da sociedade brasileira se fez a partir da miscigenação entre os colonizadores portugueses e os povos indígenas e africanos, que foram trazidos como escravos para trabalhar nas lavouras e nas minas de Norte a Sul do país. A influência da cultura portuguesa é expressiva na formação da identidade brasileira, mas também deve se destacar a importância das contribuições das culturas africanas e indígenas.[45]

Além disso, o colonialismo também teve influência na formação da cultura brasileira, com a mistura de elementos africanos, indígenas e europeus. Como dispõe DaMatta,[46] a cultura brasileira é marcada pela ambiguidade e pela mistura de valores e comportamentos, reflexo da forma como o país foi formado e da influência das diferentes culturas que se encontraram aqui.

Dessa forma, é possível perceber que o Brasil colônia e o colonialismo tiveram um papel fundamental na formação do país, influenciando sua história, economia e cultura na formação da força motriz exploratória, opressora e, sobretudo, discriminatória no país. Essa influência ainda é sentida na atualidade, sendo importante entender e debater o tema discriminatório e para que possamos construir um país mais justo e igualitário.

Aporofobia, o medo, aversão ou preconceito contra pessoas em situação de pobreza,[47] não se restringe apenas ao contexto do Brasil Colônia, mas também pode ser observado em diferentes períodos históricos e em diversas regiões do mundo. Neste trabalho, abordar-se-á a presença da aporofobia como uma forma de discriminação e, para tanto, utilizar-se-á a teoria e método de

[45] FREYRE, Gilberto. *Casa-grande e senzala.* São Paulo: Editora Record, 1933.
[46] DAMATTA, Roberto. *O Que Faz o Brasil, Brasil?* Rio de Janeiro: Rocco, 1986.
[47] CORTINA. *Aporofobia*, 2020. p. 26.

Enrique Dussel como uma ferramenta crítica para uma compreensão mais profunda desse fenômeno. A aporofobia, nesse contexto, é uma forma de exclusão que justifica, legitima e perpetua a exploração dos pobres, negando-lhes sua dignidade e seus direitos fundamentais.

A sociedade contemporânea, marcada pela lógica da globalização e do consumismo, descarta e exclui aqueles considerados "desperdícios" ou "inúteis". Essa perspectiva é relevante para se compreender como a aporofobia opera não apenas como uma forma de disctiminação no Brasil-Colônia, mas também como um fenômeno histórico-social contínuo que marginaliza os pobres, negando-lhes o acesso aos direitos e recursos básicos.[48]

No contexto específico do Brasil Colônia, pode-se compreender a aporofobia como uma manifestação da estrutura sistêmica de poder e exclusão eurocêntrica, de exploração pré-estabelecida pelas elites coloniais europeias, que dominavam o modo e meios de produção, contra os povos nativos e contra a natureza que aqui havia. Os nobres, em postos das capitanias hereditárias, oriundos de Portugal, eram ávidos pela "cultura do escambo", pelas moedas de troca naquele período, trocavam anzóis, machados e armas por mulheres indígenas, alimentos e produtos tropicais como forma de inserção numa sociedade eurocêntrica nascente e que destruía, ao menos em parte, toda uma cultura pré-estabelecida, assim, os que resistiam à colonização eram consequentemente massacrados.[49]

A exploração dos mais pobres era justificada pela visão de superioridade social e racial, onde os colonizadores se consideravam superiores e os mais pobres eram tratados como inferiores. A aporofobia, nesse contexto, além de uma forma de exclusão social, era a expressão dessa hierarquia social e uma forma de negar aos

---

[48] BAUMAN, Zygmunt. *Vidas desperdiçadas*. Rio de Janeiro: Zahar, 2005. p. 56-78.

[49] PRIORE, Mary del. *Histórias da gente brasileira*. Vol. 1. Colônia. São Paulo: Leya, 2016. p. 23.

indivíduos pobres sua dignidade e seus direitos básicos como ser, merecedor de direitos e, inclusive, deveres – mas não só deveres.

Os estigmas geracionais trazidos desde o Brasil Colônia são marcos ainda impeditivos de uma efetiva promoção de igualdade entre grupos sociais, impedem que os oprimidos sejam vistos, percebidos e concebidos como agentes capazes de desempenhar funções básicas de forma competente, consequentemente, fala-se hoje em propagação de mecanismos que garantam a possibilidade de reconhecimento da igual dignidade entre as pessoas, possibilitando-as a alçarem condições materiais dignas.[50]

A justificar toda a violência e irracionalidade produzida pela colonização em benefícios da empresa civilizadora pode denominar-se pelo que Enrique Dussel chama de "mito da modernidade", uma vez que propõe a inversão epistemológica ao atribuir uma dupla culpa aos oprimidos, aos dominados: num primeiro momento, tornam-se culpados pela sua imaturidade e atraso e, num segundo momento, por resistirem ao "progresso" e à "emancipação", tal estratégia foi utilizada para desculpar a Europa pela crueldade da escravidão de negros e, assim, tornar a África corresponsável pela prática atroz, eis que alguns reinos e etnias colaboraram com o tráfico humano.[51]

Ao adotar a teoria dusseliana como base para nossa análise crítica da aporofobia desde o Brasil Colônia, é possível desvelar as estruturas de poder que perpetuaram a discriminação contra os pobres no país, para tanto, é preciso uma "de-struição" de uma determinada percepção ontológica indo-europeia, grega, moderno-europeia, e a revalorização de uma concepção do ser, a de origem semita, na qual transparece o caráter unitário do homem, acentuando-se a alteridade latino-americana, que existe além de um

---

[50] MOREIRA. *Tratado de direito antidiscriminatório*, 2020. p. 60.
[51] SCUSSEL, Jaqueline; WOLKMER, Maria de Fátima Schumacher. *Pensar os direitos humanos no século XXI*: Por um giro descolonial. Florianópolis: Conceito Atual Editora, 2021. p. 63.

horizonte dominador e que sempre, historicamente, foi negada, justamente, em razão da perspectiva ontológica de matriz indo-europeu, grego.[52]

A categoria da alteridade que Levinas revelou, despertou em Dussel uma virada epistemológica no sentido de mudar a perspectiva hermenêutica, em que começou a ler o Outro em sua "Exterioridade", ou seja, pelo grito do oprimido, modificando não somente o modo interpretativo, mas também o sujeito e suas condições de existência no mundo. Assim, Dussel assume, após descobrir a inexistência de seu povo na história do horizonte da colonização, de exploração, de escravidão e de opressão colonial, uma postura ética política comprometida ou uma *práxis* interpretativa com a necessidade da implantação de uma Filosofia da Libertação, de caráter militante, enquanto problematiza a cotidianidade opressora do sistema capitalista.[53] Essa análise crítica é fundamental para se compreender as raízes históricas dessa específica discriminação contra os mais pobres e buscar caminhos de efetiva transformação social, rumo a uma sociedade mais inclusiva e fraterna.

Nesse sentido, a teoria da alteridade ou Exterioridade de Enrique Dussel desempenha um papel fundamental na compreensão desse fenômeno e na busca por transformação social. Dussel propõe uma abordagem crítica baseada na filosofia da libertação, que enfatiza a importância de reconhecer o outro como sujeito digno de consideração, direitos e respeito. Ao aplicar essa perspectiva à aporofobia no Brasil, revelam-se as estruturas de poder e dominação que perpetuaram a discriminação transversal contra os despossuídos, os negros, os indígenas, aqueles mais pobres, oprimidos e sem recursos materiais, muitas vezes, subtraídos pelo sistema social indo-

---

[52] ZIMMERMANN, Roque. *América Latina*: O não ser; uma abordagem filosófica a partir de Enrique Dussel (1962-1976). São Paulo: Vozes, 1986. p. 146.

[53] FAGUNDES, Lucas Machado; MARTÍNEZ, Alejandro Rosillo. *Introdução ao pensamento jurídico crítico desde a filosofia da libertação.* Belo Horizonte: D'Plácido, 2018. p. 64-65.

europeu, capitalista-patrimonialista e hierarquizados por cor de pele e origens étnicas.

A conjuntura estrutural social do Brasil foi construída, desde o período colonial, por guerras, violência, conquistas de povos e de corpos, inclusive, por meio da escravidão. Embora não seja o intento aqui fazer-se um apanhado histórico detalhado, uma breve narrativa histórica precisa ser tecida para que se analise a formação da discriminação aos pobres na realidade social brasileira, portanto, estruturar-se-á passagens relevantes da história do país para compreensão do fenômeno abordado.

O Tratado de Tordesilhas de 1494 permitiu que Portugal ocupasse territórios americanos além da linha que fora traçada pelo Papa Alexandre VI e, no ano de 1530 Martim Afonso de Souza ergueu as primeiras povoações portuguesas no Brasil, expulsando os franceses intrusos. A colonização se iniciou, principalmente, pela busca de ouro, prata e demais pedras preciosas nas Américas, gerando, posteriormente, chegada da *mita*, uma "máquina de triturar índios", dizimando-os pelo trabalho forçado nas minas e pelo envenenamento por mercúrio.[54]

A conquista do Brasil pelos parcos portugueses, ao contrário do que se propaga, não foi uma descoberta, mas uma conquista de terras, de comunidades e de seres humanos que foi travada com muita luta e sangue pelos recém-chegados do além-mar. Embora fossem poucos em números, os europeus eram superagressivos, armados, beligerantes e estavam municiados de várias formas de destruição em massa, sobretudo, das variadas doenças novas aos indígenas que aqui já viviam há séculos, principalmente, os de origem tupi, provavelmente mais de um milhão de indígenas que estavam se iniciando na era agrícola e abandonando a era paleolítica, divididos

[54] GALEANO. *As veias abertas da América Latina*, 1986. p. 27-52.

em vários grupos de comunidades e que ocupavam as margens do litoral brasileiro àquela época.[55]

O termo "descoberta", sabe-se, é histórica, eurocêntrica e hegemonicamente utilizado para descrever a chegada de Pedro Álvares Cabral e demais portugueses na costa marítima brasileira depois de 44 dias de viagem, em 22 de abril de 1500,[56] contudo, o que se chama de descoberta, mais do que uma "experiência também estética e contemplativa, aventura, explorativa e até científica de conhecer "o novo",[57] é caracterizada e marcada por extremos atos de violência física e psíquicas, apropriação de corpos, terras e anulações de culturas, portanto, o que se chama hoje de Brasil não foi simplesmente descoberto, mas conquistado com tiros, lâminas, grilhões e sangue de hipossuficientes e, naquele contexto, vulneráveis.

Desde o início da colonização do Brasil, os europeus generalizaram os povos indígenas como sendo aquelas sociedades que se diferenciavam política, cultural, social e, principalmente, economicamente das sociedades dos navegadores europeus, legitimando, assim, um marco divisório entre os portugueses e os indígenas, o que demarcará, respectivamente, a civilização e a barbárie.[58]

De Portugal havia basicamente dois comandantes, o primeiro, da longínqua Lisboa, a Coroa Portuguesa, em especial, seu Conselho Ultramarino e, em segundo, a Igreja Católica, através de seu braço mais punitivo e repressor, o Santo Ofício, que a todos hereges, pecadores e bestializados perseguia.[59]

---

[55] RIBEIRO, Darcy. *O povo brasileiro*: A formação e o sentido do Brasil. 2. ed. São Paulo: Companhia das Letras, 1995. p. 30.
[56] BUENO, Eduardo. *Brasil*: Uma história, cinco séculos de um país em construção. Rio de Janeiro: Leya, 2012. p. 40.
[57] DUSSEL, Enrique. *1492*: O encobrimento do Outro. 1993. p. 32.
[58] SILVA, Tédney Moreira da. *No banco dos réus, um índio*: Criminalização de indígenas no Brasil. São Paulo: IBCCRIM, 2016. p. 27.
[59] RIBEIRO. *O povo brasileiro*, 1995. p. 38.

A junção do poderio armado e violento da Coroa portuguesa, juntamente com a força política que possuía a Igreja, deu início a um processo de dominação e subalternização de povos originários naquele período.

A anulação e aniquilação dos povos indígenas no Brasil constitui ideário que se perpetua até os tempos atuais, porém, tais métodos genocidas travestem-se de criminalização do indígena e seu consequente aprisionamento contemporâneo, pois, sob a ótica de Tédney Moreira da Silva:

> *É deste modo que o silêncio normativo, o laconismo das agências de reprodução ideológica e irreflexão do sistema de Justiça sobre o adequado tratamento jurídico-penal de indígenas constituem-se em soluções majoritariamente apresentadas para a criminalização. Do contrário, será preciso reconhecer a falibilidade do Estado, seja em perseguir, num primeiro momento, o ideal de integração, seja, posteriormente, em reconhecer plenamente aquela diversidade étnica. As lições do evolucionismo social e a acepção generalizante dos indígenas como sobreviventes, entre o estado humano e o animalesco, são, mais que pressupostos teóricos, métodos do julgador.*
>
> *Pela supressão ou neutralização discursiva da diferença étnica é possível a anulação dos sujeitos e direitos aí enquadrados. A mera transformação corriqueira de seus hábitos culturais será lida como a migração de seu estado selvático, embrionário, para o estado de progresso, de evolução. Seus valores, costumes, visão de mundo, procedência - tudo constituirá falhas superadas pelo esclarecimento advindo de seu contato com o outro, com o mundo civilizado.*
>
> *[...]*
>
> *Ao mesmo tempo, porém, os indígenas jamais ascendem à condição de cidadãos plenos: como "quase" brasileiros, é comum nas relações interétnicas travadas um diálogo marcado por racismo e discriminação,*

> *opondo brancos e índios como se fossem diferentes espécies humanas: uma evoluída, a outra, atrasada.*[60]

O choque de sociedades que se desenhou na realidade colonial se organizava de formas distintas: enquanto o indígena possuía uma relação estreita com a natureza e o território, os colonizadores portugueses provinham de uma sociedade feudal, ibero-lusitana e mercantilista do Ocidente europeu.[61]

A visão de mundo entre os portugueses que aqui aportaram e os indígenas era abismal, em que pese os primeiros indígenas terem a impressão de que os estrangeiros eram a representação de Maíra, o deus sol e criador, andando milagrosamente sobre o mar, logo compreenderam que a visão culturalmente turva espelhava seres "feios, fétidos e infectos", ávidos por espoliação e dominação do outro pela força e violência.[62]

Diante das constantes insurgências e genocídio de indígenas ao longo do período colonial, os portugueses buscaram mão de obra escravista advinda do continente africano durante quase quatrocentos anos, influindo, inclusive, no *ethos* da nação brasileira, demarcando os limites do capitalismo dependente que o substituiu, contudo, até hoje há vestígios das relações existentes naquele período baseado na objetização do negro escravo como propriedade de quem o detém.[63]

A objetização do ser e a violência cometida contra os povos indígenas e negros no Brasil possui uma característica comum, a desfiguração da natureza humana, o que torna possível a contínua violência perpetrada pelos colonizadores. Afinal, não sendo concebidos como humanos, mas como animais, bestas e objetos, a culpa não os assolaria. Isso ajuda a compreender também a

---

60 SILVA. *No banco dos réus, um índio*, 2016. p. 243.

61 SAMPAIO. *Código oculto*, 2020. p. 27.

62 RIBEIRO. *O povo brasileiro*, 1995. p. 42-43.

63 SAMPAIO. *Código oculto*, 2020. p. 28-29.

incapacidade de reação do povo judeu aos primeiros atos genocidas cometidos por Hitler e como grande parcela do povo alemão daquela época se fez indiferente a quase morte de todo aquele "não ariano", ainda que não fossem simpatizantes do nazismo.[64]

Ao mesmo tempo em que 1492 foi um marco do "nascimento" da modernidade como conceito eurocêntrico e homogêneo, em que a Europa dominava por meio de violência e tecnologias próprias, formava-se paulatinamente um processo de "en-cobrimento" do não europeu. Enquanto a Europa detém um "direito absoluto" por ser portadora do pensamento civilizado e de desenvolvimento social, o "outro-povo" "não tem direito", essa, a propósito, é a melhor definição não só de "eurocentrismo", mas também do imperialismo do Norte e do Centro perante o Sul Global, a periferia, o antigo mundo colonial e dependente.[65]

A partir do século XIX, o Brasil rumou a transformações sociais fundamentais, sendo uma das primeiras transformações a ocorrida no ano de 1888, a abolição formal da escravidão. Aliás, não por acaso, o Brasil foi o último país das Américas a abolir formalmente a escravidão. A partir desse momento, inicia-se um mercado formal competitivo com base num contrato diferente, mas com a roupagem de sempre, ou seja, não mais a configuração da escravidão do negro e do povo indígena, mas a exploração dos pobres, chamados por Jessé Souza de "ralé brasileira", fruto de um evidente abandono dos ex-escravos a própria sorte pelos seus "senhores". Essa transformação social se perfectibiliza de maneira opaca, porque o ex-escravo foi jogado num sistema econômico-social que ele desconhecia e para o qual não havia sido preparado,

64 LAZARI, Rafael de. *Teoria da consolidação substancial dos direitos humanos*: Aportes à concepção de "pessoas democráticas de direito". Rio de Janeiro: Lumen Juris, 2017. p. 67.
65 DUSSEL. *1492*, 1993. p. 22.

houve um abandono dessa específica classe social vulnerável pelo Estado.[66]

A estrutura de acolhimento de imigrantes europeus da Itália, Portugal, Espanha e demais países integrantes do "velho continente" a partir do ano de 1887 (um ano antes da abolição da escravatura) se faz clara quando na cidade de São Paulo, bairro do Brás, é edificada a "Hospedaria dos Imigrantes" que até 1978 acolheu mais de 2,5 milhões de imigrantes. Atualmente é um patrimônio histórico tombado e sede do Museu da Imigração do Estado de São Paulo, um dos mais relevantes do país em razão do rico acervo de documentos e registros de passagens dos imigrantes europeus ao longo dos anos.[67]

No mesmo período histórico pós-abolição situado no final do século XIX, diante do impulso do regime republicano instaurado no Brasil, o Estado brasileiro procurou realizar, até certo ponto, um projeto político intergeracionista dos indígenas, contudo, àqueles que não se submetiam ao "intento civilizatório", restaria a ideia descrita por Hermann von Ihering em nota publicada na revista do Museu Paulista, ou seja, "os Caigangs selvagens são um empecilho para a colonização das regiões do sertão que habitam, parece que não há outro meio, de que possa lançar mão, senão o seu extermínio".[68]

Os esforços dos indígenas e dos negros que foram escravizados em manter suas culturas, tradições, singularidades e cosmovisões são cenários de lutas desiguais e constantes por dignidade e direitos desde a conquista do Brasil pelos portugueses ou mesmo, desde o tráfico de escravos vindos da África, tratados como objetos de pouco valor pelo colonizador europeu.[69]

---

66 SOUZA, Jessé. *A elite do atraso*: da escravidão à Lava Jato. Rio de Janeiro: Leya, 2017. p. 47.

67 TRINDADE. *Discurso de ódio nas redes sociais*, 2022. p. 28.

68 SILVA. *No banco dos réus, um índio*, 2016. p. 46-47.

69 FLORES, Joaquim Herrera. *A (re)invenção dos direitos humanos*. Florianópolis: Fundação Boiteux, 2009. p. 20.

Naquela época, o colonizador português ou espanhol também descartava ou expurgava do embarque a todos aqueles que envelheciam, adoeciam ou demorassem a convalescer, todos os velhos, defeituosos ou doentes deveriam ser imediatamente mortos, portanto, descartados.[70]

A resistência contra a escravidão pelos indígenas e negros sempre foi constante e insurgente, por meio de fugas, motins, revoltas e até mesmo insujeição aos desmando dos senhores (de escravos) e suas famílias, assim, nasce o Direito para ratificar e legitimar o poder dos proprietários sobre sua propriedade, deferindo-lhes o poder sobre os corpos escravizados para a exploração de toda espécie, açoites e, enfim, total domínio sobre suas vidas, de seus ascendentes e descendentes.[71]

É possível identificar também nesse momento do período pós-abolição o projeto da elite brasileira quanto ao intento europeizante e branqueador da sociedade (elitista, burguesa), pois, a liberdade do negro, então "liberto da escravidão", nem sempre revelava verdadeiramente o final de sua servidão ou escravidão. Ao imigrante europeu acolhido pelo Brasil foi dado terras para lavoura familiar, estadia, uma estrutura mínima de ensino da língua portuguesa e moradias populares subsidiadas dignas, enquanto os ex-escravos, esses não foram beneficiados por nenhum programa governamental, foram abandonados à própria sorte pelo mesmo Estado que promovia, contemporânea e ostensivamente, um programa social e governamental específico de incentivo e subsídio à imigração de mão de obra branca europeia, consequentemente, remunerada.[72]

A construção discriminatória da sociedade brasileira que se intensificou em meados do século XIX se dá através da concepção de raças, tornando-se base para a compreensão da exploração de

70 PRADO. *O Brasil e o colonialismo europeu*, 1956. p. 60.
71 SAMPAIO. *Código oculto*, 2020. p. 33.
72 TRINDADE. *Discurso de ódio nas redes sociais*, 2022. p. 29.

determinados povos a partir de suas características fenotípicas, como a associação dos negros africanos escravos e indígenas com características bestiais, fruto de um "processo de escravidão que pressupõe a animalização e humilhação do escravo e a destruição progressiva de sua humanidade, como o direito ao reconhecimento e à autoestima".[73]

A concepção de raça serve como justificativa e legitimação para a "construção ideológica de inferioridade das raças", constitui-se, paralelamente ao projeto abolicionista, um projeto de racialização, projetando uma discriminação social que, apesar da abolição da escravidão, garantia a permanência do tratamento desigual na estrutura socioeconômica brasileira para com a população negra[74] e, por que não dizer, indígena.

Na esteira dos ensinamentos de Salah Khaled Jr., o conceito de raças ou do discurso de superioridade de uma raça sobre as demais serviu bem aos intentos imperialistas do século XIX, assim como legitimou a partilha da África e a destruição de comunidades que coexistiam naquele continente, iniciando-se uma instabilidade político-social que permanece até os dias de hoje. No Século XX, a concepção imaginária de superioridade de raças legitimou também o holocausto, extermínios de judeus, negros, ciganos, homossexuais e aqueles identificados como comunistas.[75]

O Brasil negou seu passado escravocrata exercido pela Coroa Portuguesa e viveu, logo após a formal abolição da escravidão no país em 1888 e a Proclamação da República, em 1889, um processo de apagamento de parte de sua história, no dia 14 de dezembro de 1890, de todos os documentos e registros de posse de escravos

[73] SOUZA. *A elite do atraso*, 2017. p. 47.
[74] SAMPAIO. *Código oculto*, 2020. p. 31.
[75] KHALED JR. *Ordem e progresso*, 2019. p. 7.

mantidos nos arquivos do Ministério das Finanças, sob o comando de Rui Barbosa.[76]

É necessário, portanto, perceber a noção de que o projeto colonial fincou raízes não apenas políticas e econômicas, mas também profundos mecanismos de dominação situados no âmbito do conhecimento, da cultura e da sociedade, sustentado essencialmente, ainda que não exclusivamente, na imposição de uma classificação racial/étnica da população mundial.[77]

No Brasil do século XVIII, o período colonial sofreu considerável abalo devido ao chamado "ciclo do ouro", momento em que Portugal iniciou uma considerável divergência de interesses, no qual as elites coloniais começaram a perceber os portugueses do além-mar como os "outros", o que fez florescer a ideia de que o Brasil poderia ser um país independente.[78]

Aqui reside um ponto crucial no processo histórico dos direitos humanos do Brasil, qual seja, que o processo colonial imposto gerou raízes não só políticas e econômicas, mas também profundos mecanismos de dominação situados no âmbito do conhecimento, da cultura, e da sociedade, tão sensíveis em relação à opressão e exploração, que deixaram traços perceptíveis nas instituições políticas e sociais brasileiras até a atualidade.[79]

A partir também do século XVIII, através das revoluções norte-americanas e francesa, nasce uma nova visão sobre o ser humano, na qual busca-se garantir um mínimo de direitos inalienáveis ao homem, criando-se condições para basear a primazia

[76] TRINDADE. *Discurso de ódio nas redes sociais*, 2022. p. 30.
[77] ESCRIVÃO FILHO, Antônio; SOUZA JÚNIOR, José Geraldo. *Para um debate teórico-conceitual e político sobre os direitos humanos*. Belo Horizonte: Editora D'Plácido, 2021. p. 75.
[78] KHALED JR. *Ordem e progresso*, 2019. p. 75.
[79] ESCRIVÃO FILHO. *Para um debate teórico-conceitual e político*, 2021. p. 75.

da dignidade da pessoa humana como núcleo do Direito e assim, concretizar e proteger o homem rumo a uma vida digna.[80]

No Brasil pós-independência de Portugal, depois da Proclamação da Independência pelo príncipe D. Pedro I em 7 de setembro de 1822, a invenção de uma identidade brasileira seria problemática: a população originária já havia sido, em grande parte, exterminada, os mestiços eram discriminados e o país contava com uma grande população advinda da África, tratada como se mercadoria fosse.[81]

Com a fundação do Instituto Histórico e Geográfico Brasileiro (IHGB) no ano de 1838, houve a incumbência oficial de inventar-se uma homogenia histórica e cultural europeia e branqueadora do Brasil, porém, mesmo após a Proclamação da Independência do país em relação a Portugal, o ponto de partida narrativo não seria de uma ruptura total com a coroa portuguesa, mas sim de continuidade, assim, o rompimento seria apenas político, permanecendo o controle interno e o regime monárquico. Aliás, a separação de Portugal só foi tolerada porque se deu por um príncipe português já com esses objetivos, manter o autoritarismo e a dominação dos povos colonizados.[82]

O projeto de Estado brasileiro foi erguido, portanto, com base na hierarquização de raças, de seres, suas respectivas culturas e classes sociais, fazendo-se da discriminação um instrumento de dominação colonial, um dos instrumentos essenciais para a construção da civilização luso-brasileira.[83]

---

80 DEBONE, Rebecca Rafart de Seras Hoffmann. *Pobreza extrema*: Violação dos direitos humanos? Belo Horizonte: Arraes Editores, 2016. p. 33.

81 KHALED JR. *Ordem e progresso*, 2019. p. 100.

82 KHALED JR. *Ordem e progresso*, 2019. p. 117.

83 WOLKMER, Antônio Carlos. *História do direito no Brasil*. 6. ed. Rio de Janeiro: Forense, 2012a. p. 95.

As desigualdades sociais envolvendo a raça e a cor das pessoas também são um legado visível da relação de espoliação colonial luso-brasileira concretizada pelas elites brasileiras com a "Terra Brasilis".[84]

Em estudo recente, segundo o Instituto Brasileiro de Geografia e Estatística, no ano de 2021, enquanto os brancos abaixo da linha da pobreza monetária proposta pelo Banco Mundial eram 18,6%, a porcentagem praticamente dobra, quando comparado aos pretos (34,5%) e pardos (38,4%), além disso, no mesmo ano, sendo certo que a população de pretos e pardos contabilizava-se em 53,8% no território brasileiro, portanto, mais da metade da população, somente 29,5% destes ocupavam cargos gerenciais, enquanto 69% eram ocupados pelos brancos. A insegurança sobre moradia registrada no ano de 2021 também revelou que 20,8% das pessoas pardas e 19,7% das pessoas pretas residentes em domicílios próprios não tinham documentação da propriedade, enquanto a proporção entre as pessoas brancas era praticamente a metade, 10,1%.[85]

As diferenças de oportunidade e situações de não equivalências entre os vulneráveis no sistema capitalista não são ocasionais, mas fruto da construção de um Estado Liberal de Direito, voltado para os valores supremos da iniciativa privada, da segurança da propriedade e da garantia da manutenção e evolução do sistema capitalista.[86]

A discriminação estrutural presente no Brasil estigmatiza grupos sociais não pertencentes a classe elitista e são prévia e intencionalmente escolhidos na história brasileira, como pontua Adilson José Moreira:

---

[84] KHALED JR. *Ordem e progresso*, 2019. p. 68.

[85] INSTITUTO BRASILEIRO DE GEOGRAFIA E ESTATÍSTICA (IBGE). *Desigualdades sociais por cor ou raça no Brasil.* 2. ed. Rio de Janeiro: IBGE, 2022. (Estudos e Pesquisas: Informação Demográfica e Socioeconômica, n. 48).

[86] NOVAIS, Jorge Reis. *Contributo para uma teoria do estado de direito.* Coimbra: Almedina, 2006. p. 73.

> *As sociedades humanas são atravessadas por relações hierárquicas de poder, relações responsáveis por diferenciações de status entre grupos sociais, um processo que possui consequências significativas ao longo do tempo. As pessoas não são excluídas de oportunidades sociais apenas por características individuais, elas estão expostas a processos de estigmatização coletivos por compartilharem traços que designam pessoas que supostamente não possuem o mesmo valor dentro de uma dada sociedade. Estigmas sociais podem ser institucionalizados por meio de normas jurídicas ou por práticas culturais que influenciam a operação de muitas instituições públicas e privadas. Eles criam grupos sociais por meio de um processo de atribuição de sentidos negativos a características comuns à várias pessoas, o que forja uma identidade que designa um grupo inferior. Atores públicos e privados passam a atuar a partir desses estigmas e impedem que minorias possam ter pleno gozo de direitos. Estigmas criam diferenciações entre grupos que se tornam formas normais de operação da sociedade, o que faz com que a situação de exclusão atinja membros do grupo geração após geração. A existência de castas sociais contraria princípios básicos da ordem democrática, um regime político comprometido com a criação dos meios para que as pessoas possam ser sujeitos autônomos. Em resumo, normas legais e práticas sociais que estigmatizam grupos de indivíduos criam divisões sociais incompatíveis com a lógica democrática.*[87]

Durante o século XIX até o século XX, o paradoxo da identidade social do Brasil se materializa num contexto histórico em que o racismo possui, diante da comunidade internacional, um "prestígio científico", tornando-se impossível a construção de uma "imagem positiva" para um "povo de mestiços". O mameluco, definido como junção do branco com indígena, ou o mulato, designação ao indivíduo fruto de pessoas brancas com negros, muitas vezes é percebido como a degeneração das "raças puras que a compõem", sendo esta, precisamente, a concepção difundida no Brasil pelo conde francês Arthur de Gobineau, correspondente e hóspede do Imperador Pedro II. Pensadores brasileiros dessa época, tais como Euclides da Cunha, Nina Rodrigues ou Oliveira Vianna,

---

[87] MOREIRA. *Tratado de direito antidiscriminatório*, 2020. p. 86-87.

permanecerão tributários das teorias racialistas então em voga, que os impedirão de antever um futuro positivo para um povo mestiço.[88]

Tratar-se-á aqui do racismo, da xenofobia, da aporofobia e de outras formas discriminatórias de maneira sempre parcial, movida por uma percepção de alteridade, mas nunca isenta, pois, a visão de mundo do subscritor sempre irá afetar a análise do discurso, assim, procurar-se-á desvelar, de forma mais imparcial e concreta possível, as formas de subalternização do outro enquanto construção histórico-social do Brasil, um país eminentemente marcado pela cultura hegemônica, eurocêntrica, burguesa e elitista.[89]

A histórica discriminação exercida contra o negro e o indígena não exclui outras formas discriminatórias, mas constitui traços comuns e determinantes do povo brasileiro dada a peculiar forma estrutural da sociedade.

O lugar de partida dos negros, aí também compreendidos todos os não brancos, é de subalterno, pois, conforme Moreira,[90] estereótipos raciais afetam, ainda hoje, todos os membros de uma minoria racial, atrelando, necessariamente a vida de cada indivíduo a experiências históricas de pessoas negras da nação brasileira, inclusive, sendo uma espécie de clivagem do projeto de dominação racial construído pela população branca. É por essa razão, inclusive, que não se pode falar em "racismo reverso", o racismo impõe a subalternização do não branco por juízos morais negativos como perpetuação de poder e herança colonialista, infelizmente mantida na sociedade brasileira até a atualidade.

---

88 SOUZA, Jessé. *A ralé brasileira: quem é e como vive.* Belo Horizonte: Editora UFMG, 2009. p. 36.

89 LIPPSTEIN, Daniela; WOLKMER, Antônio Carlos. Por uma educação latino-americana em direitos humanos: Pensamento crítico contra-hegemônico. *Revista da Faculdade de Direito de Vitória – ES*, Vitória, v. 18, n. 1, p. 283-301, jan./abr. 2017. p. 294.

90 MOREIRA, Adilson José. *Pensando como um negro*: Ensaio de hermenêuticas jurídicas. *Revista de Direito Brasileira*, São Paulo, SP, v. 18, n. 7, p. 393 – 421, Set./Dez, - 2017. p. 5.

Para Moreira,[91] o pensamento, a consciência e a existência negra estão diretamente ligadas a um sofrimento cotidiano imposto por uma subordinação constante exercido pelos brancos aos não brancos, gerando, assim, a classificação social de um grupo racial específico, o que elimina a possibilidade de o negro ter consigo a individualidade reconhecida. Acrescenta o autor, ainda, que esse "estado de coisas" não se alterará enquanto não houver uma transformação, por meio de ações positivas das instituições estatais, do status social e status material do povo negro, além da efetiva mudança de como esse grupo específico são socialmente representados e percebidos.

Mesmo com a conquista da Constituição Cidadã, conhecida Constituição Federal de 1988, com a inclusão da criminalização do racismo e da normatização de uma igualdade formal entre todos os brasileiros, o racismo estrutural, aquele que se constitui de uma sociedade de classes, opera como um "código oculto" que legitima e mantém as estruturas sociais brasileiras que impedem o acesso à cidadania e executa um projeto genocida contra a população negra no Brasil.[92]

A propósito, leciona Silvio Almeida:

> *[...] o racismo não deve ser tratado como uma questão lateral, que pode ser dissolvida na concepção de classes, até porque uma noção de classe que desconsidera o modo com que esta mesma classe se expressa enquanto relação social objetiva. São indivíduos concretos que compõem as classes à medida que se constituem concomitantemente como classe e como minoria nas condições estruturais do capitalismo. Assim, classe e raça são elementos socialmente predeterminados.*[93]

O projeto criado no desenvolvimento do Brasil enquanto sociedade foi estruturado pela ideologia racial supremacista,

---

91 MOREIRA. *Pensando como um negro*, 2017. p. 6.

92 SAMPAIO. *Código oculto*, 2020. p. 109.

93 ALMEIDA, Silvio Luiz de. *O que é racismo estrutural?* Belo Horizonte: Letramento, 2018. p. 145.

hegemônica, elitista e eurocêntrica e, por consequência, não possibilitou a distribuição equânime de renda a toda a população, tanto que desconsiderou o bem-estar social e a busca pela igualdade (não só formal, mas material). Esse crescimento econômico desigual privilegiou o sufocamento da democracia como representação do povo, desconsiderando, ao mesmo tempo, os conflitos sociais e raciais, assim, o desenvolvimento da sociedade só é compreendido dentro dos limites da desigualdade do sistema capitalista.[94]

No século XIX, enquanto surge na Inglaterra um movimento social antirricardiano que radicaliza o utilitarismo individualista, é criada por Nassau Senior a teoria da abstinência, a qual justifica a apropriação do lucro como recompensa ao sacrifício pessoal daquele indivíduo que se abstém do consumo, dessa forma, Senior desloca o sentido do enriquecimento e da produção capitalista para o âmbito subjetivo, enquanto a acumulação do capital é frutificado pela poupança, justifica-se o enriquecimento pelo mérito, ou seja, o marco inicial da meritocracia.[95]

O liberalismo corresponde a uma ética proposta a partir da emergência burguesa como classe social ascendente, em contraponto a uma sociedade que estorvava sua capacidade de ação enquanto burguesia. É uma ética que combatia a aristocracia fundiária e que defende os denominados direitos naturais, dentre eles, a liberdade, a propriedade privada e a igualdade, entendida como a possibilidade de um indivíduo tornar-se igual a outrem por meio de seu esforço e livre de entraves. Seus contornos normativos começam a se desenhar a partir da ordem interestatal inaugurada pela Paz de Vestfália, de 1648, que, ao consagrar a soberania territorial dos Estados, criou o quadro político no qual, sucessivamente, se afirmariam o livre

94 SAMPAIO. *Código oculto*, 2020. p. 110.

95 BELLUZZO, Luiz Gonzaga; GALÍPOLO, Gabriel. *A escassez na abundância capitalista*. São Paulo: Editora Contracorrente, 2019. p. 30.

comércio entre as nações e a superação de obstáculos ao transporte e à circulação de bens.[96]

Com efeito, o capitalismo, ao contrário do feudalismo, é sistematizado essencialmente com o fim de acumulação de capital. Nesse sistema, a produção não é o fim, mas é o instrumental para a expansão de capital em poder das elites hegemônicas. O vetor dessa acumulação é identificado pela teoria marxista como mais-valia, ou seja, "um diferencial entre o valor agregado pelo trabalho ao produto final e o valor efetivamente apropriado pelo trabalho como remuneração do fator".[97]

Em outras palavras, mais-valia é um conceito que explica como os trabalhadores geram mais valor do que recebem como pagamento. Quando as pessoas trabalham, criam algo que tem um valor econômico, como um produto ou serviço. No entanto, em um sistema capitalista, os empregadores pagam aos trabalhadores um salário que é menor do que o valor total do que foi produzido. A diferença entre o valor total gerado pelo trabalho e o salário pago é chamada de mais-valia. Esse conceito, aliás, destaca como os empregadores geram lucro ao explorar a diferença entre o valor que os trabalhadores adicionam ao produto e o valor que recebem em troca, contribuindo assim para a acumulação de riqueza pelos donos dos negócios, os efetivos capitalistas.[98]

A ascensão do liberalismo na América Latina impulsiona também a ética meritocrática no século XX, termo que nasceu como uma forma de injúria, mas depois se tornou sinônimo de enaltecimento e inspiração, da mesma maneira que inspira o sucesso individual através do esforço próprio, traduz a ideia liberal que por meio de talentos e esforço próprio qualquer pessoa pode atingir um

---

[96] COURI, Sérgio. *Liberalismo e societalismo.* Brasília: Editora Universidade de Brasília, 2001. p. 21.
[97] COURI. *Liberalismo e societalismo*, 2001. p. 25.
[98] CORRÊA, Valcionir. *Capitalcracia*: A crise como exploração e degradação. Florianópolis: Editora em Debate, 2012. p. 42.

determinado ideal. Isso, contudo, não só aumentou as desigualdades sociais nas Américas, como também serviu como instrumental aos partidos dominantes de centro-esquerda e centro-direita para reforçar a linguagem do progresso moral e desenvolvimento político. As elites meritocráticas, tão acostumadas aos privilégios históricos e geracionais, ficaram cegas para o crescente descontentamento e percepção de insulto por parte daqueles que não compartilharam da recompensa da globalização, ou seja, os pobres na sociedade capitalista.[99]

A globalização unidimensionou culturas, formas políticas e, ao mesmo tempo, padronizou Estados e respectivos poderes numa perspectiva liberal, criando-se um conjunto de princípios políticos organizativos sociais, aliado a defesa de uma pseudodemocracia. Durante a expansão da globalização, há a dissolução do mundo agrário e o superpovoamento dos centros urbanos, privilegiando a industrialização que se espalhava pelo mundo. Sendo a democracia liberal baseada no ideal político de participação da população que represente o poder político dos interesses econômicos personificadores dos capitalistas, configurando-se numa espécie de representante da classe que tem a hegemonia econômica, resta claro que o Estado liberal está, portanto, a serviço dos capitalistas.[100]

Nas palavras de Valcionir Corrêa:

> *Com a expansão total do capitalismo – e, assim, consequentemente, do comércio e da manufatura – acelera-se a acumulação do capital e criam-se a burguesia transnacional e a classe trabalhadora mundial. A globalização, que se trata do desenvolvimento das forças produtivas em escala mundial, necessariamente implica intercâmbio promovido pelo comércio, tendo em vista as oportunidades de acumulação. Nesse*

[99] SANDEL, Michael J. *A tirania do mérito: o que aconteceu com o bem comum?* 8. ed. Rio de Janeiro: Civilização Brasileira, 2023. p. 215.
[100] CORRÊA. *Capitalcracia*, 2012. p. 126-127.

> *contexto mundial, os problemas sociais se equalizam, afligindo toda classe trabalhadora, que se consolida, também, mundialmente.*[101]

O que se definiu chamar de teoria da dependência é, em verdade, uma "obviedade histórica" impondo um modelo neocolonial, claramente inspirado no século XIX, em que se impõe pelas nações hegemônicas um sistema político e econômico de dependência em relação às ex-colônias "em nome do liberalismo triunfante".[102]

Nesse contexto, Luiz Toledo Machado afirma que:

> *O sistema capitalista, que gerou a acumulação centralizada do capital dando origem ao crescimento conjugado com o avanço tecnológico nos países de economia desenvolvida, ao revés, produziu a estagnação da periferia durante vários séculos a despeito dos esforços industrializantes. O que arbitrariamente foi tratado por alguns autores como teoria da dependência bem pode ser capitulado no Direito Internacional, nas relações históricas de exploração entre povos e nações. As relações de subordinação e condicionamento aos polos autônomos da economia mundial inscrevem-se no sistema da interdependência mundial.*[103]

A teoria da dependência possui estratificação no que Ruy Mauro Marini convencionou chamar de "superexploração" do trabalhador. É dizer, em razão de um sistema de trocas desproporcionais no mercado internacional fundado pelas nações desenvolvidas e industrializadas para com os países em desenvolvimento, a reação da economia dependente é precisamente compensar as debilidades no mercado interno com base no aumento da mais-valia, mediante a exploração do trabalhador com mais

---

101 CORRÊA. *Capitalcracia*, 2012. p. 127.

102 MACHADO, Luiz Toledo. *A teoria da dependência na América Latina.* Estudos Avançados, 1999. p. 199.

103 MACHADO. *A teoria da dependência na América*, 1999. p. 202.

jornadas de trabalho ou intensificação do trabalho para geração de mais lucro aos capitalistas advindos do Norte global.[104]

Sobre a definição acerca do Norte e Sul Global, destaca Boaventura de Sousa Santos:

> *O Sul são os povos, países e nações que mais sofreram com o desenvolvimento do capitalismo global, porque permaneceram países subdesenvolvidos, em desenvolvimento permanente, sem nunca atingirem o quadro dos países desenvolvidos. E, portanto, aprender com o Sul significa que a compreensão do mundo é muito mais ampla do que a compreensão ocidental do mundo.*[105]

Na América Latina, a população trabalhadora enfrentou uma situação dramática, na qual a hipótese de ter uma abundância de mão de obra, seja por meio das reservas indígenas no México ou dos fluxos migratórios europeus para a América do Sul devido ao avanço tecnológico, se concretizou amplamente até o início do século XX. Esse aumento constante na força de trabalho teve como resultado a compressão do consumo individual dos trabalhadores, ou seja, da mesma forma que houve a intensificação do trabalho ou sua extensão temporal, houve uma diminuição no poder de compra do trabalhador, facilitando, assim, a superexploração do trabalho, fundamento da dependência. Se os trabalhadores possuem menos para gastar na sociedade de trocas capitalista, isso impacta negativamente em suas condições de vida.[106]

As décadas de 1920 a 1930 do século XX ensinaram que o regime econômico fascista foi um movimento contra a "pseudo-objetividades das leis econômicas e suas consequências funestas para as condições de vida dos indivíduos", dessa forma, a experiência negativa daquele período histórico marcou a lição: o capitalismo das

---

[104] MARINI, Ruy Mauro. Dialética da dependência. *Germinal: Marxismo e Educação em Debate*, Salvador, v. 9, n. 3, p. 325-356, dez. 2017. p. 333.

[105] SANTOS, Boaventura de Sousa. *Pensar el estado y la sociedad: desafíos actuales*. Buenos Aires: Waldhuter, 2009., tradução livre.

[106] MARINI. *Dialética da dependência*, 2017. p. 338.

grandes empresas e do capital financeiro levaria a sociedade a outros intentos autoritários, caso não fosse erigida uma instância pública de decisão apta a "coordenar e disciplinar os megapoderes privados".[107]

As consequências da crise financeira nos Estados Unidos em 1929, da Primeira e da Segunda Guerra Mundial impulsionaram a ideia de criação de uma "ordem econômica mundial" capaz de fundar, sem obstáculos, avanços permanentes no comércio entre as nações e que incluísse regras monetárias que garantissem a estabilidade da moeda-reserva, legitimando avanços de desenvolvimento, industrialização e progresso social.[108]

Num momento de grave supressão de capital e recessões econômicas impostas pelo Norte global à América Latina no pós-guerra, mais precisamente no final da década de 1980, houve o chamado Consenso de Washington, o qual é formalizado por um projeto político-social-econômico oriundo dos Estados Unidos da América e instituições financeiras, grandes empresas que controlam a maior parte da economia internacional e que possuem meios de influenciar a formulação de políticas, assim como posicionar pensamentos e manipular a opinião das massas populares. As regras básicas do Consenso de Washington são: a implementação de livre mercado, fixações de preços pelo mercado ("ajuste de preços"), fim da inflação (através de estabilidade econômica) e privatização.[109]

A partir dos anos 1930 instaura-se no Brasil um novo modelo de acumulação de matriz "qualitativa e quantitativamente distinto, que dependerá substancialmente de uma realização parcial interna crescente". Esse modelo se legitima na sociedade brasileira em substituição ao fim do antigo padrão econômico agrário-exportador, centralizado na produção e na exportação de matérias-primas, caracterizando-se pela presença ativa do Estado na economia, além

---

107 BELLUZZO. *A escassez na abundância capitalista*, 2019. p. 155.

108 BELLUZZO. *A escassez na abundância capitalista*, 2019. p. 156.

109 CHOMSKY, Noam. *O lucro ou as pessoas: neoliberalismo e ordem global.* 5. ed. Rio de Janeiro: Bertrand Brasil, 2006. p. 22.

de possuir, no setor industrial, o núcleo que impulsiona o processo de acumulação.[110]

No âmbito desse modelo econômico de dimensão marcadamente intervencionista, coube ao Estado concretizar determinados empreendimentos, tais como: a criação de um mercado de trabalho e de uma legislação trabalhista que, entre outras ações, instituiu o salário mínimo; a reestruturação de uma rede de bancos oficiais com vistas a resolver a questão relativa ao financiamento do processo de acumulação; e a dinamização do setor produtor de bens de capital (máquinas, equipamentos e instalações) e de insumos básicos. Nesse sentido, são sumariamente estabelecidas, pela instituição estatal, todas as condições materiais em favor da expansão do novo modelo de acumulação industrial. No interior desse contexto, tem-se o Estado operando, conforme aponta Francisco Oliveira, "como um capital financeiro geral, e, na maior parte dos casos, como capital estatal produtivo".[111]

A definição do que seja o neoliberalismo é o primeiro passo para se analisar as possíveis influências no Brasil, contudo, embora não seja a pretensão do trabalho esgotar as várias definições do termo, é preciso ter em vista que o neoliberalismo, conforme Dardot et al.[112] não é um conjunto de teorias ou coleção de obras de diversos autores, mas, antes, um projeto político já em curso, de neutralização do socialismo em todas as suas formas, de extirpação de todas as formas de exigência de igualdade. Esse projeto é conduzido, desde o início, por "empreendedores políticos", voltado a uma vontade política de total liberdade de concorrência, para a construção de uma sociedade eminentemente de direito privado no que concerne às leis

---

[110] OLIVEIRA, Francisco. *Crítica à razão dualista*: o ornitorrinco. São Paulo: Boitempo Editorial, 2003. p. 35.

[111] OLIVEIRA, Francisco. *Privatização do público, destituição da fala e anulação da política*. *In*: OLIVEIRA, F. & PAOLI, Maria Célia (org.). *Os sentidos da democracia*: políticas de dissenso e hegemonia global. 2. ed. Petrópolis; RJ: Vozes, Brasília: NEDIC, 1999. p. 67.

[112] DARDOT, Pierre. et al., *A escolha da guerra civil*: Uma outra história do neoliberalismo. São Paulo: Elefante, 2021. p. 37.

e princípios, protegida por Estados soberanos que possuem, na religião e na tradição, as bases para mudanças sociais.

Traçados pelos Estados Unidos da América e pelas instituições financeiras estrangeiras, o Consenso de Washington se constitui numa recomendação internacional elaborada em 1989, que visava a propagação da conduta econômica neoliberal com a intenção de combater as crises e misérias dos países subdesenvolvidos, sobretudo os da América Latina. O Consenso (neoliberal) de Washington foi capitaneado pelos senhores da economia privada, em geral, empresas gigantescas e que controlam a maior parte da economia mundial, e se baseia num conjunto de princípios orientados para a promoção e proteção do mercado e das elites financeiras, em que as regras são basicamente: (i) liberalização do sistema financeiro e do mercado, (ii) fixação dos preços pelo mercado, (iii) fim da inflação ("estabilidade macroeconômica") e, (iv) privatização, devendo, dessa forma, implicitamente, que os governos e a população "fiquem fora do caminho", lembrando-se que as instituições governantes não são independentes, mas refletem o poder emanado da sociedade em geral. Para compreender-se a política e seus efeitos, é preciso saber com quem está o poder e como ele é exercido.[113]

A racionalidade neoliberal se perpetua no Brasil histórica e estruturalmente, portanto, com base no ideário em que o indivíduo tem valor humano enquanto possui capital potencial, tornam-se as relações sociais fundamentadas em trocas de produtos ou serviços, ou seja, o indivíduo é válido enquanto é definido por seu potencial como mercadoria no sistema capitalista.

Como mercadoria, o ser pode ser substituído, trocado ou mesmo, descartado, o que muito se assemelha à "lógica da descartabilidade humana" promovida por Adolf Hitler e seus

[113] CHOMSKY. *O lucro ou as pessoas*, 2006. p. 22.

comparsas no conjunto de atrocidades cometidas durante a Segunda Guerra Mundial.[114]

É traço comum o discurso que desumaniza para a construção de uma ideologia de extermínio do inimigo.[115] Para tanto, impele-se, principalmente, mas não só, de forma linguística, o interlocutor a sedimentar estereótipos, criando-se "um abismo intransponível entre as raças dos servos e a raça dos senhores, depurando desta última os elementos impuros [...]",[116] o que pode ser entendido também, como bem dispõe Adilson José Moreira, por categorizar-se grupos e fomentar-se preconceitos e discriminações, especialmente, quando o estereótipo converge com as crenças pessoais do indivíduo.[117]

Com efeito, pode-se definir neoliberalismo como uma espécie de racionalidade que tem como principal característica a defesa da mínima intervenção do Estado na economia, máxima intervenção do Estado enquanto a proteção do livre funcionamento do mercado, inclusive, se necessário, com violência e autoritarismo e, por fim, mas não de forma exauriente, a promoção da liberdade individual e empresarial.[118] No entanto, essa corrente ideológica tem sido criticada por diversos setores da sociedade, inclusive da Antropologia, por promover a exclusão social e a desigualdade.[119]

A premissa básica do neoliberalismo em que a liberdade e igualdade na economia entre os indivíduos é sacralizada, quase indiscutível, poderia explicar a fé dos neoliberais de que todo Ser possui as mesmas chances de competição no mercado capitalista, contudo, enquanto há indivíduos marginalizados, hostilizados, prévia e sumariamente, quem o filósofo Enrique Dussel chama de "Não Ser", a premissa se revela falaciosa, pois esse "Não Ser" ou

---

[114] LAZARI. *Teoria da consolidação substancial dos direitos*, 2017. p. 39.
[115] TRINDADE. Discurso de ódio nas redes sociais, 2022. p. 118.
[116] LOSURDO, Domenico. *Liberalismo*: Entre a civilização e a barbárie. 2. ed. São Paulo, SP: Anita Garibaldi, 2021. p. 147.
[117] MOREIRA. *Tratado de direito antidiscriminatório*, 2020. p. 375.
[118] DARDOT. et al, 2021. p. 89.
[119] CHOMSKY. *O lucro ou as pessoas*, 2006. p. 132.

simplesmente o Outro, o pobre, tem suas razões para propor, para interpelar (ato de fala) contra a exclusão e defender sua inclusão na sociedade.[120]

Segundo a lição de Lucas Fagundes e Alejandro Martínez, o mérito da teoria dusseliana quanto a exterioridade se dá na limitação da totalidade de suas categorias opressoras, buscando, assim, compreender o Ser dentro do sistema em que está inserido, mas superá-lo na exterioridade que compõe a sua existência. A originalidade de Dussel, portanto, é deslocar a epistemologia e filosofia do Ser para o Não Ser, daquele vulnerável, oprimido, marginalizado, não eurocentrado.[121]

É essa classe de excluídos e desclassificados, os pobres, aqueles que não compartilham a noção da "economia do self pontual que é a criação cultural contingente da Europa e da América do Norte", comparável a um animal doméstico, dado o seu status sub-humano, uma vez que não participam do contexto valorativo, ao qual, por incorporar características disciplinadoras, plásticas e adaptativas básicas para as funções produtivas no capitalismo moderno, chama-se de *habitus* primário.[122]

Habitus primário são esquemas sistemáticos e avaliativos, ainda que quase sempre irrefletidos e inconscientes, que capitaneiam uma ação ou comportamento efetivo no mundo. É apenas nesse consenso que, mesmo de maneira irrefletida, pode permitir uma espécie de acordo implícito que sugere, como no exemplo de um atropelamento no Brasil, em que algumas pessoas detentoras do capital se sobrepõem a outras no que se refere a aplicação da mesma lei. Existe, portanto, uma rede invisível que une, desde policiais que abrem o inquérito policial até o juiz que exara a sentença final,

---

120 DUSSEL, Enrique. *Filosofia da libertação*: crítica à ideologia da exclusão. São Paulo: Paulus, 1995. p. 77.

121 FAGUNDES. *Introdução ao pensamento jurídico crítico*, 2018. p. 60.

122 SOUZA, Jessé. Por uma teoria da ação social da modernidade periférica: um diálogo crítico com Florestan Fernandes. *In*: SOUZA, Jessé (org.). *A invisibilidade da desigualdade brasileira*. Belo Horizonte: Editora UFMG, 2006. p. 45-46.

passando por advogados, testemunhas, peritos, promotores, jornalistas, que por meio de um acordo implícito e jamais verbalizado, inocentam o atropelador. O que une todas essas interseccionalidades e subjetividades oriundas de cada indivíduo de forma subliminar e que conduz ao acordo implícito entre todos é o fato objetivo e ancorado institucionalmente no não valor humano (o Não Ser), uma vez que é especificamente o valor diferencial entre os seres humanos que está atualizado de forma inarticulada em todas essas práticas institucionais e sociais, do atropelado.[123]

O *habitus* primário descreve a formação da personalidade e do comportamento das pessoas na primeira fase de suas vidas, especialmente durante a infância e a adolescência. As experiências sociais e culturais que as pessoas vivenciam nessa fase moldam suas maneiras de pensar, agir e interagir com o mundo ao seu redor.

A relação entre esses dois conceitos, *habitus* primário e neoliberalismo, se dá na medida em que a racionalidade neoliberal se propõe a redefinir os valores e as práticas que regem a vida social e econômica do povo e, sobretudo, dos indivíduos. Isso significa dizer que ela busca alterar, através de um projeto político, social e jurídico já em curso, os contextos sociais e culturais em que as pessoas vivem e se desenvolvem, o que pode ter impactos significativos na formação do *habitus* primário.

A ênfase na competição, no individualismo e na maximização do lucro, características da racionalidade neoliberal, influenciam na formação do *habitus* primário das pessoas, tornando-as mais propensas a valorizar a competição em detrimento da cooperação, a buscar maximizar seus ganhos pessoais em detrimento do bem comum, entre outras atitudes que favorecem a lógica neoliberal, dando-se surgimento ao chamado *homo oeconomicus*.

A racionalidade neoliberal, por sua vez, é um desses contextos que impacta a formação do *habitus* primário das pessoas, alterando,

---

[123] SOUZA. *Por uma teoria da ação social*, 2006. p. 46.

consequentemente, suas atitudes e comportamentos em relação à vida social e econômica do indivíduo e da própria sociedade, primando pela suprema proteção ao livre mercado às elites financeiras do Brasil e privação de oportunidades ou implementação de políticas públicas sociais, tornando, assim, o desenvolvimento humano num luxo que apenas aos ricos lhe cabe.[124]

Assim, é fundamental compreender e problematizar as implicações dessa relação entre o *habitus* primário e o neoliberalismo, a fim de promover uma reflexão crítica sobre os modelos de desenvolvimento e as prioridades sociopolíticas adotadas, buscando construir uma sociedade mais equitativa, solidária e orientada para o bem comum.

O neoliberalismo brasileiro contemporâneo parte da ideia da construção política de um homem-econômico contemporâneo[125] que engloba duas características complementares e individuais: deve ele ser a 'empresa de si mesmo', ou seja, se responsabilizar por seus prazeres, penas e desenvolver suas capacidades físicas, morais e psicológicas e, ainda, ser o 'empreendedor de si mesmo', obrigando-o a traçar seus objetivos pessoais e de vida a partir do que possui, de seus próprios recursos.[126]

O surgimento desse *homo oeconomicus* estimula a ideia de que todo o indivíduo, independentemente de qualquer outra influência externa, através de seus próprios méritos e realizações, pode alcançar a riqueza, tendo ele a total liberdade de gerir-se como uma empresa consolidada, financiada, bem-vista no mercado de consumo e mais, já municiada de capital inicial suficiente para o alcance da felicidade e autorrealização. Com o papel do Estado na economia reduzido a mero balcão de negócios, a ascensão social do *homo oeconomicus*

---

124 DEBONE. *Pobreza extrema*, 2016. p. 141.

125 LAVAL, Christian. *Foucault, Bourdieu e a questão neoliberal.* São Paulo: Elefante, 2020. p. 275.

126 PELE, Antonio. De calvino a buda: Um novo "espírito" do capitalismo? *In*: CITTADINO, Gisele. Et Al. (org.). *Direitos humanos e neoliberalismo.* Rio de Janeiro: Lumen Juris, 2018. p. 73.

depende apenas dele mesmo – e não a alcançar é demérito próprio. Essa dinâmica implica afirmar que há uma série de ações que, se qualquer indivíduo as aplicar no momento e contexto correto, ele conseguirá ascender socialmente (em uma vitória financeira), em uma espécie de meritocracia processual.[127]

O *homo oeconomicus*, segundo Adela Cortina,[128] maximizador de seus lucros, deve ser substituído pelo *homo reciprocans*, daquele capaz de dar e receber na sociedade contratualista, ou seja, deve operar o "Princípio da Troca", todavia, tal princípio só aufere benefícios àqueles que pertencem ao jogo de trocas, aos excluídos, aos pobres, só resta, conforme a própria autora, a rejeição e aversão.

Com efeito, o neoliberalismo, baseado na noção do "homem empresa de si mesmo" e do "*homo oeconomicus*", promove uma visão individualista que enfatiza a responsabilidade pessoal e a busca pelo sucesso financeiro como indicadores primordiais de autorrealização. No entanto, essa perspectiva negligencia as complexas interações entre fatores sociais, econômicos e estruturais que influenciam as oportunidades de cada indivíduo.

Ao adotar uma abordagem que valoriza exclusivamente os méritos individuais, o neoliberalismo marginaliza os menos favorecidos e perpetua a desigualdade, reforçando a exclusão, a rejeição e a discriminação aos pobres.

Com efeito, a discriminação estrutural contra as pessoas pobres perpassa, mais que uma condição de penúria material, uma específica herança de racialização violenta. Nesse aspecto, o preconceito gera a discriminação e desigualdade social que exclui, submete o pobre a uma dinâmica perversa do sistema socioeconômico e integra o elemento "distintivo e formativo" do

---

[127] NAKAMURA, Lisa. Afterword: racism, sexism and gaming's cruel optimism. *In*: MALKOWSKI, Jennifer; RUSSWORM, Treaandrea M. *Gaming representation*: race, gender and sexuality in videogames. Bloomington: Indiana University Press, 2017.
[128] CORTINA. *Aporofobia*, 2020. p. 92.

aspecto moral da sociedade brasileira, uma busca incessante pela negação de uma "ética da igualdade" ou da "reciprocidade".[129]

O preconceito é o aspecto negativo da valoração que se atribui ao outro, constituindo elemento intrínseco e implícito à discriminação, implica a prática de negação do outro e, ao mesmo tempo, da afirmação da própria identidade ontológica como superior ou dominante, impondo-se uma hierarquização social que demanda a subordinação do outro por meio de várias formas de violências.[130]

O mito da brasilidade é entendido como produção de um sentimento de "solidariedade coletiva", ou seja, por um sentimento de que "todos estamos no mesmo barco" e que, juntos, formamos uma unidade. Além disso, o mito da brasilidade ou do imaginário social nacional que aqui se discute precisa que haja uma "internalização" pelas pessoas comuns como algo "seu", sendo algo inseparável da sua individualidade e personalidade, pode-se fundir os sentimentos públicos com os nossos sentimentos mais íntimos.[131]

Em consequência do mito da brasilidade se cria o que Souza[132] denomina de "teoria emocional da ação social", o que significa o conjunto de conceitos e noções que explicam por que os indivíduos se comportam do modo como efetivamente se comportam, e não de qualquer outro modo. Isso procura explicar, por exemplo, por que as pessoas excluem e discriminam aqueles em pobreza e extrema pobreza.

O indivíduo em extrema pobreza, vulnerabilizado e subalternizado, possui também em sua gênese o estereótipo do "perigo" ou do "bandido", ainda que parte da população entoe o mantra do "pobre digno", "pobre, mas limpinho", expressões fugazes, que nada mais parecem do que névoa invernal e matinal, antes de se dissipar.

---

[129] BANDEIRA. *Preconceito e discriminação como expressões*, 2002. p. 125.
[130] BANDEIRA. *Preconceito e discriminação como expressões*, 2002. p. 138.
[131] SOUZA. *A ralé brasileira*, 2009. p. 33-34.
[132] SOUZA. *A ralé brasileira*, 2009. p. 56.

Assim, utilizar-se-á a noção do direito antidiscriminatório para legitimar uma cultura verdadeiramente democrática, em que requer o reconhecimento do mesmo valor moral entre os indivíduos de um grupo da comunidade política, contudo, esse objetivo não pode ser alcançado quando uma coletividade de pessoas é histórica e continuamente exposta a processos de exclusão e marginalização.[133]

Os preconceitos arraigados e ultrapassados se unem com o objetivo de impedir a constatação mais elaborada das causas e consequências da modernização periférica e de suas sequelas, como a desigualdade abissal, a marginalidade e a exclusão social dos pobres.[134]

Com o objetivo de conhecer e revelar o sujeito em situação de extrema pobreza e vulnerabilidade social, se valerá, neste livro, da filosofia como uma forma de conhecer a realidade desse respectivo Ser, entendido em sua unidade total e última.[135]

A análise da discriminação ao pobre no contexto brasileiro permeia, assim, a questão histórico-social-econômica da nação, fundada por violências raciais, étnicas e socioculturais que impõem aos pobres despossuídos a alienação de seu ser.[136] Enquanto não pertencentes a elite detentora do capital e historicamente subordinados, sobre o pobre se institui um desafio histórico, superar a dominação e libertar-se, rumo a sua emancipação e libertação.

---

133 MOREIRA. *Tratado de direito antidiscriminatório*, 2020. p. 81.

134 SOUZA. *A ralé brasileira*, 2009. p. 56.

135 ELLACURÍA, Ignacio. *La lucha por la justicia*: selección de textos de Ignacio Ellacuría. Universidad de Deusto, 2012. p. 31-32.

136 DUSSEL, Enrique. *A produção teórica de Marx*: um comentário aos Grundrisse. Tradução de José Paulo Netto. São Paulo: Expressão Popular, 2012. p. 335.

1.3 A Pessoa em Situação de Pobreza no Brasil: Um desafio histórico

A construção de classes sociais no Brasil é marcada por uma "cegueira" na percepção economicista de mundo, ou seja, na não percepção de que, mesmo nas classes sociais mais elitizadas, que monopolizam o poder econômico e as cadeias de produção, os filhos só terão os mesmos privilégios dos pais se herdarem, além do capital acumulado por gerações, também o "estilo de vida" e a "naturalidade" para comportar-se em ocasiões sociais.[137]

Sob a ótica de Souza,[138] o que perpetua gerações em riqueza material é todo um patrimônio imaterial, fundado em todos os privilégios, pactos matrimoniais vantajosos e permitem acesso a relações sociais que, via de regra, permite reproduzir e aumentar o poder econômico capitalista.

A pobreza, como conceito primário, em si, é medida pelo Banco Mundial unicamente pelo critério monetário.[139]

A definição da pobreza extrema ou de miserabilidade parte de um conceito fundamentalmente econômico do ser, porém, possui aspectos e impactos sociais diversos, uma vez que impõe aos indivíduos severas restrições nas necessidades humanas, com consequências físicas e psíquicas.[140]

Os pobres e extremamente pobres são, portanto, uma classe inteira de indivíduos precarizados e que se reproduzem há gerações enquanto tal, abandonada, social e politicamente, com a concordância ou consentimento de toda a sociedade brasileira. Essa classe de pessoas é sempre esquecida em sua gênese e destinos

---

[137] SOUZA. *A ralé brasileira*, 2009. p. 19.
[138] SOUZA. *A ralé brasileira*, 2009. p. 20.
[139] DEBONE. *Pobreza extrema*, 2016. p. 9.
[140] DEBONE. *Pobreza extrema*, 2016. p. 10.

comuns, essa chamada "ralé" cultural quase sempre é tratada como conjunto de indivíduos "perigosos", "carentes", "maltrapilhos", e que são fragmentados, de forma superficial, por temas que nunca sequer chegam a nomear o problema real, tais como "violência", "carência de saúde pública", "carência nas escolas públicas".[141]

Segundo a chamada "linha internacional da pobreza" adotada pelo Banco Mundial, na atualização realizada em setembro de 2022, eram considerados em extrema pobreza aqueles que viviam com menos de US$ 2,15 (dois dólares e quinze centavos) por dia, o equivalente, à cotação da época, a pouco mais de R$ 11,00, ou seja, cerca de R$ 330,00 por mês. Em junho de 2025, com a incorporação das paridades de poder de compra de 2021, o parâmetro foi novamente revisto e fixado em US$ 3,00 por pessoa ao dia.[142]

De acordo com a Organização das Nações Unidas, a extrema pobreza não é somente um aspecto econômico, mas é um fenômeno multidimensional, que inclui privações contínuas e crônicas de necessidades humanas básicas para viver com dignidade, de capacidades, de segurança e a ausência de recursos materiais.[143]

O conceito de pobreza, em pesquisa realizada por Deepa Narayan, Robert Chambers, Meera K. Shah e Patti Petesch, encomendada pelo Banco Mundial e ouvindo várias pessoas pobres e em extrema pobreza, confirma-se como fenômeno complexo e multifacetado, com múltiplas dimensões de privações, as quais podem variar de pessoa para pessoa, grupos sociais, famílias, comunidades, países, regiões e momento na história, mas o que une

---

141 SOUZA. *A ralé brasileira*, 2009. p. 21.

142 BANCO MUNDIAL. *Fact sheet*: an adjustment to global poverty lines. Washington, D.C.: World Bank, 2022; BANCO MUNDIAL. *June 2025 update to global poverty lines.* Washington, D.C.: World Bank, 2025.

143 ORGANIZAÇÃO DAS NAÇÕES UNIDAS. ONU. *Declaração Universal dos Direitos Humanos*, 1948.

esses indivíduos pobres é que, com frequência, as dimensões se combinam para mantê-los impotentes.[144]

Ouvir os pobres é só o começo, mas é um começo que respeita os desafios individuais de cada um, além disso, para que se propague uma mudança institucional, é preciso mudar cultura e comportamento, sem tais mudanças, jamais diminuiremos o estigma dos pobres, concebido por Chambers et al.[145] como amargas experiências provenientes de ser desprezado ou visto como suspeito pelo resto da sociedade somente pelo fato de ser pobre. Daí a concreta e perceptível aversão ao pobre existente no Brasil, enquanto sociedade capitalista, elitista, eurocêntrica e, em sua boa parte, aporofóbica.

Tratar-se-á aqui apenas do termo "aversão" para indicar a aporofobia, pois é esse o termo empregado por Adela Cortina na obra que lhe dá o nome, não se abordando, portanto, os termos "rejeição" ou "ódio", ao menos nesse momento.

A aversão aos pobres é um sintoma do sistema de mercado desigual e capitalista, gerido por um seleto grupo de privilégios históricos, sob o manto do discurso meritocrático. Ensina Michael Sandel que:

> *A explosão da desigualdade em décadas recentes não acelerou a mobilidade ascendente, mas, ao contrário, permitiu às pessoas no topo consolidarem suas vantagens e passá-las adiante para os filhos e filhas. Ao longo dos últimos cinquenta anos, universidades e faculdades de elite derrubaram barreiras de raça, religião, gênero e etnia que outrora restringia o ingresso à progênie de privilegiados. O exame de aptidão, SAT, nasceu da promessa de aceitar alunos com base em mérito acadêmico, em vez da linhagem, origem de classe e de família.*

---

144 CHAMBERS, Robert et al. *Voices of the poor*: Can anyone hear us? Washington, D.C.: The World Bank, Oxford University Press, 2000. p. 248.
145 CHAMBERS et al. *Voices of the poor*, 2000. p. 136.

> *Entretanto, a meritocracia de hoje endureceu, tornando-se uma aristocracia hereditária.*[146]

Para Jessé Souza:

> *O que vai ser chamado de "mérito individual" mais tarde e legitimar todo tipo de privilégio não é um milagre que "cai do céu", mas é produzido por heranças afetivas de "culturas de classe" distintas, passadas de pais para filhos. A ignorância, ingênua ou dolosa, desse fato fundamental é a causa de todas as ilusões do debate público brasileiro sobre a desigualdade e suas causas e as formas de combatê-la.*[147]

Com efeito, imbuído do intento de esclarecer e conceber uma teoria crítica da sociedade que explique o funcionamento das complexas relações sociais que causam dor, desrespeito, não reconhecimento e humilhação para uns, e o estabelecimento de felicidade, prazer e saúde para outros, Souza[148] propõe uma forma de compreensão acerca da modernidade periférica em que vivem os brasileiros, mediante uma reconstrução radical para a compreensão das práticas sociais na periferia da modernidade e que se centraliza, primeiramente, na questão central do "núcleo de poder" e distinção que concebe toda a rede de conexões simbólicas e materiais que possibilitará separar os ricos, bonitos, saudáveis e charmosos de um lado, e os humilhados, oprimidos, excluídos, feios e sem autoestima de outro.

A desigualdade, portanto, segundo Souza,[149] é caracterizada por "fios invisíveis" pertencentes ao *habitus*, defendendo a ideia de que, das mais banais escolhas da vida como a escolha de um carro, uma roupa, preferência de compositor ou escritor, até aqueles mais relevantes, como parceiros de vida ou profissão, são frutos de fios invisíveis que tramam interesses ou fração de classe, ou, ainda, de

---

146 SANDEL. *A tirania do mérito*, 2023. p. 36.
147 SOUZA. *A ralé brasileira*, 2009. p. 23.
148 SOUZA. *Por uma teoria da ação social*, 2006. p. 18.
149 SOUZA. *Por uma teoria da ação social*, 2006. p. 34.

posições referentes a cada campo de práticas sociais, como os afrontantes recém-chegados e aqueles que já estão estabelecidos por antiguidade. Esses fios invisíveis interligam e conectam tanto as afinidades e as solidariedades entre indivíduos, quanto as antipatias formadas pelos preconceitos a outros.

O *habitus*, como Jessé Souza conceitua, "representa a incorporação nos sujeitos de esquemas avaliativos e disposições de comportamento a partir de uma situação socioeconômica estrutural", logo, se houver variáveis referentes a mudanças fundamentais na estrutura econômico-social, haverá mudanças qualitativas significativas no tipo de *habitus* para todas as classes sociais intrinsecamente envolvidas.[150]

Nesse contexto, impõe-se suscitar os três tipos de *habitus* formulados por Jessé Souza, *habitus* primário, *habitus* secundário e *habitus* precário, o que norteará a análise das peculiaridades da sociedade brasileira enquanto produtora e legitimadora de desigualdade estrutural que atinge os mais vulneráveis.

O *habitus* primário é dinâmica social em que o comportamento internalizado e "incorporado" possibilita o compartilhamento de uma espécie de dignidade comum a todos, nessa dignidade compartilhada por classes se consegue homogeneizar a economia social de seus membros de forma significativa, sendo esse o fundamento do reconhecimento infra e ultrajurídico, permitindo-se, assim, a eficácia da regra jurídica da igualdade.[151]

A pobreza no mundo é um problema complexo, multifatorial e histórico, sendo sua contenção formal positivada inicial e internacionalmente no artigo 25 da Declaração Universal dos Direitos Humanos, elaborada por diversos representantes de diferentes países, pela Assembleia Geral das Nações Unidas, em 10

---

[150] SOUZA. *Por uma teoria da ação social*, 2006. p. 36.
[151] SOUZA. *Por uma teoria da ação social*, 2006. p. 37.

de dezembro de 1948, quando prevê os direitos à alimentação, vestuário, saúde e demais direitos sociais.[152]

Segundo a Rede Brasileira de Pesquisa em Soberania e Segurança Alimentar e Nutricional (Rede PENSSAN), 33,1 milhões de brasileiros estavam sujeitos à insegurança alimentar grave em 2022, ou seja, num país de cerca de 215 milhões de pessoas,[153] mais de 10% passam fome e estão em situação de extrema pobreza.[154]

Utilizar-se-á, inicialmente, a definição do que seria o pobre na visão de Adela Cortina, contudo, sendo uma filósofa advinda do continente europeu, suas ideias e pensamentos encontram limitações eurocêntricas quando analisadas, em concreto, na América Latina ou mesmo, mais especificamente, no Brasil. Para Cortina,[155] inspirada em Sen[156] a pobreza, de acordo com a ideia liberal, é fruto de carência de liberdade, é a inexistência de capacidades mínimas e básicas que todos os seres humanos deveriam possuir para levar em frente seus planos de vida, não podendo ser expresso somente pelo critério financeiro.

A pobreza involuntária tem, conforme a concepção de Adela Cortina, as seguintes características:

> *A pobreza involuntária, entretanto, não pertence à identidade de uma pessoa, nem é uma questão de opção. Os que dela padecem podem se resignar e acabar agradecendo qualquer pequeníssima melhora de sua situação. É o que se chama de "as pequenas dádivas" e "preferências adaptativas", uma questão que é preciso denunciar criticamente porque supõe manter na miséria resignada os que nem sequer têm consciência dela, quando, na verdade, a pobreza econômica involuntária é um mal*

[152] ORGANIZAÇÃO DAS NAÇÕES UNIDAS. ONU, 1948.

[153] INSTITUTO BRASILEIRO DE GEOGRAFIA E ESTATÍSTICA (IBGE). *Estimativas da população residente no Brasil.* Rio de Janeiro: IBGE, 2022.

[154] REDE BRASILEIRA DE PESQUISA EM SOBERANIA E SEGURANÇA ALIMENTAR E NUTRICIONAL (REDE PENSSAN). *II Inquérito Nacional sobre Insegurança Alimentar no contexto da pandemia da Covid-19 no Brasil.* São Paulo: Fundação Friedrich Ebert; Rede PENSSAN, 2022.

[155] CORTINA. *Aporofobia*, 2020. p. 49.

[156] SEN, Amartya. *A ideia de justiça.* São Paulo: Editora Schwarcz LTDA, 2009. p. 171.

> *de que se padece por causas naturais ou sociais e que, a esta altura do século XXI, já pode ser suprimida. Chegar a essa questão foi uma tarefa de séculos, ao longo dos quais se foi produzido uma evolução de entendimento de que os pobres são culpáveis por sua situação, responsáveis por ela, até se compreender que existem causas naturais e sociais que uma sociedade justa deve erradicar.*[157]

A pobreza é um fenômeno que está aumentando em países subdesenvolvidos e estabelece um círculo vicioso: enquanto a renda continua a se concentrar diante da disparidade econômica e social que a modernização tecnológica produz, em nome do progresso e às custas de uma injustiça estrutural, uma parcela importante dos recursos financeiros nacionais são distribuídos de forma desigual, beneficiando os mais ricos. Dessa forma, os pobres sofrem uma dupla desvantagem, eis que somente possuem acesso aos produtos que os empresários consideram lucrativos e, ao mesmo tempo, a produção de bens de consumo popular vai diminuindo, isso dá impulso ao aparecimento de um teto do emprego e limita a oportunidade daqueles que podem aderir ao processo de modernização.[158]

Sendo a pobreza um fenômeno complexo, a exclusão social gera mais exclusão, é a exclusão social que, segundo Debone,[159] melhor define a miséria ou pobreza, pois reúne as vulnerabilidades objetivas (falta de moradia, vestimentas, alimentação e saúde) e subjetivas (rejeição social e rotina miserável).

A exclusão social que define a pobreza se intensifica de uma forma peculiar no Brasil após a abolição da escravatura em 1888 e a Proclamação da República em 1889, eis que a elite brasileira possuía

---

[157] CORTINA. *Aporofobia*, 2020. p. 49.
[158] SANTOS, Milton. *Pobreza Urbana.* São Paulo: Editora Universidade de São Paulo, 2013. p. 81.
[159] DEBONE. *Pobreza extrema*, 2016. p. 23.

o objetivo de espelhar nações europeias, com o fito de um projeto do "Brasil moderno".[160]

No final do século XIX, início do século XX, foi implementada no Brasil uma política governamental de incentivo à imigração europeia, oriunda da Itália, Portugal, Espanha, Alemanha e Polônia, além de diversos outros países, para, especificamente, substituir os escravos libertos. A exclusão social observada por Trindade[161] se deu por mais de noventa anos e consistiu em mais um passo ao que a elite brasileira chamou de "construção de um Brasil moderno", de um lado, a política nacional deixou de prover qualquer ação governamental de apoio à integração social dos negros libertos em condições mínimas de competitividade, deixando-os a própria sorte, de outro, houve a instauração de uma política pública de acolhimento do imigrante estrangeiro euro-central, contando, inclusive, com a edificação da Hospedaria dos Imigrantes, hoje um patrimônio histórico tombado e sede do Museu da Imigração do Estado de São Paulo, fundada no ano de 1887 (um ano antes da abolição da escravidão), no bairro do Brás, em São Paulo, recebendo, em média, 2,5 milhões de imigrantes provindos de mais de setenta nacionalidades.

A partir do ano de 1930, no Brasil, percebeu-se uma crescente aceleração do processo de urbanização e de uma onda migratória para as cidades em razão da implementação de políticas de industrialização por parte do Estado nacional. Já no ano de 1970, o Brasil contava com cerca de 70% da sua população inserida no perímetro urbano, imprimindo na sociedade brasileira, a partir do século XX, "reflexões teóricas sobre o processo de urbanização do Terceiro Mundo e suas características, especialmente no que diz

160 TRINDADE. *Discurso de ódio nas redes sociais*, 2022. p. 26.
161 TRINDADE. *Discurso de ódio nas redes sociais*, 2022. p. 29.

respeito ao mercado de trabalho e ao desenvolvimento econômico".[162]

O projeto de modernidade que se iniciou após a Segunda Guerra Mundial, em 1945, determinou como "funções" da América Latina a eliminação do nacionalismo econômico, na qual o Consenso (neoliberal) de Washington, definido como um conjunto de princípios orientados para o mercado, traçados pelos senhores da economia privada, compostos pelos Estados Unidos e por organizações financeiras internacionais, propôs uma "Carta Econômica das Américas", em que se objetivava que todos os recursos de um país fossem direcionados para os investidores norte-americanos e "a América Latina deve cumprir a sua função de serviço sem preocupações irracionais com o bem-estar geral", assim como, evitar um crescimento industrial excessivo que possa, eventualmente, atrapalhar os interesses dos Estados Unidos.[163]

Para melhor compreender-se o conceito de pobre ou pobreza na América Latina, utiliza-se o que Santos[164] nomeia de dois circuitos dentro de um sistema urbano como ponto de partida para definir a pobreza nas sociedades em desenvolvimento. Os circuitos possuem as seguintes características:

Quadro 1 – Características dos dois circuitos da economia urbana nos países subdesenvolvidos

Variável	**Circuito superior**	**Circuito inferior**
Tecnologia	capital-intensivo	trabalho-intensivo
Organização	burocrática	primitiva
Capitais	importantes	reduzidos
Emprego	reduzido	volumoso

162 MONTENEGRO, Marina Regitz. A teoria dos circuitos da economia urbana de Milton Santos: de seu surgimento à sua atualização. *Revista Geográfica Venezolana*, Vol. 53, 2012, p. 147-164. p. 149.

163 CHOMSKY. *O lucro ou as pessoas*, 2006. p. 22-25.

164 SANTOS. *Pobreza Urbana*, 2013. p. 19.

Variável	Circuito superior	Circuito inferior
Assalariado	dominante	não obrigatório
Estoques	grande quantidade e/ou alta qualidade	pequena quantidade, qualidade inferior
Preços	fixos (em geral)	submetidos à discussão entre comprador e vendedor (*haggling*)
Crédito	bancário institucional	pessoal, não institucional
Margem de lucro	reduzida por unidade, mas importante pelo volume de negócios (exceção: produtos de luxo)	elevada por unidade, mas pequena em relação ao volume de negócios
Relações com a clientela	impessoais e/ou com papéis	diretas, personalizadas
Custos fixos	importantes	desprezíveis
Publicidade	necessária	nula
Reutilização dos bens	nula	frequente
Overhead capital	indispensável	dispensável
Ajuda governamental	importante	nula ou quase nula
Dependência direta do exterior	grande, atividade voltada para o exterior	reduzida ou nula

Fonte: Santos[165].

Os dois circuitos formam um dos subsistemas dentro do sistema urbano, opostos e complementares, em que cada circuito, considerado isoladamente, se coloca em posição dialética, uma vez que as características do circuito inferior são explicadas pela economia como um todo, em que o circuito superior está em posição dominante.[166]

165 SANTOS. *Pobreza Urbana*, 2013. p. 61-62.
166 SANTOS. *Pobreza Urbana*, 2013. p. 62.

O circuito superior refere-se às áreas urbanas mais desenvolvidas e globalmente conectadas. São os centros financeiros, comerciais e industriais das cidades. Nesse circuito, encontramos empresas multinacionais, instituições financeiras, grandes corporações, setores de alta tecnologia e comércio internacional. Essas áreas estão bem conectadas a redes globais de produção e consumo, desfrutam de infraestrutura de alta qualidade e atraem investimentos estrangeiros, é o resultado direto das modernizações que atingem o território.[167] No contexto brasileiro, os bairros ricos, centros financeiros e áreas urbanas mais modernas representariam o circuito superior.

O circuito inferior é composto pelas áreas urbanas menos desenvolvidas e frequentemente marginalizadas de uma sociedade em desenvolvimento, é um mecanismo permanente de integração que oferece um número máximo de oportunidades de emprego com um volume mínimo de capital.[168]

O circuito inferior "constitui-se de formas de fabricação não capital-intensivo, serviços não modernos fornecidos a varejo, comércio não moderno e de pequena dimensão, voltados sobretudo ao consumo dos mais pobres".[169] É também caracterizado por áreas de expressiva pobreza, infraestrutura precária e falta de acesso a serviços básicos. Nestas áreas, a economia é frequentemente informal, com pequenos negócios locais, trabalhadores informais e uma falta de conexão com a economia global.[170]

A população do circuito inferior enfrenta desafios como desemprego, falta de acesso à educação e saúde de qualidade, além de viver em condições de habitação inadequadas. A relação entre o circuito inferior e superior é ditado por uma lógica capitalista na qual o circuito inferior constitui um subsistema dentro de um sistema

---

[167] MONTENEGRO. *A teoria dos circuitos da economia*, 2012. p. 154.
[168] SANTOS. *Pobreza Urbana*, 2013. p. 67.
[169] MONTENEGRO. *A teoria dos circuitos da economia*, 2012. p. 154.
[170] SANTOS. *Pobreza Urbana*, 2013. p. 69.

maior, o sistema urbano, sendo este último nada mais do que um subsistema do sistema nacional.[171]

O funcionamento do circuito inferior depende de fatores diferentes ligados entre si por uma lógica econômica, social e política, logo, associando-se os circuitos, é possível demonstrar como a expansão capitalista está indissociável da eliminação gradativa dos atributos qualitativos individuais e humanos do trabalhador, somente sendo possível a eliminação da dependência entre os circuitos com uma mudança estrutural na sociedade, assim, segundo Santos,[172] ainda que o circuito inferior seja dinâmico, é sempre dependente do outro circuito, pois, não pode ser objeto de análise que não leve em conta o dinamismo que caracteriza o circuito superior dentro de uma economia que também é dependente.

A teoria dos circuitos na economia urbana de Milton Santos possui relevância na medida em que reconheceu a realidade dos circuitos de interação de capital, bens e pessoas nas sociedades dos países em desenvolvimento, acrescendo, ainda, que os dois circuitos conformam uma estrutura urbana global dependente, possuindo as mesmas causas, resultantes historicidade das modernizações nos países periféricos.[173]

A realidade latino-americana do pobre em áreas urbanas, mais que uma configuração sistemática de ausência de cultura diversificada, de uma atividade econômica restrita às elites e uma ordem legal deficiente apoiada em instituições políticas elitizadas, é um estado de coisas que não leva em conta a mínima dignidade do homem, afasta o direito à subsistência biológica, ao mesmo tempo que estabelece uma "violência institucionalizada" pelo Estado, diante

171 SANTOS. *Pobreza Urbana*, 2013. p. 68.
172 SANTOS. *Pobreza Urbana*, 2013. p. 71-72.
173 MONTENEGRO. *A teoria dos circuitos da economia*, 2012. p. 155.

da miséria, da injustiça, situação de alienação e exploração do homem pelo homem.[174]

A pobreza involuntária também é entendida como aquela que, mais do que um critério de privação crônica de renda, impõe ao indivíduo severos processos de exclusão social e negação aos direitos humanos básicos, como a uma vida digna, saúde, trabalho digno, direitos políticos, culturais, econômicos ou mesmo, quanto a própria cidadania, pois, uma grande porcentagem da sociedade não tem acesso aos direitos que a outra parcela possui.[175]

Os critérios da pobreza são multifatoriais, como várias dimensões de privações, contudo, o resultado da ausência de recursos financeiros, bens materiais, do autorrespeito, inexistência de liberdade de escolhas e da própria possibilidade de ter uma vida digna para si e para outros, considerada como a existência reiterada de fome, doenças e exaustão física, precariedade de moradias, isolamento geográfico à periferia das cidades, desigualdade de relações de gêneros e isolamento social são indicativos característicos deste fenômeno.[176]

A pobreza para o economista indiano Amartya Kumar Sen é uma espécie de deficiência de capacidades para o alcance de uma vida com qualidade.[177] Para Sen,[178] a abordagem das capacidades aponta para uma abordagem informacional para comparar e individualizar as vantagens globais, contudo, não é um fim em si mesma, sendo uma abordagem geral, com foco nas informações sobre as vantagens individuais dos indivíduos.

O conceito seniano, todavia, encontra obstáculos na perspectiva brasileira ou latino-americana, uma vez que não

---

174 GUTIÉRREZ, Gustavo. *A força histórica dos pobres.* Rio de Janeiro: Editora Vozes, 1981. p. 45.
175 DEBONE. *Pobreza extrema*, 2016. p. 11.
176 CHAMBERS et al. *Voices of the poor*, 2000. p. 248.
177 SEN, Amartya. *Desigualdade reexaminada.* Rio de Janeiro: Record, 2001. p. 172.
178 SEN. *A ideia de justiça*, 2009. p. 158.

compreende que a discriminação estrutural e social no Brasil tem por base a negação de valores universais, assim como a negação ao respeito e à garantia dos direitos inalienáveis e invioláveis da pessoa humana da América Latina.[179]

Além disso, Amartya Sen desconsidera as influências do colonialismo na concepção da pobreza, portanto, não analisa fatores como a "imposição cultural irrefletida" da raça não branca ao inconsciente coletivo, como inferiorizada na estrutura social,[180] ignora a relevância da discriminação que sofrem indivíduos "sem-direitos", os oprimidos, aqueles que são explorados numa sociedade em que a economia visa o lucro; a mulher e os homossexuais, numa sociedade machista; daqueles não brancos, em uma dinâmica social racista ocidental; dos países pobres e periféricos, dos imigrantes e ainda dos Estados nacionais debilitados pela estratégia do capital global nas mãos de corporações transnacionais.[181]

A condição de pobreza involuntária, portanto, reduz o ser humano não só à sua objetização, mas a uma severa situação de exclusão social na sociedade eurocentrista, pois, pratica-se o que Cortina[182] chama de "simpatia seletiva" com grupos, pessoas ou parentes, no intuito de preservar a própria existência individual, tal como suscita Darwin, assim, não há compaixão pelos que "foram deixados de fora", conclui, portanto, Cortina que é "inevitável que existam excluídos".

As origens do aforismo "aporofobia, a aversão ao pobre" possuem bases éticas, ou seja, é necessária uma reflexão filosófica que orienta um agir mediato – e assim deve ser, sendo a tarefa ética o "acolher o mundo moral em sua especificidade e em dar

---

[179] COMISSÃO INTERAMERICANA DE DIREITOS HUMANOS. CIDH. *Desigualdad e inclusión social em las Américas*: 14 ensaios. Washington, 2021a. p. 79.

[180] FANON, Frantz. *Pele negra, máscaras brancas*. Salvador: EDUFBA, 2008. p. 133.

[181] DUSSEL, Enrique. Direitos humanos e ética da libertação: Pretensão política de justiça e a luta pelo reconhecimento dos novos direitos. *Revista InSURgência*, Brasília, ano 1, v. 1, n. 1, jan.- jun., 2015. p. 128.

[182] CORTINA. *Aporofobia*, 2020. p. 91.

reflexivamente razão dele", com o objetivo de que os homens cresçam em saber sobre si mesmos e, por consequência, em liberdade.[183]

O que importa para a ética é a vida feliz, contudo, a concreta percepção de que um projeto de vida feliz não é igual para todos os indivíduos e faz com que haja o deslocar da filosofia moral para o âmbito do "dever", portanto, no que diz respeito à felicidade, só cabe ao eticista "aconselhar" determinadas condutas a partir da experiência, ou seja, não há sentido prescrever universalmente, afinal, felicidade não é um exercício de razão, mas sim, de imaginação.[184]

A filósofa Cortina[185] afirma, todavia, que ainda que o elemento da moralidade seja o da autonomia do ser em suas escolhas para alcançar a felicidade, é preciso haver um diálogo entre a felicidade e o dever, porque é errado, em seu entender, que os homens sejam capazes de chegar solitariamente à verdade e ao bem, só através do diálogo é que se pode revelar a nossa felicidade.

De acordo com o entendimento de Cortina, a ética mínima busca estabelecer princípios éticos fundamentais que possam ser aceitos por todos os homens, independentemente de suas convicções religiosas, filosóficas ou culturais. Nesse sentido, a felicidade é entendida como um objetivo central da vida ética em comunidade, mas ela não a concebe como uma busca egoísta e individualista da satisfação pessoal, afirmando-se que a cooperação entre os indivíduos é fundamental para nossa sobrevivência e prosperidade.[186]

Embora a cooperação seja imprescindível para o alcance de uma vida digna e feliz numa sociedade contratualista baseada em trocas, existe, infelizmente, a exclusão do "radicalmente estranho", do que não é inserido no jogo da troca, o pobre, aquele que parece

---

183 CORTINA, Adela. *Ética mínima.* São Paulo: Martins Fontes, 2009b. p. 40.
184 CORTINA. *Ética mínima*, 2009b. p. 47.
185 CORTINA. *Ética mínima*, 2009b. p. 47.
186 CORTINA. *Aporofobia*, 2020. p. 93.

não ter a possibilidade de dar algo em troca em um mundo baseado no jogo de dar e receber.[187]

Para Cortina, a felicidade ética envolve um componente relacional e social. Acredita-se que a felicidade verdadeira só pode ser alcançada quando as pessoas vivem em uma sociedade justa, onde são respeitadas a dignidade humana e as liberdades fundamentais de todos, inclusive, o compartilhamento de valores constitutivos dos "mínimos de justiça", a que uma sociedade pluralista não está disposta a renunciar. Nesse sentido, a felicidade está ligada à construção de relações justas e solidárias, à promoção do bem comum e à busca da justiça social.[188]

Além disso, Cortina destaca a importância da ética do cuidado como um elemento central para a felicidade ética. Isso implica a consideração e o respeito aos outros seres humanos, bem como à natureza e ao meio ambiente. A felicidade ética, portanto, está relacionada a viver de forma ética e responsável em relação aos outros e ao nosso entorno.

A felicidade, de acordo com Adela Cortina, portanto, é concebida como uma busca que vai além da satisfação pessoal, envolvendo relações justas e solidárias, a promoção do bem comum, a busca da justiça social e o cuidado com os outros, dando-se concretude aos valores especificamente morais, como "a liberdade, a justiça, a solidariedade, a honestidade, a tolerância ativa, a disponibilidade ao diálogo e o respeito à humanidade das demais pessoas e a sua própria" (tradução livre do espanhol).[189]

A aporofobia, nesse contexto, é uma realidade presente em muitas sociedades, sendo uma expressão da falta de solidariedade e empatia em relação aos menos favorecidos materialmente. Assim, é um problema ético fundamental, pois viola os princípios de justiça e

[187] CORTINA. *Aporofobia*, 2020. p. 94.
[188] CORTINA, Adela. *Ciudadanos del mundo*: hacia una teoría de la ciudadanía. Madrid: Alianza Editorial, 2009a. p. 24.
[189] CORTINA. *Ciudadanos del mundo*, 2009a. p. 189.

dignidade humana, portanto, a ética deve ser orientada para a superação da pobreza e da exclusão social, buscando a construção de uma sociedade mais igualitária e inclusiva.[190]

Um aspecto importante na análise da aporofobia é a compreensão das estruturas sociais que perpetuam a desigualdade estrutural, destacando-se a importância de reconhecer que a pobreza involuntária não é apenas resultado de escolhas individuais, mas também de fatores estruturais, como a distribuição desigual de recursos e oportunidades. A aporofobia, nesse sentido, é uma forma de culpabilizar os pobres pela sua condição, ignorando as injustiças estruturais que contribuem para a perpetuação da pobreza.[191]

A ética da aporofobia consiste em reconhecer a igualdade de dignidade de todos os seres humanos, independentemente de sua condição socioeconômica, sendo a solidariedade um princípio ético fundamental para combater a aporofobia, pois implica reconhecer a vulnerabilidade compartilhada e agir em prol do bem-estar dos mais necessitados.[192]

Ao reconhecerem que a aporofobia é uma patologia social em crescimento no Brasil, Augusto César Leite de Rezende e Carlos Augusto Alcântara Machado propõem como "antídoto" a essa peculiar forma discriminatória a aplicação do princípio normativo constitucional de "fraternidade" entre os indivíduos, em que estariam todos comprometidos com a edificação e reconhecimento da consciência que todos os seres humanos possuem igual dignidade e, portanto, merecem idêntica consideração e respeito.[193]

A aporofobia também está relacionada à percepção distorcida do outro, daí a importância de superar a visão estigmatizante e

---

[190] CORTINA. *Ciudadanos del mundo*, 2009a. p. 29-46.

[191] CORTINA. *Aporofobia, el rechazo al pobre*, 2017.

[192] CORTINA. *Aporofobia*, 2020. p. 67.

[193] MACHADO, Carlos Augusto Alcântara; REZENDE, Augusto César Leite. A fraternidade como antídoto contra a aporofobia. *Revista Sequência: Estudos jurídicos e políticos*. Universidade Federal de Santa Catarina, Vol. 42, nº 88, 2021. p. 18.

estereotipada dos pobres, que muitas vezes são vistos como preguiçosos, desonestos ou responsáveis pela própria condição de pobreza. Essa percepção distorcida da realidade reforça a discriminação e a exclusão dos pobres, dificultando a construção de uma sociedade mais justa e solidária, eis que se deve considerar a responsabilidade pelo outro como estrutura constitutiva do sujeito, em busca pela alteridade.[194]

A sociedade dever-se-ia organizar de forma a gerar em cada um de seus membros o sentimento de que pertence a ela, de que essa sociedade se preocupa com ele e, em consequência, o sentimento de que vale a pena trabalhar por mantê-la e melhorá-la, gerando, assim, uma sintonia dos atores sociais que entram em jogo, entre a sociedade correspondente e cada um de seus membros, fazendo-se nascer e desenvolver a civilidade necessária para uma coesão social.[195]

Para combater a aporofobia, é necessário promover a educação para a solidariedade, fraternidade e para a autonomia quanto a compaixão, além disso, é importante a implementação de uma educação que desenvolva a consciência de autonomia entendida como "liberdade moral", fundamenta-se na produção de um ser humano dotado de racionalidade moral, que é capaz de se "auto-obrigar", e não apenas de cumprir normas do grupo para evitar reprovação, punição ou perda de reputação, primando-se pelo que Adela chama de "obrigação interna", ou seja, a exteriorização da força interior dos seres que não está diretamente ligada à sobrevivência, mas ao desejo de viver bem, de conviver, segundo sua própria consciência.[196]

A aporofobia enquanto uma aversão e rejeição aos pobres, revela-se um problema ético fundamental que merece atenção da sociedade não só brasileira, mas mundial.

---

[194] CORTINA. *Aporofobia*, 2020. p. 194.
[195] CORTINA. *Ciudadanos del mundo*, 2009a. p. 22.
[196] CORTINA. *Aporofobia*, 2020. p. 116.

A ética ensinada por Cortina busca superar essa realidade discriminatória através da promoção da solidariedade, da educação para a autonomia moral e da transformação das estruturas sociais. Para ela, a felicidade ética não é apenas uma busca pessoal, mas está intrinsecamente ligada a relações justas e solidárias, ao cuidado com os outros e à construção de uma sociedade mais igualitária.

Combater a aporofobia requer, segundo Cortina, reconhecer a igualdade de dignidade de todos os seres humanos, superar estereótipos e estigmas em relação aos pobres e promover a coesão social, assim admitida pela coletividade.

Em que pese louváveis os esforços da ética de Adela Cortina, a filósofa espanhola possui um discurso de matriz liberal e colonizador, desconsiderando a posição do oprimido, do pobre, especificamente na sociedade latino-americana.

Além do "inimigo" a ser dominado, a ser "eurocentrado", inclusive sob força policial (abusiva, muitas vezes), a atual racionalidade neoliberal brasileira recusa radicalmente o "liberalismo social" ou o "socialismo real", entendidas como práticas fracassadas do "velho" liberalismo, opondo-se, dessa forma, a toda forma de "Coletivismo" ou "socialismo", termos dirigidos a descrever eventuais dirigismos econômicos, visando proteger o neoliberalismo, assim como Dardot et al.[197] o descrevem: "economia sã, baseada em livre-fixação de preços no mercado, propriedade, iniciativa privada e concorrência".

É preciso que o verdadeiro propósito seja mobilizar serviços para uma política concretamente antidiscriminatória, firme e resoluta, transparente e verificável, que abranja todos os agentes (empregadores, sindicatos, movimentos políticos e associações civis), o que nunca foi feito até o presente momento.[198]

---

[197] DARDOT. et al, 2021. p. 144-145.
[198] PIKETTY, Thomas. *Uma breve história da igualdade.* Rio de Janeiro: Intrínseca, 2022. p. 211-212.

Para o enfrentamento acerca da discriminação estrutural aos pobres e extremamente pobres, é preciso perceber que os direitos civis e políticos estão interrelacionados com os direitos humanos sobre a dignidade da pessoa em situação de vulnerabilidade econômica. No nível da *práxis*, essa afirmação implica aceitar que os direitos humanos são também meios de luta por justiça e que a pobreza afeta os indivíduos e as coletividades não só em termos socioeconômicos e culturais, mas também, em nível civil e (geo)político.[199]

O ponto de partida da análise da aversão ao pobre na realidade social brasileira parte da perspectiva anterior ao *ego cogito*, mas sobretudo a partir dele, para definir o *locus* de todos os homens, todas as culturas e indivíduos, dentro dos limites de suas fronteiras, como instrumentos utilizáveis e manipuláveis. É do centro do ser ontologicamente entendido como *ego cogito*, que se constitui a periferia da América Latina, na medida em que aqueles que não partilham a matriz sociocultural eurocêntrica são considerados apenas mão de obra, talvez irracionais, ou mesmo, bestas e incultos, pois, na concepção eurocentrista, o que não provém do centro é selvageria e subdesenvolvimento.[200]

A análise da aversão ao pobre na realidade social brasileira, revela a complexidade intrínseca das relações sociais e culturais no país. A ideia de um centro ontológico afasta a periferia e considera o pobre como mera mão de obra e, por vezes, irracional, isso reflete a persistência de preconceitos enraizados e eurocentrismos que permeiam as estruturas sociais do Brasil. Ao considerar o que não provém do centro como selvageria e subdesenvolvimento, perpetua-se uma visão limitada e discriminatória que obscurece a riqueza cultural e as contribuições valiosas das diversas realidades periféricas. Assim, a superação dessa aversão requer uma revisão profunda

---

199 ESCRIVÃO FILHO. *Para um debate teórico-conceitual e político*, 2021. p. 46.

200 DUSSEL, Enrique. *Filosofia da libertação na América Latina.* São Paulo: Editora Loyola, 1977. p. 9-10.

desses paradigmas, promovendo uma compreensão mais ampla e inclusiva do oprimido em situação de exclusão geopolítica.

Com efeito, partilha-se da compreensão pertinente de Alejandro Rosillo que um dos pilares fundamentais da filosofia da libertação centra-se no "sujeito vivo", entendido como "um ser corporal, pelo qual a satisfação de necessidade se constitui como um feito radical", portanto, o sujeito é concebido na filosofia da libertação numa espécie trifásica e que se manifesta concomitantemente: sujeito vivo, intersubjetivo e da *práxis* da libertação.[201]

Na Filosofia da Libertação, o sujeito que se delineia é aquele que se configura diante das exigências concretas necessárias à satisfação da vida. Dessa perspectiva, repudia-se o sujeito descrito desde a perspectiva da modernidade, visto como entidade abstrata e homogênea, embora sem sucumbir à negação pós-moderna da subjetividade. Trata-se, portanto, de um sujeito genuíno e vivo, cujas demandas são reais e materiais, direcionadas à concreta realização de suas necessidades. Este é um sujeito imerso na tessitura da realidade histórica, capaz de se reconhecer na alteridade do outro, revelando-se, assim, em um intrincado entrelaçamento com a diversidade da experiência humana.[202]

Nesse contexto, o sujeito inserido na filosofia da libertação é descrito como real e vivo, corporal, inserido em um plano no qual suas necessidades palpáveis e materiais desempenham um papel crucial na busca pela satisfação das necessidades para a vida digna. Este sujeito não apenas interage e compreende a realidade histórica que o circunda, mas também se reconhece na relação com o outro, evidenciando uma consciência aguçada da Exterioridade. A

---

[201] MARTÍNEZ, Alejandro Rosillo. *Fundamentação dos Direitos Humanos desde a Filosofia da Libertação.* Tradução Ivone Fernandes Morcillo Lixa e Lucas Machado Fagundes. Ijuí: Ed. Unijuí, 2015. p. 105.

[202] CACIATORI, Emanuela Gava; FAGUNDES, Lucas Machado. Fundamentação dos direitos humanos desde a filosofia da libertação. *Revista Direitos Humanos e Democracia,* [S. l.], v. 5, n. 9, p. 331–348, 2017. p. 345.

complexidade de sua existência é destacada pela intrincada teia de relações com a diversidade da experiência humana, em particular, na sociedade latino-americana. Essa abordagem filosófica visa, assim, ressaltar a importância da conexão com a realidade material e histórica na construção e compreensão da subjetividade, dimensão interior e individual do sujeito, daquilo que compõe a experiência pessoal e única de cada indivíduo.[203]

Surge, dessa forma, a filosofia da libertação da matriz libertadora que Enrique Dussel propaga, entendida como a oposição a ontologia clássica do centro, que inaugura uma filosofia compreendida a partir da "periferia, dos oprimidos", "do não ser", do "ser-sem-direitos", do outro, da exterioridade, da "filosofia bárbara".[204]

Elege-se, consequentemente, a filosofia da libertação dusseliana como ponto de partida para a compreensão opressiva do Norte global ao Sul periférico, da elite ao pobre no sistema capitalista, assim, avançar-se-á para o "aproximar-se", enquanto *práxis* da fraternidade, encurtando-se a distância para que alguém possa nos acariciar ou agredir, beijar-nos ou nos tirar a vida, afinal, conforme as palavras de Enrique Dussel, "aproximar-se na Justiça é sempre um risco porque é encurtar distâncias para uma liberdade distinta".[205]

---

203 CACIATORI. *Fundamentação dos direitos humanos desde*, 2017. p. 347.
204 DUSSEL. *Filosofia da libertação na América Latina*, 1977. p. 21.
205 DUSSEL. *Filosofia da libertação na América Latina*, 1977. p. 23.

CAPÍTULO 2. A QUESTÃO DOS DIREITOS HUMANOS E O SISTEMA DE PROTEÇÃO DESDE A PERSPECTIVA CRÍTICA LATINO-AMERICANA

Na concepção de Carballido,[206] a despeito da neutralidade axiológica profetizada pela ciência tradicional, é preciso revelar que toda ciência é movida por um interesse e "negá-lo pode não ser mais que uma forma de mascaramento ideológico". Segundo o referido autor, o pensamento crítico assume, conscientemente, uma série de posições éticas e políticas frente à realidade e o faz com a abertura do discernimento do juízo e da crítica enquanto critério de validação intersubjetiva.

A posição crítica, portanto, pressupõe a pergunta: "de que lado estamos?". Ao fim e ao cabo, se trata de pensar, reflexionar e viver os direitos humanos a partir da concepção das vítimas, contra as dinâmicas de vitimização e na busca de uma sociedade utópica sem vítimas, com o objetivo de erradicar toda forma de vitimização.[207]

Não se trata apenas de uma escolha ética e política, mas também de posicionamento hermenêutico, a análise da realidade deve partir da vítima, daqueles a quem se tem negado o direito a condições necessárias para viver com dignidade. O processo

[206] CARBALLIDO, Manuel Eugenio Gándara. *Los derechos humanos en el siglo XXI*: Una mirada desde el pensamiento crítico. Ciudad Autónoma de Buenos Aires: CLACSO, 2019. p. 51.
[207] CARBALLIDO. *Los derechos humanos en el siglo*, 2019. p. 52.

hermenêutico por excelência é a compreensão dos processos sociais onde estão em jogo os direitos humanos.[208]

A questão dos direitos humanos na América Latina perpassa, necessariamente, a questão da decolonialidade, ou seja, se faz preciso reconhecer a história de dominação, de colonização e o contexto contemporâneo de contínua manifestação da colonialidade sob o viés da subordinação, na busca utópica por libertação do ser, do saber e do poder, concretizando-se o chamado "giro decolonial".[209]

Para Walter Mignolo:

> *O giro descolonial não surge da "recuperação" do passado posto que o passado é incurável depois de quinhentos anos de expansão ocidental; e quando se trata de recuperar se corre o risco de cair no fundamentalismo. Entretanto o passado pode se "reativar" não em sua pureza, senão como pensamento fronteiriço crítico. Já não é possível ignorar as contribuições do ocidente na história da humanidade como tampouco é possível ignorar que tais contribuições não são soluções para toda a humanidade.*[210]

Na ótica de Mignolo,[211] a lógica da colonialidade centra-se em três níveis: colonialidade do Poder (político e econômico), colonialidade do Ser (subjetividade, gênero e outras formas de reconhecer o sujeito) e a colonialidade do Saber (filosófico, científico, epistêmico e demais questões atinentes ao conhecimento).

A colonialidade exercida pelo Estado e produzida nos três níveis: a colonialidade do poder, a colonialidade do saber e, por fim e a que mais interessa ao presente trabalho, a colonialidade do ser, constitui-se num poder colonial hegemônico, específico da

---

208 CARBALLIDO. *Los derechos humanos en el siglo*, 2019. p. 53.

209 CACIATORI, Emanuela Gava; FAGUNDES, Lucas Machado; PATRÍCIO, Ághata July Goularte. *Pluralismo jurídico*: no processo constituinte boliviano. Rio de Janeiro: Editora Lumen Juris, 2019. p. 49.

210 MIGNOLO, Walter. El desprendimento: pensamento crítico y giro descolonial. In: WALSH, Catherine; GARCÍA LINERA, Álvaro; MIGNOLO, Walter. (org.). *Interculturalidad, descolonización del Estado y del conocimiento*. Buenos Aires: Del Signo, 2006. p. 15, tradução livre.

211 MIGNOLO. *El desprendimento*, 2006. p. 13.

subjetividade a partir do discurso da limpeza de sangue não eurocêntrico, gestado desde a Europa medieval e que desde o século XVI tem funcionado como sistema de discriminação e classificação da população mundial.[212]

A opção pelo giro descolonial no contexto dos direitos humanos na América Latina parte de uma abordagem de uma nova perspectiva epistemológica chamada de geopolítica do conhecimento, que refere, antes de tudo, na afirmação de um *lócus* de enunciação e que revela a ideia de objetividade e neutralidade da episteme ocidental, caracterizada pela "ego-política do conhecimento".[213]

Nesse contexto, entende-se o giro decolonial como uma abertura e liberdade do pensamento, admitindo-se a compreensão de outras teorias e outras filosofias, legitimando outras formas de saber. Este é, como bem assinalam Daniela Lippstein e Antônio Carlos Wolkmer, "um exercício de limpeza da colonização do ser e do saber".[214]

Sendo assim, o giro epistêmico revela a relevância do pensamento descolonial inafastável à compreensão dos direitos humanos, para tanto, mister uma abertura do horizonte do pensamento para alternativas insurgentes. Com essa nova mirada, renovam-se as epistemologias até então prevalentes, pois surge de um lado encoberto e esquecido pela modernidade, pelo racionalismo positivista e seus desdobramentos históricos, fissurando-se, dessa maneira, a genealogia da modernidade.[215]

Sob a ótica de Dussel[216] a modernidade é um fenômeno surgido da racionalidade europeia a partir do século XV e que se

---

212 SCUSSEL. *Pensar os direitos humanos no século*, 2021. p. 31-32.
213 SCUSSEL. *Pensar os direitos humanos no século*, 2021. p. 43.
214 LIPPSTEIN. *Por uma educação latino-americana em direitos*, 2017. p. 293.
215 FAGUNDES. *Introdução ao pensamento jurídico crítico*, 2018. p. 299.
216 DUSSEL. *Filosofia da libertação*, 1995. p. 86-87.

estrutura como "centro" do sistema mundial, da "História mundial", que se inicia, ao menos como momento previamente estimado, em 1492. A partir dessa data, a Europa se coloca como "cultura europeia moderna", como centro do sistema-mundo, constituindo-se numa contradição, eis que nega a todas as demais culturas do planeta Terra, aliás, tais culturas, posteriormente, serão dominadas, ocultadas e suprimidas militarmente enquanto periferia.

É nesse contexto de análise geopolítica que se deve partir o exercício do entendimento da realidade periférica, da historicidade existente na América Latina como ela é, ou seja, ocultada pela modernidade eurocentrista propagada pelo resto do mundo, abrindo-se epistemologicamente para a "ontologização da exterioridade do outro; como a periferia sobre a objetivação, a coisificação e a negação do seu ser".[217]

Sendo a filosofia da libertação filosofia também periférica e que analisa a realidade como tal, serve ao trabalho na medida em que possui a intenção "construtiva da libertação, enquanto política e estratégia" enquanto crítica ética de acolhimento aos oprimidos.[218] Com base nisso, o item a seguir abordará a filosofia da libertação dusseliana, na qual poder-se-á compreender não só onde se trava o jogo dos direitos humanos no Brasil, mas também a essencialidade de concepção da realidade como categorias de Totalidade e Exterioridade.

[217] ZIMMERMANN. *América Latina*, 1986. p. 45.
[218] DUSSEL. *Filosofia da libertação*, 1995. p. 133.

2.1 A Filosofia da Libertação e a Teologia da Libertação na América Latina: O encobrimento do outro e a resistência dos pobres

A teoria de Enrique Dussel nominada como filosofia da libertação propõe uma mirada diversa e específica, voltada aos direitos e anseios daqueles que o autor chama de "sem-direitos-ainda", dos oprimidos, aqueles que são explorados numa sociedade em que a economia visa o lucro; da mulher, numa sociedade machista; daqueles não brancos, em uma dinâmica social racista ocidental; dos países pobres e periféricos, dos imigrantes e ainda dos Estados nacionais debilitados pela estratégia do capital global nas mãos de corporações transnacionais.[219]

Em que pese a discriminação histórica aos negros, indígena ou demais vulneráveis, utilizar-se-á no presente trabalho a concepção dusseliana de Totalidade para determinar, especificamente, o poder dominante das vozes que concretizam o que de fato existe e como as coisas devem ser na sociedade. Esse poder dominante constantemente oprime, silencia, nega, oprime e rejeita os mais vulneráveis, seja a mulher na sociedade machista, o indivíduo não branco numa sociedade racista, seja o indígena espoliado de suas terras ou mesmo o pobre, na sociedade capitalista de consumo.[220]

Enrique Dussel, filósofo e historiador latino-americano, desenvolveu a teoria *ana-dialética*, que busca analisar e compreender as relações de poder, opressão e exclusão que permeiam as estruturas sociais e históricas para além do capitalismo.[221] Ao aplicar essa

---

219 DUSSEL. *Direitos humanos e ética da libertação*, 2015. p. 128.

220 CARRIERI, Alexandre de Pádua; COUTO, Felipe Fróes. Enrique Dussel e a Filosofia da libertação nos estudos organizacionais. *EBAPE*, v. 16, nº 4, Rio de Janeiro, Out./Dez. 2018. p. 632.

221 FAGUNDES. *Introdução ao pensamento jurídico crítico*, 2018. p. 63.

abordagem crítica à aporofobia no Brasil desde a colônia provinda de Portugal, poder-se-á desvelar os mecanismos de dominação que ocorreram e perpetuam a discriminação contra os pobres através da institucionalização da escravidão pela retórica liberal, prática oligárquica que perfaz um conteúdo conservador e reacionário sob aparente democracia.[222]

A contribuição de Dussel é relevante, nesse contexto, porque a *ana-dialética* é uma abordagem crítica que parte da Exterioridade, permitindo que as vítimas irrompam como intérpretes da sua realidade e não como objetos interpretáveis. Isso significa buscar compreender a aporofobia com suas manifestações próprias do contexto latino-americano, em que as vítimas são indígenas, quilombolas, enfim, os sete "rostos" da "outra face" da Modernidade que Dussel identifica nos i) indígenas, seguidos pelos ii) camponeses africanos, trazidos como escravos, iii) os mestiços ("filhos de Malinche", filhos da mulher indígena com o colonizador), iv) os crioulos, filhos de brancos espanhóis nascidos nas Índias, v) camponeses, constituído por indígenas, mestiços, empobrecidos, mulatos, camponeses sem terra, vi) o operário, trabalhador explorado no prolongamento de sua jornada de trabalho (mais-valia absoluta) e na intensificação de seu trabalho (mais-valia relativa) recebendo salários miseráveis, e vii) o rosto do marginal, que o capitalismo débil e periférico não consegue absorver.[223]

Como se nota, a aporofobia, na América Latina, se manifesta de modos específicos, relacionada ao processo de conquista e colonização e à classificação social que esse processo impôs e essa peculiaridade só pode ser captada com uma teoria que parta das vítimas desse processo, por isso, *ana-dialética*.

---

222 FAGUNDES, Lucas Machado; FERRAZZO, Débora; LIXA, Ivone Fernandes Morcillo. *Cultura jurídica latino-americana*: entre o pluralismo e o monismo na condição da colonialidade. Aguascalientes-San Luis Potosí: CENEJUS-UASLP, 2020. p. 149.
223 DUSSEL. *1492*, 1993.

A exploração e a marginalização dos pobres foram elementos intrínsecos ao sistema colonial, que privilegiava a acumulação de riqueza e poder nas mãos da elite dominante, mecanismo que o colonialismo cotidiano, enquanto forma de poder, ainda impõe. Daí a importância de uma ética da libertação que promova a justiça social e a inclusão dos marginalizados e oprimidos.[224]

A filosofia da libertação na concepção de Enrique Dussel parte da análise geográfica periférica e neocolonial, isso porque é preciso falar do espaço político como um todo para a compreensão social em que o fenômeno do ser está inserido, ou seja, como ensina Dussel, não é a mesma coisa nascer no "Polo Norte, em Chiapas ou em Nova Iorque", exemplificando-o da seguinte forma:

[FIGURA A INSERIR NA DIAGRAMAÇÃO: esquema geopolítico centro–periferia, reproduzido de DUSSEL, Enrique. *Filosofia da libertação na América Latina*, 1977, p. 8, mediante autorização do titular dos direitos.]

Figura 4 – Esquema geopolítico centro–periferia. Fonte: Dussel[225].

O quadro esquemático acima, embora não atualizado quanto à ascensão da China e da Índia como potências econômicas, serve para explicar não só como a ontologia situa o ser em ideias, horizontes e mediações internas para melhor compreensão, mas também indica que o centro oprime a periferia há mais de cinco séculos, demonstra a opressão periférica do Norte Global ao Sul, além da dominação sobre outros homens e a opressão cultural sobre outros mundos. Diante desse cenário, Dussel questiona, "Mas até quando? Não terá terminado a preponderância geopolítica do centro? Podemos vislumbrar um processo de libertação crescente do homem da periferia?".[226]

224 DUSSEL. *A produção teórica de Marx*, 2012. p. 78-96.
225 DUSSEL. *Filosofia da libertação na América Latina*, 1977. p. 8.
226 DUSSEL. *Filosofia da libertação na América Latina*, 1977. p. 10.

O reconhecimento da dependência econômica e da opressão periférica evidencia a necessidade de se eleger um lado, uma visão de mundo capaz de mostrar as debilidades do sistema social brasileiro, assim, elege-se o lado do oprimido para então rumar em sentido de uma ruptura com a injustiça e exploração, caminho e militância apta a um comprometimento ao processo de libertação do oprimido, demonstrando-se concreta solidariedade e crença na força revolucionária e libertadora dos grilhões invisíveis, mas subalternizantes, impostos por opressores que se agarram a vantagens e privilégios, dos quais não abrirão mão sem uma boa dose de resistência. A esse respeito, ensina Gustavo Gutiérrez:

> *[...] afirmar a necessidade de uma libertação pressupõe muito mais do que diferenças na análise da realidade. Mais profundamente, trata-se de ver o futuro da humanidade em uma certa perspectiva de filosofia e teologia da história, como um processo de emancipação do homem orientado no sentido de uma sociedade em que o homem se veja livre de toda servidão e na qual não seja objeto, mas agente de seu próprio destino. É um processo que não leva apenas a uma mudança radical de estruturas, a uma revolução social, mas vai inclusive mais longe: conduz à criação permanente de um novo modo de ser homem.*[227]

Em que pese a teologia da libertação[228] seja o tema central de Gutiérrez, sua obra é um clássico que visa demonstrar a relevância de se interpretar a vida e os fenômenos sempre ao lado dos pobres, não só a Igreja Cristã em si, mas defende o autor que seja adotada uma postura ativa de toda a sociedade para a emancipação do ser oprimido, através de um processo revolucionário de reconhecimento das debilidades sociais e, posteriormente, a ocorrência do ato de comprometer-se com a ruptura de uma sociedade hegemônica,

---

227 GUTIÉRREZ. *A força histórica dos pobres*, 1981. p. 47.

228 Gustavo Gutiérrez é teólogo peruano e sacerdote dominicano, considerado por muitos como o fundador da Teologia da Libertação. "A teologia é o entendimento da fé" e, segundo Gutiérrez, é preciso uma reflexão entre a transmissão da fé quanto ao anúncio da Boa-Nova do amor do Pai por todos os homens e mulheres, a prática da libertação, portanto, seria congruente com essa experiência que, conforme o autor, está no centro da história e que transforma intermitentemente a vida humana (cf. GUTIÉRREZ. *A força histórica dos pobres*, 1981, p. 57).

eurocêntrica e elitista, juntamente com a mudança necessária para vislumbrar um novo modo de ser e ver as pessoas.[229]

A compreensão de Enrique Dussel sobre a *práxis* da filosofia da libertação, com uma visão mais pragmática que a de Gutiérrez, parte da análise e do revelar do que Dussel chama de núcleo ético-mítico, ou seja, são aqueles níveis mais profundos da cultura de um povo civilizado, são os valores tensionais e intencionais que fundamentam o grupo humano e o define naquilo que lhe é próprio e essencial, como estruturas, finalidades, valores que não são criticados ou vistos como objetos, mas são os objetivos para os quais todas as condutas tendem.[230]

Em outras palavras, Dussel parte da análise daquelas relações sociais mais profundas de uma civilização, sua cultura, ou seja, o meio pelo qual se pode identificar e revelar o ponto fundante do ser latino-americano e como ele foi constituído.

O núcleo ético-mítico na ótica de Enrique Dussel é uma concepção que se destaca por sua abordagem interdisciplinar e enriquecedora, unindo elementos éticos e míticos na compreensão da realidade humana e de sua relação com o mundo circundante.

Ao enfatizar que os mitos são expressões simbólicas que condensam a cosmovisão de um povo, suas crenças, valores e identidade, Dussel irradia a concepção de uma sociedade heterogênea, mas que se reconhece hegemônica e eurocentrada através de uma compreensão mitológica. Esses mitos, longe de serem apenas narrativas fantasiosas, desempenham um papel fundamental na formação da consciência individual e coletiva, fornecendo um quadro de referência para a compreensão do mundo. Essa dimensão mítica é intrinsecamente relacionada à ética, pois os

---

229 GUTIÉRREZ. *A força histórica dos pobres*, 1981. p. 48.
230 ZIMMERMANN. *América Latina*, 1986. p. 108.

mitos frequentemente veiculam normas, ideias sobre o bem e o mal, e diretrizes para a ação moral.

No contexto da filosofia da libertação, Dussel busca resgatar o potencial crítico e transformador dos mitos, bem como das tradições éticas, para enfrentar as estruturas de opressão e desigualdade presentes na sociedade. Na perspectiva de Dussel, a ética e a mitologia têm o poder de mobilizar as consciências, despertando a busca por justiça, igualdade e liberdade.[231]

Com efeito, a filosofia da libertação, alinhada com essa abordagem, propõe a superação das estruturas de opressão econômica, política e cultural que limitam a realização plena da humanidade. Ela se fundamenta em uma ética comprometida com a transformação social, o reconhecimento da dignidade de todos os seres humanos e a construção de uma sociedade mais justa. O núcleo ético-mítico contribui para essa filosofia ao fornecer uma base simbólica e normativa que inspira a ação coletiva em prol da libertação.

Assim, o núcleo ético-mítico na visão de Enrique Dussel representa a confluência entre as dimensões ética e mítica na compreensão da realidade e na busca por uma sociedade mais justa. Sua correlação com a filosofia da libertação fortalece a dimensão crítica e transformadora dessa abordagem, oferecendo ferramentas conceituais para a análise das estruturas de poder e para a promoção da libertação humana.

A categoria de alienação na concepção de Enrique Dussel, desempenha um papel crucial na análise das estruturas de opressão e exploração que afetam as comunidades latino-americanas e, por extensão, a humanidade como um todo.[232]

---

[231] DUSSEL, Enrique. *Ética da Libertação na Idade da Globalização e da Exclusão.* São Paulo: Editora Vozes, 1998.

[232] DUSSEL, Enrique. *Para uma ética da libertação latino-americana.* São Paulo: Editora Loyola, 1973b. p. 98.

Enrique Dussel compreende que a alienação se refere a um estado no qual os seres humanos são separados de si mesmos, de suas produções e de sua própria humanidade. Essa alienação é provocada por relações sociais injustas, nas quais algumas pessoas ou grupos detêm o poder e os meios de produção, enquanto outros são relegados a posições subalternas, colonizadas, exploradas. Essa desigualdade leva a uma perda de controle sobre a própria vida e a uma sensação de estranhamento do ser em relação ao mundo.

O método filosófico da libertação compõe-se "de seis níveis de reflexão: Proximidade; Totalidade; Mediação; Exterioridade; Alienação; Libertação e quatro momentos metafísicos: Política, Erótica; Pedagógica; Antifetichismo".[233]

Com base na filosofia da libertação, Dussel destaca a necessidade de superar essa alienação por meio da construção de uma ética que coloque a dignidade humana no centro de uma "nova totalidade", num questionamento crítico prático sobre as exclusões sociais e do outro, questão para a qual a teoria de Lévinas já não bastava.[234] Argumenta-se que a alienação econômica, política e cultural deve ser enfrentada por meio da ação coletiva que busque o reconhecimento do outro e, sobretudo, na penetração do Outro na totalidade vigente, "do pobre na política econômica da exploração capitalista".[235]

A categoria de alienação, portanto, é um conceito-chave na filosofia de Dussel, sendo uma ferramenta analítica para compreender as formas pelas quais as pessoas são despossuídas de sua autogerência e autonomia. Essa concepção dialoga diretamente com a filosofia da libertação, uma vez que ambas buscam a transformação das estruturas de poder que perpetuam a alienação e a opressão, principalmente, nas sociedades latino-americanas.

---

233 FAGUNDES. *Introdução ao pensamento jurídico crítico*, 2018. p. 126.
234 DUSSEL. *Filosofia da libertação*, 1995. p. 22.
235 DUSSEL. *Filosofia da libertação*, 1995. p. 24.

Além dos efeitos da alienação, cabe à ética (e à política), desvelar e reconhecer os que Dussel chama de "sem-direitos", sendo aqueles todos indivíduos excluídos e discriminados não intencionalmente do exercício de novos direitos (humanos), que o "Sistema do direito" não pode, contudo, incluir. Tais cidadãos, conscientes destinatários de novos direitos, experimentam a si mesmos como vítimas, sofrendo os efeitos negativos do corpo do direito ou de ações políticas, no melhor cenário, não intencionais. São eles: a mulher na sociedade machista, aqueles de raça não branca numa sociedade ocidental racista, os marginais, os explorados numa sociedade que prima pela economia do lucro, os imigrantes, pobres e periféricos, ou seja, são todos vítimas de um sistema do direito vigente.[236]

A categoria de exterioridade na perspectiva de Enrique Dussel emerge como uma lente fundamental para decifrar as intricadas teias de opressão e exploração que lançam sua sombra sobre as comunidades latino-americanas e, de forma mais abrangente, sobre toda a humanidade.

Através de uma análise incisiva, postula-se a alienação como um estado no qual indivíduos são arrancados de sua própria essência, separados de suas criações e até mesmo de sua própria humanidade. Esse estado de alienação é engendrado por dinâmicas sociais injustas, onde certos grupos eurocêntricos detêm as rédeas do poder e os meios de produção, relegando outros a posições subalternas, subjugadas e exploradas, vistos como inimigos.[237] O corolário lógico é uma perda de agência sobre a própria existência e um sentimento de desenraizamento do self em relação ao mundo circundante.

Nesse cenário, Dussel enfatiza, à luz da filosofia da libertação, a imperatividade de transcender a alienação através da construção de uma ética centrada na dignidade humana. Ele instiga à ação coletiva,

---

[236] DUSSEL. *Direitos humanos e ética da libertação*, 2015. p. 128-129.
[237] DUSSEL. *Filosofia da libertação na América Latina*, 1977. p. 56.

visando combater as formas de alienação econômica, política e cultural, e almejando alcançar uma ordem justa e igualitária.

Essa categoria de alienação, erguida como alicerce do pensamento de Dussel, serve como um instrumento analítico preciso para discernir as maneiras pelas quais indivíduos são despojados de sua autonomia e autodeterminação, enquanto o diferente, o outro, entendido como aquele que não está no sistema, é aniquilado, morto, assassinado.[238] Tal abordagem almeja a transformação e a irrupção das estruturas de poder que perpetuam a alienação e a opressão, particularmente no contexto das sociedades latino-americanas.

Contudo, para além das consequências da alienação, emerge a relevância ética, e por extensão política, de identificar e reconhecer aqueles marginalizados e privados de direitos, denominados por Dussel como os "sem-direitos", o "não ente no mundo", "a fome do oprimido, do pobre é fruto de um sistema injusto" e saciar a fome do oprimido é mudar profundamente o sistema.[239]

Sob a égide da ética da libertação, a diretriz crucial é a implementação geopolítica dessa filosofia, adaptando-a à "centralidade" ou "periferia". Em paralelo, Dussel destaca o eurocentrismo como o primeiro paradigma mundial de etnocentrismo, um sistema hegemônico que se autodenomina ética filosófica, impondo sua versão de mundo como a única civilizada e humana, enquanto relega outras perspectivas à barbárie e à marginalidade. O chamado de Dussel para desafiar esse eurocentrismo internalizado reverbera nas aspirações da filosofia da libertação, buscando restaurar a equidade e a justiça em um mundo marcado por complexidades culturais e históricas.

Em suma, a categoria de alienação na visão de Enrique Dussel emerge como um farol intelectual, iluminando as zonas sombrias de

---

238 DUSSEL. *Filosofia da libertação na América Latina*, 1977. p. 57.

239 DUSSEL. *Filosofia da libertação na América Latina*, 1977. p. 48.

opressão e desigualdade nas sociedades latino-americanas e além. Seu chamado para uma ética da libertação, enraizada na dignidade humana e na ação coletiva, ressoa como uma resposta vigorosa ao ciclo de alienação econômica, política e cultural. Ao reconhecer os "sem-direitos" e confrontar o eurocentrismo, Dussel incita à transformação das estruturas que perpetuam a marginalização. Em última análise, seu pensamento ecoa como um convite profundo à reflexão e à ação, rumo a um mundo mais justo e menos excludente.

A ética da libertação deve ter como ponto de partida a sua implementação geopolítica da própria filosofia, eis que se encontra no "centro" ou na "periferia". Em seguida, concebe-se que o primeiro conceito etnocêntrico mundial foi o eurocentrismo, único etnocentrismo que a história conhece, um sistema hegemônico que pretende apresentar-se como ética filosófica a mostrar como é "o mundo" humano e civilizado por excelência, o mundo dos outros é barbárie e marginalidade, o reconhecimento do não ser.[240]

A filosofia da libertação parte da realidade dentro do contexto da vida prática latino-americana, inserido do comprometimento e solidariedade com o oprimido (com o pobre, na periferia capitalista, com a mulher, na sociedade machista, com o negro constantemente discriminado em culturas etnocêntricas e colonizadoras, com os ecologicamente responsáveis pelas futuras gerações), consequentemente, trata-se de uma presença prática concreta "em" ou "dentro" dos movimentos populares e sociais, na relação "cara a cara", conferindo-se prioridade à "atuação comunicativa", com o "ato de fala", ponto de partida filosófico que se seguirá com ao ato de reflexão (ato segundo). O ponto de partida é do sofredor, enquanto ator político dentro de uma totalidade eurocentral e excludente dentro do plano político, erótico. O ponto de partida da filosofia da libertação, portanto, é mediar concretamente a "voz do oprimido" que chega até o opressor como "não linguagem",

---

[240] DUSSEL. *Ética da Libertação na Idade*, 1998. p. 67.

transformando-a em prática da libertação (erótica da mulher, racial daquele de raça não branca, de libertação política e econômica do pobre imerso no sistema capitalista).[241]

Como ensinam Lucas Machado Fagundes e Alejandro Rosillo Martínez,[242] após Dussel descobrir-se epistemologicamente latino-americano, vislumbra ele a inexistência do seu povo na história, um horizonte de exclusão, de exploração, de escravidão, servidão e opressão neocolonial e, assim, diferencia-se de Emmanuel Lévinas, pois, identifica a "Exterioridade" ou o grito oprimido, avançando Dussel, diferentemente de Lévinas, sobre a necessidade de uma filosofia da libertação de caráter militante, ativa e voltada a problematizar e ser problematizada no dia a dia do sistema opressor capitalista ocidental.

A categoria mais importante para a compreensão da filosofia da libertação é, na visão dusseliana, a Exterioridade, concebida como um "ente que não é só ente",[243] explicado nas seguintes palavras:

> *Entre os entes ou coisas que aparecem no mundo, que se manifesta no sistema juntamente com os instrumentos, há um absolutamente sui generis, diferente de todos os outros. Junto às montanhas, vales e rios; junto às mesas, martelos e máquinas, irrompe diariamente em torno de nós o rosto de outros homens. Afastados da proximidade, na distância, sua presença torna a recordar-nos a proximidade postergada. Todavia, habitualmente, o rosto de outro homem se apresenta em torno de nós como uma simples coisa-sentido a mais. O chofer do táxi dá a impressão de ser um prolongamento mecânico do carro; a dona de casa como um momento a mais da limpeza e da arte culinária; o professor como um ornamento da escola; o soldado como membro do exército... Parece que é difícil isolar o outro homem de seu sistema onde se encontra inserido. É então um ente; é parte de sistemas. Todavia, há momentos em que se nos apresenta, se nos revela toda a sua exterioridade. Como quando o chofer do táxi se apresenta como amigo e nos diz: - Como vais? A pergunta inesperada surgida de um horizonte de entes, causa impacto em nós: Alguém aparece no mundo! Muito mais quando se nos*

241 DUSSEL. *Filosofia da libertação*, 1995. p. 126-127.
242 FAGUNDES. *Introdução ao pensamento jurídico crítico*, 2018. p. 65.
243 DUSSEL. *Filosofia da libertação na América Latina*, 1977. p. 46.

> *diz: - "Uma ajuda, por favor" ou – "Estou com fome, dê-me de comer!".*[244]

O plano fenomênico se amplia quando a exterioridade dusseliana revela o rosto do Outro, não só pertencente a um só sistema da realidade que a todos inclui, mas personificado em sua opressão e exclusão.

Com efeito, chama-se a exterioridade o *lócus* e a percepção do outro como extensão da realidade do sistema para além do ser. Ao vislumbrar o rosto do outro, como outro e pelo outro, entende-se ele como parte integrante e real do sistema-mundo, mesmo que não esteja dentro da totalidade do ser.

O outro é a noção do que Dussel chama de exterioridade, o outro é a alteridade de todo o sistema possível, é aquele pobre, oprimido, que está à beira do caminho, fora do sistema e que, ao mostrar sua face, revela seu rosto sofredor, porém confiante: "Tenho fome, tenho direito de comer!". O direito do outro não é concebido como aquele que emerge do projeto do sistema ou proveniente de suas leis, é direito absoluto, por ser alguém, "sagrado, funda-se na sua própria exterioridade, na constituição concreta de sua dignidade humana".[245]

Enquanto o ser é a configuração de todo o sistema, assim como o "sistema de sistemas que é o mundo cotidiano", afirma-se que existe realidade além do ser, o ser é a luz que ilumina a totalidade do mundo, mas ao transcender o ser ainda há realidade. "Se a realidade é a ordem da constituição cósmicas das coisas, resistentes, subsistentes e crescentes desde si, a partir de si, é evidente que há realidade além do ser".[246]

A filosofia da libertação surge, portanto, como um desafio fundamental na busca por uma perspectiva filosófica que transcenda

---

[244] DUSSEL. *Filosofia da libertação na América Latina*, 1977. p. 46.
[245] DUSSEL. *Filosofia da libertação na América Latina*, 1977. p. 49.
[246] DUSSEL. *Filosofia da libertação na América Latina*, 1977. p. 47.

o eurocentrismo e abrace a pluralidade e diversidade do mundo. A sua implementação geopolítica, independentemente de estar no "centro" ou na "periferia", demanda um compromisso com a realidade latino-americana e uma conexão intrínseca com os movimentos populares e sociais.

O eurocentrismo é revelado como o primeiro conceito etnocêntrico global, impondo uma visão hegemônica que categoriza culturas como bárbaras e marginalizadas, ressaltando a importância de reconhecer o "não ser" e ampliar o diálogo entre o oprimido e o opressor.[247]

Ao priorizar a "voz do oprimido" como ponto de partida, a filosofia da libertação irrompe com a prática de dominação e inaugura uma prática concreta de transformação social.[248]

Em adição, a filosofia da libertação representa uma resposta à lacuna histórica e epistemológica experimentada por muitos povos latino-americanos, destacando a presença da "Exterioridade" e do grito oprimido que foi negligenciado pelo pensamento tradicional. Dussel, ao descobrir sua identidade latino-americana, confronta a exclusão, exploração e opressão que permeiam a história de sua região colonizada. Ao contrário de abordagens filosóficas anteriores, a filosofia da libertação de Dussel propõe uma postura ativa e que milite a partir da voz do oprimido, que desafie as estruturas opressivas do sistema capitalista ocidental, integrando-se na dinâmica cotidiana de problematização e autocrítica.[249]

Nesse contexto, a filosofia da libertação se revela como um esforço contínuo para trazer à luz as vozes silenciadas dos oprimidos, reconstruir relações éticas e promover uma

---

247 DUSSEL. *1492*, 1993. p. 22.
248 FAGUNDES. *Introdução ao pensamento jurídico crítico*, 2018. p. 129.
249 FAGUNDES. *Introdução ao pensamento jurídico crítico*, 2018. p. 63.

transformação social, apresentando-se como uma alternativa válida e necessária à hegemonia eurocentrista.

A busca pela verdade sem fim deve ser o objetivo do discurso científico com a intenção direcionada para a produção de conhecimento, consequentemente, o que é decisivo para uma linguagem notoriamente científica é a relação entre o discurso e o objeto sobre seu teor, somente nessa relação é que a verdade existe.[250]

Da mesma forma que Rubem Alves busca a concepção de verdade através da relação entre o discurso e o objeto que dele se trata, objetiva-se analisar a utilização da filosofia da libertação como forma de empoderamento racional do pobre no contexto social, enunciando a libertação da alienação social que assola quem se utiliza da aporofobia como meio de exclusão e violência no Brasil.

Faz parte dos ensinamentos de Moreira,[251] que a aplicação da liberdade e da igualdade material entre os indivíduos implica a concretização de um constitucionalismo social, em que os direitos não sejam só garantias do indivíduo contra o Estado, mas instrumentos que devem ser utilizados pelos indivíduos para a exigência de prestações positivas das instituições estatais para que a liberdade possa ser realmente alcançada, uma vez que a realização ética do ser humano é diretamente ligada à sua existência dentro de uma estrutura social.

Quando a igualdade deixa de ser vista e considerada apenas como um direito concedido a todos os seres humanos de forma abstrata, acentuando-se a desigualdade social, surge uma categorização do direito, desvelando um abandono gradual da consideração abstrata e uniforme dos seres humanos em direção à percepção das diferenças reais existentes entre os indivíduos, assim,

250 ALVES, Rubem. *Filosofia da ciência: introdução ao jogo e suas regras.* São Paulo: Editora Brasiliense, 1981. p. 139.
251 MOREIRA. *Tratado de direito antidiscriminatório,* 2020. p. 223.

dá-se surgimento de normas jurídicas que possuem o objetivo de proteger grupos de indivíduos imersos em uma ou mais categorias de exclusão social.[252]

Moreira[253] argumenta, ainda, que partir da concepção do indivíduo como um sujeito abstrato diverso e separado de sua realidade social faz com que as estruturas de poder não sejam problematizadas, o que, por si só, dificulta o alcance de uma igualdade substantiva entre as pessoas, pois, distancia-se da realidade social.

Nesse contexto, a exemplo da doutrina de Dussel em sua filosofia da libertação, Moreira[254] afirma que:

> *A hermenêutica do oprimido parte do pressuposto de que o intérprete não fala de um lugar de plena neutralidade. Seguindo os pressupostos do constitucionalismo sociológico, essa proposta entende a realidade de uma democracia constitucional como um lugar de diversas relações e disputas de poder, motivo pelo qual os sujeitos falam a partir do lugar que ocupam dentro dessas relações. Os seres humanos não são pessoas cujos julgamentos morais são fundamentalmente pautados por uma racionalidade universal; eles são sujeitos ideológicos e expressam os consensos culturais presentes entre os membros dos grupos sociais aos quais pertencem. O intérprete fala de um lugar social atravessado por manifestações ideológicas e também por relações de poder, o que faz perceber o funcionamento das relações sociais a partir de certa perspectiva.*
>
> *[...]*
>
> *O que estamos chamando de hermenêutica do oprimido toma como parâmetro a ideia de que o intérprete não deve ser visto como um sujeito unitário, mas como um sujeito que ocupa diferentes posições dentro das cadeias de significação social.*

O revelar das condições de poder e dominação existente na sociedade brasileira é determinante para explicar as razões e os

252 MOREIRA. *Tratado de direito antidiscriminatório*, 2020. p. 224.
253 MOREIRA. *Tratado de direito antidiscriminatório*, 2020. p. 308.
254 MOREIRA. *Tratado de direito antidiscriminatório*, 2020. p. 309.

porquês de todo indivíduo oprimido e desclassificado sofrer humilhações e privações materiais das mais diversas formas, criando-se um abismo, a partir do século XIX, com o ressurgimento da europeização do Brasil, o que se intensifica no ano de 1930, com o surgimento do processo de modernização em larga escala, em que os setores "não europeizados" ou "precarizados" tendem a expressar uma visão de mundo de permanente marginalização.[255]

Diante da crescente desigualdade social e da necessidade de abordar as disparidades profundas que afetam a sociedade brasileira, torna-se imperativo reconhecer que a igualdade não pode ser concebida apenas como um princípio abstrato e uniforme. A compreensão das diferenças reais entre os indivíduos leva à formulação de normas jurídicas destinadas a proteger grupos marginalizados e oprimidos. A visão do indivíduo como uma entidade abstrata, desvinculada de sua realidade social, impede uma análise crítica das estruturas de poder, tornando mais complexa a busca por uma igualdade genuína e substantiva, não apenas formal.

A hermenêutica do oprimido, inspirada na filosofia da libertação de Dussel, destaca que os intérpretes não são sujeitos neutros, mas ocupam diversas posições dentro das relações de poder e expressam os consensos culturais de seus grupos sociais. Portanto, é essencial abordar as questões de desigualdade e exclusão a partir de uma perspectiva que leve em consideração a complexidade das relações sociais e as múltiplas identidades dos indivíduos no contexto brasileiro.

O entendimento das condições de poder e dominação na sociedade é fundamental para compreender as razões subjacentes pelas quais os indivíduos oprimidos enfrentam humilhações e privações em várias esferas de suas vidas, inclusive, os efeitos da aporofobia. Essa realidade social destaca a importância de se

---

255 SOUZA. *Por uma teoria da ação social*, 2006. p. 41.

reconhecer e abordar as disparidades enraizadas na história do país, visando à construção de uma sociedade mais justa e igualitária.

A reflexão sobre as implicações das relações de poder e a busca por soluções que promovam a inclusão do Outro e a equidade devem ser prioridades na trajetória rumo a um Brasil mais justo e democrático.

Além disso, a filosofia da libertação de Enrique Dussel emerge como um valioso instrumento no combate à aporofobia, pois essa abordagem filosófica se concentra na análise das estruturas de poder em que se centra o ser-capital e na busca por uma justiça social que considere as diferentes realidades dos oprimidos, empobrecidos, explorados e excluídos. É no princípio da exterioridade que se pode superar o universalismo formal da moralidade e, assim, dar-se concretização à eticidade da alteridade do outro.[256]

O ato de filosofar pressupõe uma imperiosa necessidade de imergir profundamente na realidade concreta e um inabalável anseio por compreender em sua plenitude a natureza dessa realidade, para além das meras manifestações empíricas que a envolvem. Adicionalmente, requer-se um talento peculiar, pois muitos dos embates direcionados à filosofia têm origem na contradição entre aqueles que aspiram a algo semelhante à filosofia e, entretanto, revelam-se incapazes de se dedicar a tal empreendimento, visto que não logram dominar as complexidades técnicas inerentes.[257]

Não que a filosofia se revele desprovida de conteúdo; pelo contrário, a falta de ressonância deve-se, principalmente, à inabilidade desses indivíduos em sintonizar com o discurso filosófico. Assim, filosofar ou aplicar a filosofia, significa retratar, pensar, significar e ressignificar a realidade circundante.[258]

---

256 DUSSEL. *Filosofia da libertação*, 1995. p. 119.
257 ELLACURÍA. *La lucha por la justicia*, 2012. p. 38.
258 ELLACURÍA. *La lucha por la justicia*, 2012. p. 39.

O projeto da filosofia da libertação vai além, propondo-se a uma "descoberta" responsável como resposta à "interpelação" do Outro, uma descolonização, compreendendo-o dentro de um processo de prudência, em que o filósofo deve tratar da libertação dos oprimidos e excluídos.[259] Portanto, a aplicação da hermenêutica do oprimido, inspirada em Dussel, na compreensão e enfrentamento da aporofobia pode ajudar a revelar as raízes desse fenômeno e a promover a solidariedade e a inclusão do Outro na sociedade brasileira.

A filosofia da libertação de Enrique Dussel e a perspectiva da hermenêutica do oprimido oferecem abordagens filosóficas profundas e relevantes para combater a aporofobia e promover uma sociedade mais justa e inclusiva, através de uma ciência subversiva, rebelde, rumo a uma reconstrução social. Essas correntes filosóficas nos ensinam a olhar além das superficialidades e a buscar uma compreensão profunda da realidade, especialmente das experiências dos oprimidos e excluídos. Ao adotar a ética da alteridade e se comprometer com a "descoberta responsável" do Outro, pode-se desempenhar um papel fundamental na descolonização das mentes e na promoção da solidariedade.[260] Consequentemente, a aplicação dessas filosofias na análise e no enfrentamento da aporofobia é crucial para transformar a sociedade em um lugar onde todos são respeitados e incluídos. Para Enrique Dussel:

> *O reconhecimento pode ser interpretado como um ato próprio da razão (um conhecer o Outro como o igual). Pode também ser analisado fenomenologicamente como um ato da vontade, que "dá lugar" (a contractio da subjetividade não solipsista, egoísta) ao Outro, como uma afirmação da alteridade (num sentido intrassistêmico ainda) da vontade alheia, que impõe limites ao desejo (de morte) da expansão ilimitada do si mesmo como totalidade totalitária. Quando D. Hume afirma que é preciso colocar uma fronteira (a propriedade privada) à cobiça dos*

[259] DUSSEL. *Filosofia da libertação*, 1995. p. 120.
[260] FAGUNDES. *Introdução ao pensamento jurídico crítico*, 2018. p. 110.

> *avarentos, paixão desmedida que tende à única afirmação de um sujeito sobre todo o resto, está considerando esta questão (grifos do original).*[261]

Assim, o reconhecimento da igual dignidade entre as pessoas se faz com o desvelar do mito da modernidade como sendo um instrumento político de dominação e violências impingidas no Outro, sob o pretexto de se "salvar" a muitos "inocentes" da própria barbárie de culturas, tecnológica ou economicamente, menos desenvolvidas.[262]

O ato de filosofar não se limita a um exercício intelectual abstrato, mas sim a um compromisso profundo com o saber, a transformação social e a justiça.[263] Enrique Dussel e a hermenêutica do oprimido ensina que a filosofia latino-americana deve estar enraizada na realidade concreta e direcionada para a promoção do bem comum, porém, só se faz possível se a ação de filosofar estiver comprometida com um processo prático de libertação "da miséria", em que se desloca o "aspecto carnal" ao "elemento central, juntamente com a "pragmática-hermenêutica", de uma filosofia da libertação, do que Dussel chama de uma "filosofia da pobreza em tempos de cólera".[264]

Ao desafiar o universalismo formal da moralidade e abraçar a alteridade do outro, pode-se superar preconceitos como a aporofobia e pensar uma sociedade mais inclusiva. Portanto, ao aplicar essas abordagens filosóficas busca-se por compreender e combater a aporofobia.

Ao analisar a filosofia da libertação, é preciso questionar, libertar o que? De quem? As amarras sociais construídas histórica e estruturalmente, tanto na sociedade Latino-americana, quanto na brasileira, são frutos e resultados da opressão que exclui os

---

261 DUSSEL. *1492*, 1993. p. 424, grifo do original.
262 DUSSEL. *1492*, 1993. p.77-78.
263 ELLACURÍA. *La lucha por la justicia*, 2012. p. 33-34.
264 DUSSEL. *Filosofia da libertação*, 1995. p. 42.

vulneráveis, retirando-lhes ontologicamente o reconhecimento de si, enquanto indivíduos merecedores de respeito e igual dignidade. A libertação, portanto, refere-se a essas amarras estigmatizantes e estruturais que se perpetuam ao longo da história até a atualidade, além disso, a filosofia da libertação trata de provocar e incitar a libertação do oprimido enquanto processo de conversão, daquele Ser despossuído de sua cultura ou compreensão de si como ser de igual dignidade ao interlocutor opressor.[265]

Segundo Dussel, a filosofia tradicional tem negligenciado a história da opressão e da dominação dos povos latino-americanos e africanos, perpetuando, assim, a ideologia da exclusão. Para ele, é necessário questionar essa ideologia e construir um pensamento crítico a partir da perspectiva dos oprimidos: "A filosofia da libertação procura romper a lógica perversa da dominação e constituir um pensamento crítico que possa acompanhar e acompanhar-se das lutas sociais das maiorias injustiçadas.".[266]

Dussel entende que a filosofia deve ser uma ferramenta para a libertação dos povos oprimidos e a construção de um mundo mais justo e solidário. Ele propõe uma ética universal, baseada no reconhecimento da dignidade de todos os seres humanos e na busca da justiça social: "A ética da libertação não é uma ética particularista, mas uma ética universal. A libertação é para todos. Não pode haver liberdade para alguns, mas para todos ou para ninguém".[267] Dussel também aborda essa questão em Para uma ética da libertação latino-americana (1973), na qual propõe uma ética da libertação que considere a dignidade de todos os seres humanos e a busca da justiça social como valores fundamentais. O autor defende que a opressão e a exclusão são frutos de uma lógica de dominação que se manifesta em diversas esferas da vida social, nas quais:

---

265 FAGUNDES. *Introdução ao pensamento jurídico crítico*, 2018. p. 154.

266 DUSSEL, Enrique. *Filosofia da libertação*: crítica à ideologia da exclusão. São Paulo: Edições Loyola, 1997. p. 11.

267 DUSSEL. *Filosofia da libertação*, 1997. p. 105.

> *A história da humanidade é a história da opressão dos povos dominados. A relação entre oprimidos e opressores, que surge na esfera econômica, se amplia e se reforça nas esferas políticas, culturais, religiosas. A tarefa da filosofia da libertação é compreender essa relação de dominação e construir uma ética da libertação que possa transformar a realidade.*[268]

Os direitos humanos, segundo Dussel, não são direitos naturais *a priori* reconhecidos, mas um processo histórico de racionalização, compreensão, reconhecimento e luta social para a institucionalização de um "novo" direito. Dussel chama os destinatários deste "novo" direito (humano) de "sem-direito-todavia", que ao lutar pelo reconhecimento de um "novo direito, integra o momento "cria-dor" histórico, inovador, parte do corpo do direito humano".[269]

Na perspectiva de compreender as pessoas em situação de extrema pobreza, partir-se-á de uma *práxis* orientada pela filosofia da libertação de Enrique Dussel, como uma "filosofia-compromisso" que abre-se para a *práxis* interpretativa da cotidianidade sofredora, apta a reinventar algo diferente, reafirmando-se no compromisso político, com a tarefa de "destruir" as categorias hegemônicas, superando a tradição europeia e ocidental, fixando como ponto de partida o homem latino-americano e, assim, diferenciar-se das filosofias pós-modernas.[270]

Enrique Dussel, ao confrontar e ponderar acerca da filosofia de Lévinas, percebeu que esse considerava a questão do outro numa visão histórico-filosófica exclusivamente da Europa, permeando suas discussões e hermenêutica nesses povos e em suas relações. Assim, Dussel dá-se conta de que a ideia de totalidade é a inserção do Ser latino-americano numa leitura histórica: O Ser latino-americano não

---

268 DUSSEL, Enrique. *Política de la liberación*. Buenos Aires: Ediciones de la Flor, 1973a. p. 23.

269 DUSSEL. *Direitos humanos e ética da libertação*, 2015. p. 130.

270 FAGUNDES. *Introdução ao pensamento jurídico crítico*, 2018. p. 103-105.

existe para os pensadores clássicos e na totalidade dos pensamentos, logo, é preciso fixar a análise para a exterioridade, o que muda o ponto de partida do filosofar do Ser para o espaço do Não Ser.[271]

Um dos conceitos mais expressivos e importantes da filosofia da libertação de Dussel é a metafísica da alteridade, como a exterioridade que agora assume condição basilar. Esta categoria trata de um homem concreto, o outro, o marginalizado, o camponês, ou o favelado, assim, percebe-se que a totalidade europeia (centro) se afirmou sobre outra totalidade, afirmando, contudo, que uma deve desaparecer, não fisicamente, mas como sujeito com pleno uso de suas capacidades. É por isso que aceitando-se o domínio europeu, é possível a paz, a tranquilidade, a ordem. A essa situação fática, Dussel chama de opressora.[272]

O "Não Ser" é também chamado de "ralé brasileira", oprimido vítima da "violência simbólica" produzida pelo manto do encobrimento eurocêntrico, como elucida Jessé Souza:

> *Na verdade, a "violência simbólica" é atualizada "cotidianamente", por todos nós, nos mais "inocentes" encontros casuais na rua entre pessoas de classes diversas e nos rituais de subordinação e autoridade que isso envolve, até a "má-fé" institucional generalizada, aceita e legitimada por todos, como vimos anteriormente na nossa pesquisa empírica. É esse cotidiano, que é tornado invisível porque sua violência é jogada "lá longe" numa elite ou num Estado que não é de ninguém, que, na verdade, atualiza os critérios de classificação e de desclassificação social que condenam, desde o berço, ao fracasso e ao desespero, um terço dos brasileiros. É o abandono social de toda uma classe, objetivamente percebida como "animalizada", já que a definição dominante de "humanidade" a exclui, que é legitimada na prática social, ainda que seja negada como "discurso consciente" todos os dias pelas mesmas pessoas que as implementam na realidade cotidiana dos atos que praticamos sem refletir.*[273]

---

[271] FAGUNDES. *Introdução ao pensamento jurídico crítico*, 2018. p. 61.
[272] ZIMMERMANN. *América Latina*, 1987. p. 180-181.
[273] SOUZA. *A ralé brasileira*, 2009. p. 398.

Assim, a pretensão do reconhecimento do Não Ser como um igual, pode ser interpretado como um ato da própria razão, ou, como ato de vontade em que se "dá lugar" ao Outro, como uma afirmação da alteridade da vontade alheia e que impõe limites ao desejo (de morte) da expansão ilimitada do si mesmo como totalidade totalitária.[274]

A afirmação categórica da alteridade, da Exterioridade, do outro homem, de outro continente, de outro povo, a totalidade originária como medida de todas as coisas, é colocada em xeque, ou seja, em crise. Existindo o Outro, que também é um "outro como eu" como "eu sou um eu", o "eu anterior" já não pode ser dono deste "outro eu", já não pode mais se considerar absoluto, originando, dessa forma, a construção de um novo fundamento, de uma subjetividade moderna dos idealistas (como seu Eu absoluto constituinte do ser), dos existencialistas ou dos fenomenólogos.[275]

Nesse contexto em que se percebe e reconhece a alteridade, como exterioridade, ou seja, o Outro como Ser ameríndio da outra banda do Atlântico, não homogeneizado pelo centro europeu e hegemônico, há uma virada epistemológica em que o ponto de partida do filosofar passa do Ser para o Não Ser, logrando êxito em interpretar que a totalidade é finita em suas categorias opressoras, uma vez que se dá conta do (não) lugar da América Latina na história.[276]

É no descobrimento desse Não Ser que Dussel afirma ser necessário mudar de "pele", ter novos "olhos", de outro ego, de um ego que vise "re-construir" o processo de sua formação (como a "outra face da modernidade"), partindo-se agora do Oceano Pacífico, adotando-se a "pele" do injustiçado, do africano escravo, do mestiço humilhado, do camponês empobrecido, de milhões de

[274] DUSSEL. *1492*, 2020. p. 424.
[275] ZIMMERMANN. *América Latina*, 1987. p. 181.
[276] FAGUNDES. *Introdução ao pensamento jurídico crítico*, 2018. p. 61.

marginalizados amontoados pelas cidades latino-americanas atualmente, obtendo-se os "olhos" do povo oprimido, desde "os de baixo", reconstruindo os sujeitos nesse processo.[277]

A originalidade de Enrique Dussel, como se percebe, parte de uma nova mirada do "eu", não como um homem europeizado, tal como a Europa como "centro", como que há cinco séculos se afirmara em todos os sentidos: político, econômico, cultural, social, religioso, e destruíra o "Não Ser" do lado de cá do Atlântico, mas como o outro não respeitado, massacrado, oprimido, marginalizado, seja ele camponês ou favelado, enfim, todos aqueles da "grande massa latino-americana", colonizados, pobres.[278]

O deslocamento epistêmico que a teoria da libertação de Enrique Dussel proporciona revela não só a necessidade de dar uma nova mirada aos grupos excluídos da Europa como "centro" do mundo, para, assim, enxergar o "Não Ser" inserido na alteridade como exterioridade, multiculturalidade, oportunizando-se, além do desvelar da desigualdade daqueles em extrema pobreza encoberta pela modernidade, uma atitude efetivamente política e transformadora, desde uma função crítica e criativa, conectadas com outros dados da estrutura social, como o econômico, o político, o cultural, dentre outras possibilidades. A filosofia da libertação não se presta somente a criticar, mas também desenvolver novos discursos teóricos que revelem a verdade da realidade, esse é o momento central do processo de libertação efetiva do pobre, oprimido.[279]

O contexto histórico em que se desenvolveu o tratamento das pessoas pobres no Brasil, de escravidão, exploração, dominação e racismo, faz com que o Estado não mude suas práticas originárias, criando e recriando a discriminação estrutural contra os pobres e extremamente pobres, uma vez que a concepção de discriminação

---

[277] DUSSEL. *1492*, 1993. p. 90.
[278] ZIMMERMANN. *América Latina*, 1986. p. 180.
[279] FAGUNDES. *Introdução ao pensamento jurídico crítico*, 2018. p. 159-162.

estrutural está ligada ao conceito de dominação social, que ocorre por intermédio de processos sociais que aparentam formas normais de operação institucional, mas que encobrem vários meios de exclusão por expressarem os interesses dos grupos dominantes.[280]

O método *ana-dialético* dusseliano comporta o momento "mais além" da totalidade, o que não se limita à interpretação do sistema-mundo de si para si regressar, supera a dialética e busca explicar o "Outro" a partir dele mesmo, legitimando-se a voz do Outro, momento em que deve manifestar sua própria palavra tantas vezes oprimida. O método inicia-se com um momento negativo, em que se descobre a própria totalidade e os sistemas e ideologias impregnadas pelo eurocentrismo e colonialismo e, assim, se possibilita que a voz do outro irrompa a opressão desde sua exterioridade em busca de libertação.[281]

Ao analisar a teoria marxista, Enrique Dussel supera a teoria dialética quanto à análise concreta da realidade ser-capital, criando a *ana-dialética*, ou, o "mais além" encoberto, a crítica a partir da Exterioridade. Assim, descreve o autor:

> *Marx pode ver com novos olhos, pode criticar o próprio ser do capitalismo (o capital-valor) a partir de uma exterioridade prática que lhe exige explicitar para os oprimidos uma teoria que explique aos trabalhadores fundamento da sua alienação.*
>
> *Criticar a ontologia, o ser (o capital), a partir da exterioridade prática e utópica (ou seja, a partir de organizações históricas que lutam contra o sistema como totalidade e com a proposta e a esperança de um "reino da liberdade") é o que designamos por "transcendentalidade analética". Por "ana-lética" queremos indicar o "mais além" (em grego, aná-) do horizonte ontológico. A negação da negação da totalidade (a negação do trabalho assalariado como subsumido no capital) só pode partir da afirmação da exterioridade analética ou da capacidade de*

[280] MOREIRA. *Tratado de direito antidiscriminatório*, 2020. p. 467.

[281] FERRAZZO, Débora; WOLKMER, Antônio Carlos. Democracia comunitária e comunitarismo andino: aportes descoloniais desde a experiência latino-americana. *Rev. direitos fundam. democ.*, v. 26, n. 2, p. 169-202 mai./ago. 2021. p. 173.

> *transcendentalidade que o homem sempre tem por ser homem. A realização real e histórica de tal afirmação exige mediações concretas de emancipação, mas, antes de sua realização, há que situar-se praticamente naquela exterioridade, há que formular uma teoria crítica radical, há que organizar as mediações políticas e, por fim, tornar efetiva na história a nova ordem alternativa.*[282]

Nesse cenário, a efetividade da filosofia da libertação se dá a partir de "uma *práxis* histórica de libertação",[283] de maneira que é incompatível efetivar-se a filosofia da libertação junto a uma inércia política, é preciso partir epistemologicamente de um lado e, claramente esse lado, para Dussel, é o do pobre, do injustiçado, desde a negação da negação do capital,[284] assim, equivale dizer, não há filosofia da libertação sem seu fim "construtivo" da libertação,[285] ou seja, é preciso implementar tanto a perspectiva da revelação da opressão centro-periferia ao impor a injustiça da negação do ser do Outro,[286] quanto criar política e estrategicamente novas concepções de libertação ontológica e filosófica do Ser de toda totalidade opressora.

A expressão "negação da negação" é concebida por Enrique Dussel como: "A negação da negação da totalidade (a negação do trabalho assalariado como subsumido no capital) só pode partir da afirmação da exterioridade analética ou da capacidade de transcendentalidade que o homem sempre tem por ser homem".[287] Enrique Dussel argumenta que a transformação social e a superação da alienação do ser ôntico no contexto do trabalho assalariado só podem ocorrer através da análise crítica da situação a partir de uma posição externa, buscando compreender as relações sociais e econômicas de maneira mais profunda e abrangente, negando-se a submissão do ser ao capital. Trata-se de uma negação mais profunda

---

282 DUSSEL. *A produção teórica de Marx*, 2012. p. 346.
283 FAGUNDES. *Introdução ao pensamento jurídico crítico*, 2018. p. 166.
284 DUSSEL. *A produção teórica de Marx*, 2012. p. 347.
285 DUSSEL. *Filosofia da libertação*, 1995. p. 133.
286 ZIMMERMANN. *América Latina*, 1986. p. 195.
287 DUSSEL. *A produção histórica de Marx*, 2012. p. 346.

e reflexiva da submissão do trabalho ao capital, combinada com uma análise crítica e uma compreensão ampla das estruturas sociais. Essa abordagem envolve a capacidade humana inerente de transcender as condições imediatas e buscar uma compreensão mais profunda da realidade social não só dos proletariados, mas de todos os oprimidos.

2.2 Aspectos Históricos dos Direitos Humanos no Brasil e na América Latina

É preciso esclarecer, como base conceitual, o que seriam os direitos humanos e como concebê-los diante das características histórico-sociais no Brasil e na América Latina, até para que a pesquisa se mantenha numa linha epistemológica coerente com a realidade latino-americana acerca deste fenômeno, especialmente, quanto ao combate à discriminação aos pobres.

A concepção dos direitos humanos provém de vários fatores, dentre os quais, a tradição humanista do iluminismo, a recepção do direito romano, o senso comum da sociedade da Europa na Idade Média, a tradição cristã, apenas para citar alguns.[288]

Para Valério Mazzuoli,[289] direitos humanos são direitos mais amplos que os direitos fundamentais, esses dispostos na Constituição ou nas leis internas de um país, direitos humanos são aqueles indispensáveis para uma vida digna e são inerentes à ordem internacional pública, legitimados por meio de tratados multilaterais, globais ou regionais que surgem quando um Estado comete ou possa

---

288 LAZARI. *Teoria da consolidação substancial dos direitos*, 2017. p. 12.

289 MAZZUOLI, Valério de Oliveira. *Curso de direitos humanos*. 5. ed. Rio de Janeiro: Forense; São Paulo: Método, 2018b. p. 29-30.

cometer arbitrariedades às pessoas sujeitas à sua jurisdição. Acrescenta, ainda, Valério Mazzuoli:

> *Os direitos humanos, diferentemente dos direitos fundamentais, podem ser vindicados indistintamente por todos os cidadãos do planeta e em quaisquer condições, bastando ocorrer a violação de um direito seu reconhecido em norma internacional aceita pelo Estado em cuja jurisdição se encontre. Talvez por isso certa parte da doutrina tenha preferido o uso da expressão direitos humanos fundamentais,9 com o intuito de significar a união material da proteção de matiz constitucional com a salvaguarda de cunho internacional desses direitos.*[290]

A concepção de direitos humanos permeia a ideia de direitos essenciais a uma vida digna, não havendo um rol taxativo e determinado de direitos, porém, para Ramos,[291] os direitos humanos representam valores essenciais, implícita ou explicitamente expressos na Constituição ou em tratados internacionais, são direitos obrigacionais de todo ser humano que sejam exigíveis de terceiros, de todos aqueles que violarem uma obrigação, seja do Estado ou mesmo, aqui diferenciando-se da concepção de Valério Mazzuoli, de um particular.

Os direitos humanos, segundo Liquidato,[292] valendo-se da tese de Karel Vasak quanto às nominadas "gerações de direitos humanos", propaga ser possível a ideia de que os direitos humanos podem ser divididos em "dimensões", inspiradas no lema iluminista francês: "liberdade, igualdade, fraternidade", mas que não sejam substitutos uns dos outros, mas ainda hoje são, segundo Rafael de

---

290 MAZZUOLI. *Curso de direitos humanos*, 2018b. p. 34.

291 RAMOS, André de Carvalho. *Curso de direitos humanos*. São Paulo: Saraiva, 2014. p. 24-25.

292 LIQUIDATO, Véra Lúcia Viegas. Direitos fundamentais da pessoa humana: classificação em "gerações" /dimensões. In: BRASIL, Ministério Público Federal. *Direitos humanos fundamentais*: 70 anos da Declaração Universal dos Direitos Humanos e 20 anos do reconhecimento da jurisdição da Corte Interamericana de Direitos Humanos e as mudanças na aplicação do direito no Brasil: coletânea de artigos – Brasília: MPF, 2019. p. 13.

Lazari, "o sustentáculo básico do arcabouço de proteção dos direitos humanos".[293]

Para Véra Lúcia Liquidato, os direitos de primeira geração, representados pela liberdade, seriam aqueles que protegem os direitos civis e políticos; os de segunda geração, seriam os direitos da igualdade, que englobam direitos econômicos, sociais e culturais e, os de terceira geração, seriam aqueles direitos da fraternidade, ou seja, que protegem direitos de solidariedade, em especial o direito ao desenvolvimento, à paz e ao meio ambiente. Nenhuma das dimensões exclui a outra, mas complementa o conceito normativo dos direitos humanos, sempre colocando a dignidade da pessoa humana no centro epistêmico.[294]

A validade das dimensões dos direitos humanos consistiria no reconhecimento de que todos os direitos humanos estão interconectados, não havendo hierarquia ou precedência entre eles, isso porque a dignidade da pessoa humana é um todo coeso, uno e indivisível.[295]

Nesse contexto, os direitos humanos na concepção liberal possuem ao menos quatro ideias-chaves ou distinções, sendo elas: i) universalidade; ii) essencialidade; iii) superioridade normativa e; iv) reciprocidade.[296]

Em breves linhas, a universalidade dos direitos humanos representa o reconhecimento de que todos os seres humanos fazem jus aos direitos essenciais a uma vida digna, opondo-se a ideia de que deva haver privilégios a uma determinada casta de indivíduos. A essencialidade diz respeito à expressão dos direitos humanos como valores essenciais e que todos devem protegê-los. Ademais, os direitos humanos possuem superioridade normativa, entendida como

---

293 LAZARI. *Teoria da consolidação substancial dos direitos*, 2017. p. 29.
294 LIQUIDATO. *Direitos fundamentais da pessoa humana*, 2019. p. 14.
295 LIQUIDATO. *Direitos fundamentais da pessoa humana*, 2019. p. 15.
296 RAMOS. *Curso de direitos humanos*, 2014. p. 25.

aquelas "superiores" às demais normas e que devem prevalecer, ou seja, não se admite o sacrifício de um direito essencial em prol de proteger "as razões de Estado". Por fim, os direitos humanos constituem uma espécie de teia de direitos que une toda a humanidade, não existe só o dever de proteção de direitos ao Estado e seus agentes públicos, mas a toda coletividade como um todo. Essas quatro ideias-chaves devem promover o direcionamento da sociedade humana "pautada na igualdade e na ponderação de interesses de todos (e não somente de alguns)".[297]

No mesmo sentido de André de Carvalho Ramos, Piovesan[298] partilha do entendimento de que os direitos humanos constituem uma unidade indivisível, interdependente e inter-relacionada, em que os valores da igualdade e liberdade são conjugados e complementares, além disso, também define os direitos (internacionais) dos direitos humanos como aqueles que visam "garantir o exercício dos direitos da pessoa humana".

A premissa básica para uma sociedade mais inclusiva, segundo Ramos,[299] é o reconhecimento de que todo indivíduo possui "direito a ter direitos", contudo, por não se ter cumprido o que já foi "declarado[300]" em pactos internacionais, sobretudo nos países latino americanos, o fundamento dos direitos humanos é concebido criticamente como o conjunto de constantes lutas em prol de uma vida digna, cujos resultados devem ser garantidos por normas jurídicas, por políticas públicas e por uma economia aberta às

---

297 RAMOS. *Curso de direitos humanos*, 2014. p. 25.

298 PIOVESAN, Flávia. *Direitos humanos e o direito constitucional internacional.* 14. ed. São Paulo: Saraiva, 2013. p. 76.

299 RAMOS. *Curso de direitos humanos*, 2014. p. 26.

300 A Declaração Universal dos Direitos Humanos de 1948 da Organização das Nações Unidas (ONU), declara no Pós-Segunda Guerra Mundial, que "todos os seres humanos podem invocar os direitos e as liberdades proclamados na presente Declaração" (art. 2º), contudo, por ter sido pactuado sob a matriz liberal dos países ganhadores (Estados Unidos, Rússia (herdeira da cadeira anteriormente pertencente à URSS), França, Reino Unido e China), o fizeram como normas programáticas, sem efetivação concreta até os dias atuais.

exigências de uma sociedade que busca efetivamente a dignidade de seus integrantes.[301]

A concepção dos direitos humanos em dimensões ou gerações baseia-se na gramática linear, hegemônica e europeia dos direitos humanos e respondem a conjunturas históricas de lutas por direitos reconhecidos institucionalmente naquele contexto geopolítico, contudo, nas palavras de Antônio Carlos Wolkmer:

> *Não sendo a história do mundo resumida à história da velha Europa, tampouco limitar a reconhecer direitos, como descrito acima, expressão direta da hegemonia dos países centrais, torna-se inapropriada e insuficiente a descrição linear dos direitos humanos em gerações.*[302]

A questão dos direitos humanos, portanto, não deve ser resumida aos méritos ou vetores do momento histórico do iluminismo ou conquistas por direitos pela evolução dos tempos pós-revolução industrial, mas, sim, ser considerada em sua inconstância, como evoluções ou involuções, a depender do contexto histórico, social e econômico de cada sociedade analisada. É por tal razão que o direito à vida, por exemplo, ainda que normatizado no plano fenomênico da Alemanha, foi relativizado aos não arianos, sobretudo judeus, mortos no Holocausto durante a Segunda Guerra Mundial, evidenciando, assim, que o positivismo puro kelseniano deveria ser revisto. Desse modo, ao final da Segunda Guerra, modificou-se a noção do que seria o Estado passando-se a adotar naquele país uma posição de sensibilização, com o objetivo de implementar políticas públicas e comandos judiciais que passassem a

---

301 FLORES. *A (re)invenção dos direitos humanos*, 2009. p. 33.

302 WOLKMER, Antônio Carlos; BATISTA, Anne Carolinne. Direitos humanos e processos de lutas na perspectiva da interculturalidade. *In*: PRONER, Carol (Coord.). *Teoria crítica dos direitos humanos: in memoriam Joaquim Herrera Flores*. Belo Horizonte: Ed. Fórum, 2011. p. 137.

priorizar a dignidade humana como denominador comum institucionalizado.[303]

Partilha-se da concepção de Escrivão Filho e Souza Júnior,[304] quando afirmam que a "noção de processos históricos de lutas por direitos" é parte elementar para que se possa avançar na compreensão sobre os direitos humanos.

Se compreendidos dentro de um contexto de processos históricos, constituem os direitos humanos dinâmicas sociais que possuem a tendência de construir, reconstruir, genericamente, condições materiais e imateriais necessárias para concretizar objetivos que estão fora dos direitos. É o possível resultado, sempre provisório, das lutas sociais que os seres humanos empreendem, individual ou coletivamente, para ter acesso a determinados bens necessários para sua vida, ou seja, antes da busca por direitos, trata-se de busca por "bens" exigíveis para que se possa viver com dignidade. Os direitos humanos, portanto, são firmados e positivados, interna ou externamente, após as lutas pelo acesso a bens como: "expressão, convicção religiosa, educação, moradia, trabalho, meio ambiente, cidadania, alimentação sadia, tempo para o lazer e formação, patrimônio histórico-artístico".[305]

Em que pese se possa afirmar que a gramática dos direitos humanos tenha emergido no seio do século XVIII, nos marcos do Iluminismo e da Revolução Industrial, é certo também suscitar que as cartas e declarações de direitos antecedem a luta pela conquista destes mesmos direitos, portanto, é errônea a afirmação de que o marco inicial dos direitos humanos seriam as cartas e declarações internacionais escritas no pós-Segunda Guerra Mundial, uma vez que desse modo, apenas seria possível conceber os direitos humanos a

---

303 LAZARI. *Teoria da consolidação substancial dos direitos*, 2017. p. 52.
304 ESCRIVÃO FILHO. *Para um debate teórico-conceitual e político*, 2021. p. 23.
305 FLORES. *A (re)invenção dos direitos humanos*, 2009. p. 28-29.

partir do momento histórico em que a luta por direitos passou a ser referida por este "nome".[306]

Existe uma concepção complexa e relacional com os direitos humanos para levar a uma cultura pedagógica e social, em que se objetiva a construção de uma ética comprometida com um horizonte em que "todos e todas" (indivíduos, culturas, formas de vida)" tenham condições de levar à prática sua respectiva concepção de dignidade humana ou, em outras palavras, possam ter condições materiais e imateriais de viver dignamente, sem discriminações a indivíduos, grupos ou culturas quanto à luta por seus objetivos éticos e políticos mais gerais na busca por acesso, em igualdade de condições, aos bens necessários ou exigíveis para se viver com dignidade.[307]

Segundo Joaquim Herrera Flores, a compreensão acerca dos direitos humanos se dá como um "diamante ético", utiliza-se desta metáfora para diagramar um sistema que resulta de "lutas que se sobrepõem com o passar do tempo e que são impulsionadas tanto por categorias teóricas", o que ele chama de linha vertical do diamante, quanto por "categorias práticas", também chamada de linha horizontal, consubstanciam-se basicamente em dois eixos principais, refletidos nos seguintes elementos conceituais: o eixo vertical, chamado de "eixo conceitual" (teorias, posição, espaço, valores, narração e instituições); e o eixo horizontal, denominado "eixo material" (forças produtivas, disposição, desenvolvimento, práticas sociais, historicidade e relações sociais). Na ponta do diamante, coincidindo os dois eixos, encontra-se a ideia de dignidade humana, em que se realiza na conquista de um acesso igualitário aos bens materiais e imateriais que permita aos seres humanos levarem suas vidas, de acordo com suas peculiaridades e diferenças.[308]

---

306 ESCRIVÃO FILHO. *Para um debate teórico-conceitual e político*, 2021. p. 24.
307 FLORES. *A (re)invenção dos direitos humanos*, 2009. p. 113-114.
308 FLORES. *A (re)invenção dos direitos humanos*, 2009. p. 115-116.

A segunda camada do diamante ético possui o caráter mais impuro dos direitos humanos, eis que é preciso deslocar o prisma do diamante para compreender que existe uma visão diferente dos direitos humanos em razão de suas "posições", significando essa expressão o lugar material que se ocupa nos processos de divisão sexual, social, étnica e territorial do ser humano, podendo-se ter uma posição privilegiada ou subordinada em virtude da divisão do fazer humano, aliás, isso determinará a forma pela qual poderá haver acesso aos bens para uma vida com dignidade.[309]

A ideia central do Diamante Ético é a interdependência e conexões dessas dimensões sociais e de poder, que se complementam e influenciam mutuamente. Herrera Flores acredita que a busca por uma sociedade que respeite a dignidade humana requer a integração desses elementos históricos e sociais, levando em conta tanto as perspectivas individuais quanto as estruturas coletivas de poder que, inclusive, controlam a narrativa oriunda de diferentes culturas e formas de vida.

A negação da historicidade retira dos povos oprimidos a possibilidade de contar suas "próprias narrações, suas histórias".[310] Ao considerar as dimensões descritiva, normativa, crítica e utópica em conjunto, Flores propõe uma abordagem holística para a ética dos direitos humanos, que busca um equilíbrio entre o bem-estar individual e o bem comum, ao tempo em que compreende inafastável dos direitos humanos o reconhecimento da história de lutas sociais pelo efetivo exercício dos direitos a uma vida digna no plano fenomênico. "Daí a enorme importância da luta político/institucional para levar à prática nossas ideias críticas sobre os direitos".[311]

309 FLORES. *A (re)invenção dos direitos humanos*, 2009. p. 124.
310 FLORES. *A (re)invenção dos direitos humanos*, 2009. p. 126.
311 FLORES. *A (re)invenção dos direitos humanos*, 2009. p. 123.

Os ensinamentos de Ignacio Ellacuría avançam na necessidade de historicizar os conceitos ou valores acerca de determinado local e indivíduos. Mais especificamente, ele falará sobre a necessidade de historicizar os direitos humanos, com o propósito de buscar a decolonialidade como conceitos ou valores abstraídos do plano de prática social, a fim de promover o seu conteúdo para se tornar eficaz seu núcleo normativo.[312]

A libertação histórica, compreendida como o revelar de todas as facetas para então exercer-se a necessária crítica, é condição necessária para que haja a irrupção da condição de dominação subalternizante periférica, portanto, não basta objetivar-se a libertação em face da leitura eurocêntrica, hegemônica ou elitista dos direitos humanos, mas é preciso pensar na libertação da opressão histórico-social em que são submetidos os pobres, exercitando o que Ellacuría chama de "compromisso de índole ética" frente à dialética "realidade-nada, bem-mal, vida-morte, libertação-opressão".[313]

Desde o início da era cristã, houve uma crescente proteção aos vulneráveis, escravizados e pobres, ainda que insuficiente para acabar com a opressão eurocentrista. Mesmo a escravidão coexistindo por mais de 400 anos com o cristianismo e, sendo os cristãos os melhores clientes dos escravistas árabes, a civilização ocidental logrou, após alguns séculos e muitas lutas, assegurar uma crescente consciência sobre dignidade humana.[314]

Em que pese a consciência acerca de suas dignidades, Wolkmer[315] alude à relevância da libertação histórica em face da matriz eurocêntrica, hegemônica, elitista e burguesa. Segundo o autor, é preciso "superar a condição de subordinação, exploração e

---

312 ELLACURÍA. *La lucha por la justicia*, 2012. p. 142.

313 ELLACURÍA. *La lucha por la justicia*, 2012. p. 63, tradução livre.

314 HESBURGH, Theodore Martin, 1917. *O imperativo humanitário*. Trad. De Paulo Roberto Palm. Brasília: Editora Universidade de Brasília, 1980. p. 36.

315 WOLKMER, Antônio Calos. *Introdução ao pensamento crítico*. 9. ed. Florianópolis, 2015. p. 43.

violência, criando um pensamento insurgente que parta de nossas tradições intelectuais e de nossa própria experiência histórica", concretizando-se em "novas formas de resistências, dando respostas descolonizadoras aos problemas emergenciais e produzindo saberes que tenham relevância social".

A noção dos direitos humanos na América Latina, portanto, deve ser concebida através das peculiares formas de desenvolvimento social, cultural, político e histórico de seu povo, pois, é na concepção das interações materiais e imateriais que se reconhecerá os elementos constitutivos essenciais para uma vida digna e saber como alcançá-la atentando-se na individualidade de um povo, aliás, não basta só o reconhecimento dos direitos essenciais à vida digna, mas elaborar formas de legitimação desses direitos (lutas sociais por dignidade), aptos a gerar efetividade e exercício dos direitos no plano fenomênico.[316] Em outras palavras, para alcançar-se o sentido dos direitos humanos é preciso superar a totalidade do sistema-mundo para uma percepção de exterioridade ou alteridade, em que a liberdade é subsumida num discurso do Outro, esse sistema tem outra origem ou princípios: é histórica, não evolutiva, é analética ou *ana-dialética* e não dialética.[317]

O conceito de direitos humanos na América Latina deve romper com a definição liberal hegemônica e "re-conhecer" os direitos a partir dos sujeitos periféricos, dos excluídos e dominados historicamente "da e pela epistemologia moderna hegemônica", enfim, os sujeitos subalternizados que possuem um conhecimento genuíno a partir de suas experiências e necessidades cotidianas, especificamente, na conquista de "melhores condições de produção e reprodução da vida".[318]

---

[316] ESCRIVÃO FILHO. *Para um debate teórico-conceitual e político*, 2021. p. 48.
[317] DUSSEL. *Filosofia da libertação na América Latina*, 1977. p. 48.
[318] FERRAZZO. *Democracia comunitária e comunitarismo andino*, 2021. p. 173.

O direito não é, ele se faz na concretude dos desafios diários pela conquista ou manutenção da dignidade humana inserido num contexto histórico de libertação por cura, assim, o direito surge na rua, na súplica dos oprimidos por mudanças e libertação estruturadas na organização social permanentemente tensionada.[319]

Ao legitimar a voz do "Outro", o método *ana-dialético* reconhece a necessidade de dar voz àqueles que historicamente foram oprimidos, permitindo que suas palavras, frequentemente silenciadas, se manifestem. O processo inicia-se com uma fase negativa, revelando a própria totalidade e desmascarando os sistemas e ideologias impregnadas pelo eurocentrismo e colonialismo. Essa revelação possibilita que a voz do "Outro" rompa com a opressão desde sua exterioridade, buscando-se a libertação.

No contexto dos direitos humanos na América Latina, a concepção crítica proposta exige uma ruptura com a definição liberal hegemônica. É fundamental identificar os direitos a partir da perspectiva dos sujeitos periféricos, dos historicamente excluídos e dominados pela epistemologia moderna hegemônica. Os direitos humanos, portanto, não são algo predefinido ou estático, mas sim um processo histórico e teleológico que se materializa nos desafios diários enfrentados na conquista ou manutenção da dignidade humana. Este processo ocorre nas ruas, nas súplicas dos oprimidos por mudanças e libertação, inseridos em um contexto histórico de busca pela emancipação e justiça social.

Ao contrário do pensamento liberal-burguês eurocentrado, o vetor dos direitos humanos não é universal, pois não se efetivam a todos os seres humanos de igual forma, sua essencialidade é seletiva a uma parca casta de privilegiados e, a superioridade normativa e

---

319 MELIN, Cláudio. *Ensaio sobre a cura do direito*: indícios de uma verdade jurídica possível. Florianópolis: Editora Empório do Direito, 2015. p. 79-80.

reciprocidade são características formais, ainda não materializadas para os oprimidos pelo sistema-mundo eurocêntrico.[320]

A Declaração Universal dos Direitos Humanos de 1948 se deu, lembram Escrivão Filho e José Geraldo de Souza Júnior, em uma época histórica após as atrocidades cometidas na Europa pela Segunda Guerra Mundial e que reconhece como valores supremos a igualdade, a liberdade e a fraternidade entre os homens, bem como suas concretizações através de um "esforço sistemático de educação em direitos humanos".[321]

Engels[322] já assinalava que na guerra social, na guerra de todos contra todos, os mais fortes pisavam nos mais fracos, um explorando o outro, sendo os mais fortes, os capitalistas que se apropriavam de tudo, e os mais fracos, os pobres, que mal lhes restava apenas a própria vida.

Para Antônio Carlos Wolkmer a positivação dos direitos humanos nas primeiras declarações liberais caracteriza e representa a expressão da cultura capitalista-burguesa. Conforme o autor:

> *[…] estas histórias e liberais declarações que projetavam direitos como universais e gerais para todos os homens (os homens são livres e iguais) representavam os interesses e os privilégios de segmentos sociais ascendentes economicamente que buscavam instrumentos de proteção ao livre mercado e a garantia de sua propriedade privada. Por detrás dessas enunciações solenes, gerais e humanistas de direitos, ocultavam-se discursivamente conceituações estreitas, abstratas e contraditórias. Tratava-se de direitos idealizados para um homem burguês, racional e individualista.*[323]

---

320 CARBONARI, Paulo César. Direitos humanos no Brasil: uma leitura da situação em perspectiva. *In*: CARBONARI, Paulo César et al. (org.). *Direitos humanos no Brasil 2. Coletânea Ceris*. Rio de Janeiro: CERIS/Mauad X, 2007. p. 31.

321 ESCRIVÃO FILHO. *Para um debate teórico-conceitual e político*, 2021. p. 60-61.

322 ENGELS, Friedrich. *A situação da classe trabalhadora na Inglaterra*. São Paulo: Boitempo, 2010. p. 68.

323 WOLKMER, Antônio Carlos. Reinvenção dos direitos humanos: um aporte descolonial desde o sul. In: RABINOVITCH-BERKMAN, Ricardo. *Los derechos humanos desde la historia. Immersiones Libres*. Chile: EH Editorial Hammurabi, 2019. p. 4.

Com efeito, a leitura da Declaração Universal dos Direitos Humanos deve se dar no contexto histórico em que foi concebida, havendo um recorte definido acerca do sujeito de direitos naquele contexto sócio-histórico-político liberal como sendo aqueles "senhores da sua própria existência",[324] ou seja, que possuem bens e riquezas para garantir a dominação.

Na América do Sul, os direitos humanos não podem ser dissociados da ideia do modelo de um "sistema-mundo moderno/colonial", em que o sistema de hierarquização de classes sociais e opressão dos colonizadores produz um efeito concatenado, ordenado, de pulsão estrutural racista, xenofóbico e de dominação do colonizado, ou seja, daquele que não for eurocêntrico.[325]

Na matriz fundamental da formação da sociedade brasileira se estruturou um processo de exclusão da maior parte de sua população, não só a negação aos meios de produção, mas também às iguais chances de ascensão ou igualdade social. As marcas percebidas estão centralizadas inicialmente na pobreza e desigualdade.

A pobreza é marca estrutural e persistente da história do país, em contraposição às opções de desenvolvimento humano e social que, em regra, têm privilegiado as elites detentoras do capital e meios de produção, assim como as classes detentoras de poder e de governamentalidade, na concepção foucaultiana, como sendo o processo referente à condução e à gestão das condutas geo e biopolíticas da vida dos indivíduos.[326]

Desde os donatários de capitanias hereditárias, traficantes de negros escravos, donos de minas, fazendas, proprietários da indústria e de instituições financeiras, sucessivamente, têm direcionado de

---

324 LOSURDO. *Liberalismo*, 2021. p. 93.

325 SCUSSEL, Jaqueline; WOLKMER, Maria de Fátima Schumacher. *Pensar os direitos humanos no século XXI*: por um giro descolonial. Florianópolis: Conceito Atual Editora, 2021. p. 25-43.

326 OLIVEIRA, Lorena Silva. O conceito de governamentalidade de Michel Foucault. *Revista Ítaca*, UFRJ, n. 34, 2019. p. 49.

forma prioritária a dinâmica do desenvolvimento socioeconômico e cultural do país, sempre pautada por seus próprios interesses e pela subserviência aos vetores coloniais de cada respectiva época.

Os escravos, indígenas, imigrantes pobres e trabalhadores urbanos têm sido aqueles que historicamente ficaram sem acesso aos bens materiais e à riqueza produzida no Brasil por eles mesmos. É o pobre que produz os bens e serviços, mas, vistos como "colaboradores" do crescimento social e econômico, produtores de mais-valia, são tratados no Brasil como instrumentos meio para obtenção do capital e não como pessoas dignas de respeito ou aptas a disfrutar de direitos humanos. Daí o destaque a se dar às lutas sociais para a geração dos direitos humanos.

A concentração da renda e a consequente desigualdade estrutural são marcas históricas da formação social e econômica do Brasil, sem que o Estado, geralmente, em suas diversas versões históricas, tenha conseguido ultrapassar seu enfrentamento com poucas ações populistas ou compensatórias. Isso leva a um consequente empobrecimento massivo do povo, enquanto uma elite estrutural hegemônica, eurocentrada, liberal e burguesa, se adona dos meios de produção e do capital, o acumula e assim o transmite, geração a geração, dessa forma, torna "a essência humana egoísta, individualista e concorrencial".[327] Muitas vezes os privilégios são passados por herança ou mesmo, através de espoliação legalizada com a contribuição do Poder Judiciário, do Legislativo ou do Executivo, por leis que favoreçam o mercado e a proteção dos bens materiais.

Não é por acaso que o Estado brasileiro resguarda sua herança patrimonialista: até a edição da Lei nº 14.994/2024, que criou o tipo autônomo de feminicídio (art. 121-A, com pena de reclusão de vinte a quarenta anos), a pena máxima mais elevada do vigente Código Penal brasileiro[328][329] era a do crime de latrocínio, definido como

[327] CORRÊA. *Capitalcracia*, 2012. p. 522-523.

roubo seguido de morte e capitulado no Título II da Parte Especial, "Dos crimes contra o patrimônio". No caso, como já se referiu, o bem jurídico imediatamente protegido é o patrimônio e, segundo o artigo 157, § 3º, II, do Código Penal, a pena cominada é de reclusão de vinte a trinta anos, e multa; em comparação, o homicídio simples, positivado no art. 121 do mesmo Código, na conduta de "matar alguém", prevê pena de reclusão de seis a vinte anos.

É dizer, para o Estado, o patrimônio segue sendo bem jurídico tão ou mais valioso que a vida e, portanto, protegido com igual ou maior severidade mediante a ameaça punitiva, assim, quando o Estado brasileiro dá mais valor ao patrimônio, consequentemente, resulta numa mais grave punição ao agente (que, em geral, não tem patrimônio – o pobre) em caso de violação da norma penal.

Em relação à opressão ao pobre e repressão estatal prostrada no Brasil, Streck[330] relata mais um resultado do que o autor chama de patrimonialismo brasileiro, um episódio que ouviu no Rio de Janeiro, há vinte anos. Uma senhora, negra e empregada doméstica, portanto, pobre, foi impedida pelo síndico de transitar pelo elevador social do prédio. Ao final, seu patrão entrou em juízo e ela ganhou um "salvo conduto" para usar o elevador social. No dia posterior à vitória judicial, a senhora "embarcou" no elevador de serviço, momento em que foi inquirida pelo seu patrão sobre o fato, afinal, teria "ganho" o

[328] BRASIL. *Lei nº 14.994, de 9 de outubro de 2024.* Altera o Decreto-Lei nº 2.848, de 7 de dezembro de 1940 (Código Penal), e outras normas, para tornar o feminicídio crime autônomo. Diário Oficial da União: seção 1, Brasília, DF, 10 out. 2024. A pena cominada ao art. 121-A do Código Penal (reclusão, de vinte a quarenta anos) passou a ser a mais elevada do diploma, superando a do latrocínio (art. 157, § 3º, II) e a da extorsão mediante sequestro com resultado morte (art. 159, § 3º). A observação, contudo, não infirma o argumento aqui desenvolvido: os dois tipos penais historicamente mais severos do Código continuam a ser crimes contra o patrimônio.

[329] BRASIL, Senado Federal. *Decreto-lei nº 2.848/1940.* Código Penal. Brasília, DF: 7 de dezembro de 1940.

[330] STRECK, Lênio. *Precisamos falar sobre direito e moral*: Os problemas da interpretação e da decisão judicial. Florianópolis: Tirant lo blanch, 2019. p. 141.

direito a utilizar o elevador social. Ela respondeu: "- Doutor, eu sei o meu lugar".

O "lugar" referido pela empregada doméstica é o que Enrique Dussel descreve como ocultação da dominação e violência que o eurocentrismo exerce sobre outras culturas dominadas, o que justificaria todo o sofrimento produzido no outro, porque se "salva" a muitos "inocentes", vítimas da barbárie dessas próprias culturas. Eis o que o autor chama e critica como forma do "mito da modernidade".[331]

Amilton Bueno de Carvalho, jurista alternativo[332] brasileiro, esmiúça a face punitiva do direito penal, enquanto um dos inibidores dos direitos humanos, conforme o autor:

> *É o reconhecimento do asco que desperta o Direito Penal (e suas agências): estancador do devir que possibilite a dignidade da pessoa humana – o Direito Penal como inibidor da vida: pacto com thanatos porquanto inexiste nele bondade alguma.*[333]

A opressão ao despossuído ou daquele que possui pouco patrimônio no Brasil segue uma lógica colonial subalternizante, que interfere no exercício dos direitos humanos, os nega ou os oculta. A lógica da opressão colonial da América Latina, funda-se no que Ivone Lixa e Lucas Machado Fagundes chamam de "Pacto Colonial", ou seja, a cadeia de opressão se dá primeiramente pelo topo da hierarquia de domínio, o rei investe contra os conquistadores em troca da parcela que terá retido do que for encontrado ou extraído, lado outro, os conquistadores investem

---

[331] DUSSEL. *1492*, 1993. p. 77-78.

[332] O professor e ex-Juiz de Direito do Estado do Rio Grande do Sul, Amilton Bueno de Carvalho, é precursor e expoente na teoria do Direito Alternativo implementado no Brasil a partir dos anos 1988, cujo conceito expõe o autor: "[...] o Direito Alternativo brasileiro é movimento, nada além de movimento, que busca desesperadamente instrumental prático-teórico destinado a operadores do direito que queiram colocar seu saber-atuação na perspectiva da radicalidade democrática" (cf. CARVALHO. *Lei penal*, 2022, p. 59).

[333] CARVALHO. *Lei penal*, 2022. p. 89.

contra os povos originários, numa prática de usurpação e acumulação sem precedentes.[334]

A análise da estrutura social e econômica do Brasil revela uma história marcada pela marginalização sistemática dos grupos sociais mais vulneráveis. Desde os tempos da escravidão até os dias atuais, os escravos, indígenas, imigrantes pobres e trabalhadores urbanos têm sido relegados a um papel secundário na distribuição dos bens materiais e na participação nos frutos do crescimento econômico. O paradoxo persiste, pois, embora sejam os principais produtores de bens e serviços, são tratados como meros instrumentos para a acumulação de capital, sem receberem o respeito e os direitos humanos que merecem. A concentração de renda, a desigualdade estrutural e a perpetuação de uma elite hegemônica apenas agravam essa condição, perpetuando um ciclo de empobrecimento massivo do povo brasileiro.[335]

No entanto, a opressão aos despossuídos vai além das questões econômicas, revelando-se também em aspectos culturais e simbólicos. O episódio da empregada doméstica no elevador social ilustra de forma contundente a internalização dessa opressão, onde até mesmo aqueles que conquistam seus direitos ainda se submetem à lógica opressora ao aceitar o seu "lugar" predefinido pela estrutura social.

Percebe-se, por exemplo, que pessoas de origem judaica, islâmica ou mesmo pessoas negras, de origem indígena ou até ciganos, caso possuam status de elevação social com aquisição de bens ou que sejam detentores de capital, não são hostilizados pelo Estado ou por outras pessoas. Isso, por si só, explica a razão de ser a aporofobia um grave estigma social, pois, são os pobres e

334 FAGUNDES. *Introdução ao pensamento jurídico crítico*, 2018. p. 43.
335 SANTOS. *Pobreza Urbana*, 2013. p. 81-83.

extremamente pobres, que por sua condição financeira, são menosprezados e experimentam uma rejeição social perene.

Cumpre destacar também que a introjeção da ideia de inferioridade, opressão, discriminação e perseguição da população pobre pelo Estado brasileiro na modernidade, tal como sugere Wacquant[336] possui a função também de ocultar o "outro" em sua individualidade, mas além disso, ainda hoje, fazer com que seja um inimigo a ser "salvo" de sua "bestialidade", justificando, assim, todo e qualquer sofrimento.

O povo dominado, os pobres, possuem uma clara sensação de serem explorados em seus trabalhos, assim como, demonstram, em sua maioria, grande animosidade entre o grupo chamado "eles" (o poder político e econômico, "os que mandam", "o governo", "os patrões", "os ricos"), em contraposição ao grupo chamado "nós", o qual se refere às classes populares, os trabalhadores, ou seja, os próprios pobres. Na sociedade brasileira existem direitos reivindicados, mas são exercidos e usufruídos apenas por "alguns", obviamente, por aqueles que dominam.[337]

À medida que aumenta o poder escalonado e subjugo imperialista ao dominado advindo da própria historicidade e lógica escravagista do Estado brasileiro, percebida ainda hoje, silenciam-se, muitas vezes, aquelas pessoas afrodescendentes ou pobres que estão em constante opressão e exclusão social e, consequentemente, em discriminação estrutural sistêmica no país, elaborada para tornar-se "um parâmetro regulador da operação de sistemas de organização social, como a política, a economia e a cultura".[338]

A repressão estatal aos pobres e os em extrema pobreza não é exclusividade da Espanha ou do Brasil, implementada na América do Norte, desde a chamada "tolerância zero" criada em Nova York por

336 WACQUANT, Loïc. *As prisões da miséria.* Rio de Janeiro: Zahar, 2011. p. 169.
337 LESBAUPIN, Ivo. *As classes populares e os direitos humanos.* Petrópolis/RJ: Vozes, 1984. p. 98.
338 MOREIRA. *Tratado de direito antidiscriminatório*, 2020. p. 569.

Rudolph Giuliani, conquista êmulos em todos os continentes, propagando uma discursiva limpeza social e extirpação da população pobre das ruas das cidades.[339]

Há muito que os Estados Unidos e a Europa estão numa cruzada histórica e repressiva em que optaram, claramente, pela criminalização da população pobre, da miséria, oriunda também da racionalidade e política neoliberal propagada pelo Manhattan Institute a partir do ano de 1990, o qual prima pelo império do livre mercado, redução do Estado (governo), privatizações e penalização da pobreza. A polícia, os tribunais e a prisão, nesse cenário neoliberal, não são meros instrumentos de gestão ao crime, mas, sobretudo, capacidades políticas essenciais pelas quais o Leviatã origina e gere, ao mesmo tempo, a desigualdade, a marginalidade e a identidade.[340]

A racionalidade do Norte global reflete a dominação e violência exercidas pelo eurocentrismo sobre culturas subalternas e dominadas, justificando assim o sofrimento infligido aos outros em nome da suposta salvação dos "inocentes", porém, desvela-se no eurocentrismo o momento em que a Europa deixa de ser periferia do sistema-mundo e alça-se na condição de centro geopolítico na história, cuja mola propulsora será a América Latina.[341] Desta forma, a lógica colonial subalternizante no Brasil, baseada no chamado "Pacto Colonial", perpetua a opressão desde o topo da hierarquia até os mais desfavorecidos, interfere nos direitos humanos e obscurece as perspectivas de igualdade e justiça social peculiares à América Latina.

Afirmam Lucas Machado Fagundes e Ivone Lixa que:

---

339 WACQUANT. *As prisões da miséria*, 2011. p. 39.
340 WACQUANT. *As prisões da miséria*, 2011. p. 169-170.
341 FAGUNDES. *Introdução ao pensamento jurídico crítico*, 2018. p. 45.

> *Essa ingerência toda e seus desdobramentos se fizeram possíveis graças ao arquétipo indo-europeu de dominação e não-alteridade presente não somente na consciência dos povos Ibéricos, como também na dos europeus em geral. Ao se esmiuçar o eurocentrismo, basicamente constitui-se uma visão geopolítica do mundo, na qual se transforma o 'Ser' do 'Outro' em um 'Ser' de 'Si-mesmo'.*
>
> *Dessa maneira, ser europeu é não considerar a existência do outro ser da América. Trata-se da autoafirmação do ego dominador ou "ego conquiro", sujeito que não verifica no personagem indígena uma outridade; o que transparece na subjetividade do espanhol é a visão do outro tendo a si como parâmetro e, em razão disso, julga-o e interpreta-o do seu âmbito hermenêutico próprio – experiência e estrutura cultural europeia.*[342]

Com efeito, é inafastável o desvelar da essência dos direitos humanos na América Latina como projeto dominador-dominado, colonizador-colonizado e, a partir desta leitura, reconhecer que não há como conceber os direitos humanos no Brasil sem a prática libertadora histórica descolonial, romper com a narrativa universalista dos direitos humanos, empreendendo-se uma "luta simultaneamente anticapitalista, anticolonialista e antipatriarcal, que possibilite um deslocamento pós-abissal de direitos humanos".[343]

A assimetria entre classes, gênero e a própria gênese colonialista constatada desde os primórdios dos tempos modernos na América Latina faz com que a questão da pobreza seja parte de um projeto capitalista, geopolítico, histórico e regional e, que tem se agravado no mundo, sobretudo no Brasil pós-pandemia por Coronavírus-19 e reiteradas políticas públicas que insistem em manter o sistema mundo-capitalista colonial, perpetuando-se a exclusão social e discriminação aos indesejáveis na ótica neoliberal, aos desapropriados, aos desvalidos e oprimidos, enfim, aos pobres.

Contextualizar o conceito de direitos humanos possibilita uma avaliação concreta da implementação prática dos ideais sugeridos por

---

342 FAGUNDES. *Introdução ao pensamento jurídico crítico*, 2018. p. 45.

343 SCUSSEL; WOLKMER. *Pensar os direitos humanos no século XXI*, 2021. p. 117.

esse instituto. Isso também permitirá investigar se sua aplicação é congruente com os interesses das camadas privilegiadas ou desprivilegiadas, opressores ou oprimidos. Além disso, facultará a identificação das causas que obstaculizam a efetiva concretização desses direitos e oferecerá potenciais alternativas de ação para alcançar sua verdadeira materialização no Brasil.

Os direitos humanos não se iniciaram quando da Segunda Guerra Mundial, mas é nesse período histórico que houve, segundo Lazari,[344] um "marco delimitador negativo" em razão das constantes atrocidades cometidas naquela época.

A partir da concepção dos direitos humanos no contexto latino-americano em que a exigibilidade só pode se dar através de mobilização política voltada à denúncia ou à efetivação dos direitos violados e, na medida em que os direitos humanos são compreendidos como resultado de lutas sociais por dignidade, nasce no cenário internacional uma crescente atuação das organizações de direitos humanos que partem de uma perspectiva supraestatal.[345]

Após a Segunda Guerra Mundial, a fim de evitar-se novas catástrofes semelhantes, as nações americanas se reuniram no México e, posteriormente, através da Nona Conferência Internacional Americana, realizada em Bogotá, Colômbia, no ano de 1948, aprovaram a Declaração Americana de Direitos e Deveres do Homem, ao mesmo tempo em que foi adotada a Carta da Organização dos Estados Americanos – OEA, fundação da organização que afirma "direitos fundamentais da pessoa humana" como vetor principal e basilar da normatização do sistema interamericano de proteção aos direitos humanos.[346]

---

344 LAZARI. *Teoria da consolidação substancial dos direitos*, 2017. p. 9.

345 ESCRIVÃO FILHO. *Para um debate teórico-conceitual e político*, 2021. p. 66-67.

346 NASCIMENTO, Marília Aguiar Ribeiro do. *Acesso do indivíduo à justiça internacional*: Limites e perspectivas. Rio de Janeiro: Lumen Juris, 2018. p. 65.

Os direitos humanos, por sua vez, configuram-se em instrumentos para compensar a vulnerabilidade, desigualdade e exclusão social, constituindo-se de movimentos de lutas sociais que empreendem contra a diminuição da diferença de quem vive e recebe tratamento abaixo da cadeia econômica, não sendo, de forma alguma, privilégio de grupos de influência.[347]

A fim de salvaguardar os direitos essenciais dos seres humanos nas Américas, a OEA instrumentalizou dois órgãos de proteção aos direitos humanos: A Comissão Interamericana de Direitos Humanos e a Corte Interamericana de Direitos Humanos, dessarte, o sistema interamericano é dotado de "uma estrutura atípica, bicéfala, através da qual o controle do respeito dos direitos humanos pelos Estados-partes é exercido por uma Comissão e uma Corte".[348]

Nas palavras de Antônio Augusto Cançado Trindade, jurista brasileiro, ex-juiz e ex-Presidente da Corte Interamericana de Direitos Humanos nos anos de 1995 a 2008:

> *A proteção do ser humano contra todas as formas de dominação ou do poder arbitrário é da essência do Direito Internacional dos Direitos Humanos. Orientado essencialmente à proteção das vítimas, reais (diretas e indiretas) e potenciais, regula as relações entre desiguais, para os fins de proteção, e é dotado de autonomia e especificidade própria. No Direito Internacional dos Direitos Humanos, como nos demais ramos do Direito em geral, há que se precaver contra os riscos do reducionismo de definições; estas, pela dinâmica da realidade dos fatos e com o passar do tempo, tendem a se mostrar incompletas. Há, pois, que descartar a pretensão do "definitivo". Nem por isso me eximo de conceituar o que entendo por Direito Internacional dos Direitos Humanos, tal como desenvolvido em meu supracitado Tratado, tendo presente a necessidade de assegurar-lhe as necessárias unidade e coesão.*
>
> *Entendo o Direito Internacional dos Direitos Humanos como o corpus juris de salvaguarda do ser humano, conformado, no plano substantivo, por normas, princípios e conceitos elaborados e definidos em tratados e convenções, e resoluções de organismos internacionais, consagrando direitos e garantias que têm por propósito comum a proteção do ser*

347 DEBONE. *Pobreza extrema*, 2016. p. 71.
348 NASCIMENTO. *Acesso do indivíduo à justiça internacional*, 2018. p. 67.

> *humano em todas e quaisquer circunstâncias, sobretudo em suas relações com o poder público, e, no plano processual, por mecanismos de proteção dotados de base convencional ou extraconvencional, que operam essencialmente mediante os sistemas de petições, relatórios e investigações, nos planos tanto global como regional. Emanado do Direito Internacional, este corpus juris de proteção adquire autonomia, na medida em que regula relações jurídicas dotadas de especificidade, imbuído de hermenêutica e metodologia próprias.*[349]

A posição hermenêutica acerca do direito internacional dos direitos humanos propagada por Antônio Cançado Trindade, da qual partilha-se, é que o papel dos direitos humanos é proteger as vítimas, promovendo-se o "processo da humanização do direito internacional" e reconhecendo-se a titularidade jurídica internacional do ser humano, a quem as normas protetivas devem ser dirigidas.[350]

Com efeito, para Trindade[351] resta claro que um dos legados mais relevantes deixados pela II Conferência Mundial sobre Direitos Humanos promovido pela ONU em 1993, além de ampliar o escopo da proibição de discriminação de todas as formas, é incluir o "Direito a autodeterminação", avançando-se para o conceito de direito de todo indivíduo a uma vida digna e em que possa autodeterminar-se, sem amarras discriminatórias. Acrescenta, o autor, que é especialmente relevante e fundamental a legitimação da preocupação da comunidade internacional com as condições de vida

---

349 TRINDADE, Antônio Augusto Cançado. *Desafios e conquistas do direito internacional dos direitos humanos no início do século XXI*. Trabalho de pesquisa apresentado pelo Autor, em um primeiro momento, nas Jornadas de Direito Internacional Público no Itamaraty, na forma de conferência de encerramento por ele ministrada em Brasília, em 09.11.2005, e, em um segundo momento, em forma final e definitiva, em forma de três conferências proferidas pelo Autor no XXXIII Curso de Direito Internacional Organizado pela Comissão Jurídica Interamericana da OEA, no Rio de Janeiro, em 18 e 21-22 de agosto de 2006. p. 411-412.
350 TRINDADE, Antônio Augusto Cançado. *A humanização do direito internacional*. 2. ed. São Paulo: Editora Del Rey, 2015. p. 112.
351 TRINDADE, Antônio Augusto Cançado. The fundamental right to self-determination of peoples in the domain of *jus cogens*. *In*: Comité Jurídico Interamericano y el Departamento de Derecho Internacional de la Secretaría de Asuntos Jurídicos de la Organización de los Estados Americanos (org.). *XLVI Curso de derecho internacional*. Rio de Janeiro, Brasil, 2019. p. 275.

da população em todos os cantos do mundo e a todo momento, em especial, àqueles em situação de maior vulnerabilidade.

Nesse contexto, verifica-se que a internacionalização dos direitos humanos infere a necessária centralidade do ser vitimado no núcleo protetivo, ou seja, desloca-se o eixo central de todos os direitos humanos para a promoção da dignidade humana no pós-Segunda Guerra, assim, expande-se também a compreensão do direito internacional, compreendendo agora as pessoas naturais, diferenciando-se da compreensão tradicional do direito internacional, voltado apenas para relações entre Estados.[352]

Em verdade, a perspectiva de proliferação dos tratados internacionais e a instalação de organismos de monitoramento, expande os direitos humanos na esfera internacional, concretizando-se importante quebra nas versões tradicionais da teoria geral do estado das relações internacionais, na medida em que, de um lado, quebram-se as rígidas fronteiras da soberania, especialmente, no que diz respeito ao emprego da força e do Direito que o Estado possuía em relação a sua população e, de outro, institui-se mudanças no âmbito da política internacional, pois, agora o indivíduo, os sujeitos de direitos coletivos e as organizações da sociedade civil atuam e são protegidos no cenário internacional, inclusive, contra os Estados.[353]

A partir de 1960, aproximadamente quinze anos após o fim da Segunda Guerra Mundial, a Comissão Interamericana de Direitos Humanos começou a atuar, gestando um sistema de proteção aos Direitos Humanos Interamericano, cujo potencial protagonismo faz com que os Estados aderentes à Convenção Americana de Direitos Humanos de 1969 sigam normas coesas atinentes ao combate das peculiares formas de violações de direitos humanos no continente americano.

352 RAMOS. *Curso de direitos humanos*, 2014. p. 82.
353 ESCRIVÃO FILHO. *Para um debate teórico-conceitual e político*, 2021. p. 55.

2.3 Fundamentos do Sistema Interamericano de Proteção aos Direitos Humanos

Um dos órgãos de monitoramento e promoção dos direitos humanos no continente americano é a Comissão Interamericana de Direitos Humanos (CIDH), criada em 1959, em Santiago, no Chile, durante a V Reunião de Consulta de Ministros de Relações Exteriores (Resolução nº VIII), dez anos antes da Convenção Americana.

Somente em 1967, durante a Terceira Conferência Interamericana Extraordinária, evento ocorrido em Buenos Aires, Argentina, é que foi aprovado um Protocolo de Reformas à Carta da OEA (Protocolo de Buenos Aires), o qual incluiu a CIDH entre os órgãos permanentes da Organização dos Estados Americanos, conferindo-lhe, assim, a chamada "base convencional".[354]

A função da CIDH se equipara a uma espécie de "Ministério Público Transnacional" quando se trata de fiscalização, promoção e implementação dos direitos humanos, assim como é fundamental compreender que o diálogo entre os três poderes da República brasileira, executivo, legislativo e judiciário formam mais que um Estado Constitucional de Direito, constituindo-se, conforme Siddharta Legale, em um Estado Convencional de Direito[355], integrando-se a Convenção Americana de Direitos Humanos junto às normas internas do Brasil.

Embora a etapa de monitoramento dos direitos humanos tenha início com a criação da CIDH em 1959, a evolução do sistema interamericano de direitos humanos decorre de sua

354 HEEMANN, Thimotie Aragon; PAIVA, Caio. *Jurisprudência internacional de direitos humanos*. 3. ed. Belo Horizonte: CEI, 2020. p. 524.

355 LEGALE, Siddharta. *Curso de teoria constitucional interamericana*. 2. ed. Rio de Janeiro: Núcleo Interamericano de Direitos Humanos, 2022. p. 287.

institucionalização convencional, quando, no ano de 1969 é criada, em San José da Costa Rica, a Convenção Americana de Direitos Humanos (CADH) e, assim, se inicia a consolidação do sistema de proteção regional, que posteriormente, irá contemplar a Corte Interamericana de Direitos Humanos, responsável pela análise judicial de casos envolvendo violações dos Estados membros às normas da CADH. É através da consolidação da respectiva Convenção, no ano de 1978, que a CADH entra em vigor, até os dias presentes.[356]

Em 1978 muitos Estados ainda viviam em regimes ditatoriais, tanto na América Central, como no Sul, assim, diferentemente do sistema regional europeu de direitos humanos, que teve nascedouro junto a princípios indissociáveis de Estado de Direito, Democracia e Direitos Humanos, o sistema regional de proteção tem origem no paradoxo de estabelecer-se em momentos históricos ditatoriais e autoritários, o que impedia a relação direta entre Estado de Direito, Democracia e Direitos Humanos.[357] A esse respeito, lecionam Carolina Machado Cyrillo da Silva, Édgar Hérnan Fuentes-Contreras e Siddharta Legale:

> *Este passado ditatorial ou autoritário sob o que chamamos de "status quo não convencional" consistiu basicamente em (i) violações massivas e repetidas de direitos humanos protegidos; (ii) falhas repetidas e persistentes dos Estados em encontrar uma solução satisfatória para a disputa; e (iii) uma disputa estrutural entre os órgãos diretamente responsáveis por apresentar uma possível solução para o problema.*[358]

[356] HEEMANN; PAIVA. *Jurisprudência internacional de direitos humanos*, 2020. p. 526.

[357] PIOVESAN, Flávia. Sistema interamericano de direitos humanos: impacto transformador, diálogos jurisdicionais e desafios da reforma. *Revista Direitos Emergentes na Sociedade Global.* v. 3, n. 1, p. 76-101. jan.jun/2014. p. 78.

[358] CYRILLO DA SILVA, Carolina Machado; FUENTES-CONTRERAS, Édgar Hérnan; LEGALE, Siddharta. O Estado Interamericano de Direito no constitucionalismo sul-americano. *Seqüência Estudos Jurídicos e Políticos*, [S. l.], v. 42, n. 88, p. 1–27, 2021. p. 19, tradução livre.

Esse estado de coisas inconvencional instaurado na América Latina[359] fez surgir relevância da implementação das normas oriundas do sistema interamericano de direitos humanos e o viés relacional do Direito Constitucional para com a CADH como um todo nas Américas.[360]

A CIDH em sua estrutura, é composta por sete membros eleitos pela Assembleia Geral da OEA e tem sede em Washington, D.C., nos Estados Unidos. A Comissão é responsável por monitorar o respeito e promoção dos direitos humanos em todos os países das Américas, investigar denúncias de violações de direitos humanos, promover a educação em direitos humanos e fazer recomendações aos governos e a outros atores da sociedade civil sobre medidas para garantir a proteção desses respectivos direitos.

A base instrumental do sistema interamericano de direitos humanos se fundamenta, consequentemente na CADH, aprovada na Conferência Especializada Interamericana sobre Direitos Humanos, entrando em vigor no cenário internacional em 1978 e, sendo promulgada internamente pelo Brasil no ano de 1992, através do Decreto nº 678, de 6 de novembro daquele ano,[361] passando, somente após a sua promulgação, ter validade no direito interno brasileiro.

A CADH, é preciso ressaltar, funciona como um "atracadouro de fontes do direito internacional", servindo de eixo normativo e institucional principal do sistema interamericano de proteção dos direitos humanos.[362]

---

359 FERREIRA, Siddharta Legale; ARAÚJO, David Pereira de. O Estado de Coisas Inconvencional: trazendo a Corte Interamericana de Direitos Humanos para o debate sobre o sistema prisional brasileiro. *Revista Publicum*, [S. l.], v. 2, n. 2, p. 67–82, 2016. p. 72.

360 CYRILLO DA SILVA. *O Estado Interamericano de Direito*, 2021. p. 19.

361 MAZZUOLI. *Curso de direitos humanos*, 2018b. p. 150.

362 GUERRA, Sidney; LEGALE, Siddartha. Preâmbulo. *In*: GUERRA, Sidney; VAL, Eduardo Manuel; VASCONCELOS, Raphael. *Comentários à Convenção Americana de Direitos Humanos*: Pacto de San José da Costa Rica. Curitiba: Instituto Memória, 2019. p. 34.

Com efeito, a CADH compõe um *corpus juris* interamericano, uma espécie de Constituição Supranacional suplementar de direitos humanos, parte de um *Ius Comune* constitutionale, um instrumento vivo, dinâmico e que evolui como parâmetro de validade para o Judiciário e para as ações do próprio Estado, inclusive, concebe e exige políticas públicas para a proteção das pessoas e grupos mais vulneráveis na América Latina.[363]

Fomentada como o pivô normativo do sistema interamericano, a CADH é uma espécie de tratado regional que vincula, obrigatoriamente, a todos que o ratifiquem ou que a ele adiram, representando, dessa forma, o ápice de um processo que começou no final da Segunda Guerra Mundial, em que os líderes das nações americanas se reuniram no México e decidiram que deveria ser elaborada uma declaração sobre os direitos humanos que pudesse, eventualmente, ser considerada e adotada como uma convenção.[364]

O artigo 1º, 1, da CADH estabelece um marco inicial para a compreensão de como a Convenção interpreta e a quem direciona suas normas não discriminatórias. Esse artigo positiva que:

> *Os Estados-partes nesta Convenção comprometem-se a respeitar os direitos e liberdades nela reconhecidos e a garantir seu livre e pleno exercício a toda pessoa que esteja sujeita à sua jurisdição, sem discriminação alguma, por motivo de raça, cor, sexo, idioma, religião, opiniões políticas ou de qualquer outra natureza, origem nacional ou social, posição econômica, nascimento ou qualquer outra condição social.*[365]

Um detalhe relevante a considerar para a transformação pretendida pelo sistema interamericano na estrutura internacional é a

---

363 LEGALE, Siddharta. La constitución interamericana. *In*: Comité Jurídico Interamericano y el Departamento de Derecho Internacional de la Secretaría de Asuntos Jurídicos de la Organización de los Estados Americanos (org.). *XLVI Curso de derecho internacional.* Rio de Janeiro, Brasil, 2019. p. 161-162.

364 NASCIMENTO. *Acesso do indivíduo à justiça internacional*, 2018. p. 66.

365 ORGANIZAÇÃO DOS ESTADOS AMERICANOS. OEA. *Convenção Americana sobre Direitos Humanos (Pacto de San José da Costa Rica).* 1969.

designação da palavra "pessoa" em diversas passagens da CADH, logo, o objetivo era "reconhecer e garantir os direitos do indivíduo, do ser humano, do homem "de carne e sangue e não de pessoas jurídicas, de sociedades, de entidades econômicas, financeiras, sociais ou culturais".[366] Hoje, contudo, admite-se que esse princípio vem sendo modificado, admitindo-se algumas exceções, como a de povos indígenas ou comunidades, que passaram a ter acesso ao sistema interamericano de proteção.

Atualmente, o direito internacional não possui somente a função de regulação das relações entre Estados soberanos, mas também de atuar no desenvolvimento da sociedade internacional, a qual contempla outros fatores, como a própria inserção do indivíduo no campo internacional, local em que há grande envolvimento da ordem jurídica internacional e interna.[367]

Em que pese se conheça a distinção clássica segundo a qual, para o dualismo formulado por Heinrich Triepel e desenvolvido por Dionisio Anzilotti, a norma interna vale independentemente da norma internacional, ao passo que o monismo, sustentado por Hans Kelsen e Alfred Verdross, apresenta o Direito Interno e o Direito Internacional num mesmo sistema jurídico,[368] no mesmo sentido, Legale[369] afirma que é preciso superar essa velha dicotomia e pensar formas de coexistências e interação entre a justiça internacional e nacional para construir um sistema interamericano mais protetivo aos direitos humanos fundamentais, que produzam o que o referido

[366] SWIECH, Gregório Furtado. Artigo 1: Obrigação de respeitar os direitos. In: GUERRA, Sidney et al. (org.). *Comentários à Convenção Americana de Direitos Humanos*: Pacto de San José da Costa Rica. Curitiba: Instituto Memória. Centro de Estudos da Contemporaneidade, 2019. p. 52.

[367] GUERRA, Sidney. *Curso de direito internacional público*. 10. ed. São Paulo: Saraiva, 2016. p. 83.

[368] GUERRA. *Curso de direito internacional público*, 2016. p. 84-86.

[369] LEGALE, Siddharta. *A corte interamericana de direitos humanos como tribunal constitucional*: Exposição e análise crítica dos principais casos. 2. ed. Rio de Janeiro: Lumen Juris, 2020. p. 83.

autor chama de "virada cosmopolita" no direito como um todo, oferecendo, assim, uma melhor coordenação entre instâncias nacionais e internacionais para proteção dos direitos humanos.

Na contemporaneidade, numa sociedade global do século XXI e em que se compara o seu equivalente funcional existencial dentro de suas sociedades contemporâneas, forma-se, diante de uma perspectiva internacional, fenômenos associados aos Estados ou Governos nacionais que se referem a uma ampla gama de assuntos que transcendem as fronteiras nacionais, criando-se uma perspectiva transnacional que: i) reconhece e dá atenção às ideias defendidas por atores não governamentais, especialmente empresas privadas e/ou ONG's envolvidas em atividades transfronteiriças; ii) geralmente esses atores não governamentais são caracterizados por facetas modernistas e/ou valores seculares da sociedade civil e iii) também é assumido que quando a perspectiva transnacional é adotada como estrutura normativa, os valores perseguidos são modernistas ou pós-modernistas como: democracia, economia de mercado, meio ambiente e direitos humanos.[370]

A perspectiva transcivilizacional apresentada por Onuma Yasuaki sobre o direito internacional é um modo peculiar de ver as coisas, diferente das formas predominantes no consciente coletivo, diferente da visão de mundo modernista, ocidentalizado e centrado na figura do Estado.[371]

O termo transcivilizacional visa levar questões que transcendam Estados a uma nova compreensão e forma de reconhecer o termo "civilização", sendo essa concebida como uma noção funcional, por essa via, vê-se e analisa-se problemas do direito internacional com atenção a fatores religiosos, culturais e

---

[370] YASUAKI, Onuma. *Direito internacional em perspectiva transcivilizacional*: Questionamento da estrutura cognitiva predominante no emergente mundo multipolar e multicivilizacional do século XXI. Belo Horizonte: Arraes editores, 2017. p. 26-29.

[371] YASUAKI. *Direito internacional em perspectiva transcivilizacional*, 2017. p. 36.

civilizacionais peculiares, mas sem tornar esses fatores imutáveis, monolíticos e substantivos, são eles fatores funcionais mutáveis.[372]

Com efeito, Onuma Yasuaki critica a ideia da universalidade ou universalização dos direitos humanos, pois, nas palavras do autor:

> *Para que os direitos humanos sejam aceitos por pessoas de todo o mundo e se tornem verdadeiramente universais, eles devem superar suas peculiaridades decorrentes de sua historicidade. Assim como as religiões universais que se difundiram por todo o mundo, os direitos humanos devem ser reconceituados, respondendo às diversas culturas, religiões e civilizações, que não necessariamente compartilham traços característicos da civilização europeia moderna. A reconceituação e a universalização dos direitos humanos exigem, primeiro, questionar aquilo que é dado como "adquiridos" e "evidentes" suposições sobre direitos humanos – que foram compartilhados e mantidos em seu desenvolvimento ocidentocêntrico.*[373]

É dizer, a aceitação global e a verdadeira universalização dos direitos humanos demandam uma reconceituação que transcenda as peculiaridades históricas que marcaram sua origem. Assim como as religiões universais se adaptaram e difundiram ao redor do mundo, os direitos humanos devem ser repensados para refletir e respeitar a diversidade de culturas, religiões e civilizações. Esse processo implica em questionar as suposições ocidentocêntricas ou mesmo eurocêntricas que moldaram o desenvolvimento inicial desses direitos, assim, possibilita-se uma compreensão mais inclusiva e genuinamente global, capaz de unir pessoas de diferentes origens em prol da promoção e proteção dos direitos fundamentais de toda a humanidade.

Concebe-se a proteção do Sistema Interamericano de direitos humanos como meio de garantir que os Estados membros reconheçam e cumpram suas obrigações internacionais em relação aos direitos fundamentais e, dessa forma, proporcionar-se aos

---

[372] YASUAKI. *Direito internacional em perspectiva transcivilizacional*, 2017. p. 39.
[373] YASUAKI. *Direito internacional em perspectiva transcivilizacional*, 2017. p. 250.

indivíduos meios eficazes para buscar reparação quando esses direitos são violados. Essa abordagem abrangente contribui para fortalecer o respeito pelos direitos humanos nas Américas.[374]

O ano de 1948 traz um marco importante no desenvolvimento dos direitos humanos, em apenas três anos após o final da Segunda Guerra Mundial, são adotadas a Declaração Americana dos Direitos e Deveres do Homem, pela Organização dos Estados Americanos, na IX Conferência Internacional Americana, em Bogotá, e a Declaração Universal dos Direitos Humanos, pela Organização das Nações Unidas, em Paris. Mesmo sendo entendidos como instrumentos "Soft Law", ou seja, sem força obrigatória e vinculante entre os Estados, forma-se um importante elo entre nações para o respeito universal pelos direitos humanos e sua concreta efetividade, além disso, é a partir da Declaração Universal dos Direitos Humanos que outras declarações ou tratados foram concebidos sob a ideia de que é preciso irradiar ideias para a construção e atuação harmônica da comunidade internacional.

É nesse contexto de repensar a comunidade internacional que, juntamente com o movimento pioneiro de criação de algumas Constituições, no "topo da hierarquia do direito de um Estado",[375] permitiu-se o desenvolvimento dos direitos econômicos, sociais, culturais e ambientais (DESCA) no continente da América Latina, tendo como base e inspiração o sistema onusiano de proteção.

Assim, em vias de cumprir sua função de proteção e promoção dos direitos humanos nas Américas, a Comissão Interamericana de Direitos Humanos estabeleceu, através de sua regulamentação, a criação de relatorias e grupos de trabalho que impulsionassem, de maneira política, a propagação dos direitos humanos, inclusive,

---

374 LEGALE. *A corte interamericana de direitos humanos*, 2020. p. 285.

375 ECCARD, Wilson Danilo de Carvalho. Histórico dos tratados e constituições em desca. *In*: Legale, Siddartha; Val, Eduardo Manuel (org.). *O sistema interamericano e os direitos econômicos, sociais, culturais e ambientais (DESCA)*. Rio de Janeiro: Núcleo Interamericano de Direitos Humanos (NIDH), 2023. p. 15.

levando em conta as peculiaridades e necessidades de cada Estado parte.

A segunda Relatoria Especial criada pela CIDH foi a Relatoria Especial sobre Direitos Econômicos, Sociais, Culturais e Ambientais (REDESCA), no ano de 2017, em substituição à Unidade de Direitos Econômicos, Sociais, Culturais e Ambientais, vigente desde 2012.

A criação da REDESCA representou um grande passo na promoção dos direitos humanos na América Latina, promovendo a integral e transversal função da Comissão em relação à promoção e à proteção dos respectivos direitos analisados.[376]

Desde sua fundação, a REDESCA objetiva reconhecer mais que igualdade formal, igualdade material às pessoas, afastando a discriminação multisetorial e violências sistêmicas a que tais pessoas são submetidas nos contextos visibilizados nos países latino-americanos, especialmente, no Brasil.

Em 5 de julho de 2017 a Comissão Interamericana de Direitos Humanos (CIDH) selecionou Soledad García Muñoz para o cargo de primeira Relatora Especial sobre Direitos Econômicos, Sociais, Culturais e Ambientais (DESCA). A Comissão encaminhou o nome da pessoa selecionada ao Secretário-Geral da Organização dos Estados Americanos (OEA), que expressou sua aprovação com a designação referida. De acordo com o artigo 15 do Regulamento da CIDH,[377] Soledad García Muñoz foi nomeada por um período de três anos. A gestão de Soledad foi renovada pela CIDH até dia 28 de agosto de 2023. Atualmente, quem segue como Relator Especial da REDESCA é o Dr. Javier Palummo Lantes, jurista uruguaio, que

---

376 MELO, Paulo Henrique Lopes Vaz de. A comissão interamericana e sua relatoria especial sobre direitos econômicos, sociais, culturais e ambientais. *In*: Legale, Siddartha; Val, Eduardo Manuel (org.). *O sistema interamericano e os direitos econômicos, sociais, culturais e ambientais (DESCA)*. Rio de Janeiro: Núcleo Interamericano de Direitos Humanos (NIDH), 2023. p. 87.

377 COMISSÃO INTERAMERICANA DE DIREITOS HUMANOS. CIDH. *Regulamento da Comissão Interamericana de Direitos Humanos*. 2013.

assumiu o cargo em 1º de setembro de 2023 e teve seu mandato renovado pela CIDH em dezembro de 2025.

A atuação da REDESCA em solo brasileiro tem sido constante, com visitas *in loco* realizadas com regularidade. A última visita da comitiva presidida pela Dra. Soledad García Muñoz ao país, nos meses de junho e julho de 2023, trouxe premissas já antes verificadas pela relatoria, como racismo, discriminação estrutural e pobreza endêmica, o que obstaculiza o exercício pleno dos direitos humanos em condições de igualdade material. Ao fim, a REDESCA realizou um relatório com observações e recomendações ao Estado e que serão melhor desenvolvidas no capítulo seguinte, oferecendo-se possíveis ferramentas para o combate à pobreza, discriminação estrutural e, em especial, ao racismo latente na sociedade brasileira.

Além disso, a REDESCA e a CIDH têm promovido diálogos e encontros com organizações da sociedade civil, especialistas, governos e outras entidades para debater políticas e práticas efetivas para combater a aporofobia e outras formas de discriminação e desigualdades de oportunidades.[378] Esses encontros têm gerado recomendações e propostas que podem ser utilizadas pelos Estados na elaboração de políticas públicas e leis que busquem combater a aporofobia e garantir a proteção dos direitos humanos das pessoas em situação de vulnerabilidade socioeconômica.

---

378 ROBERT, Marayse. La desigualdad y la inclusión social en las Américas: Elementos clave, tendencias recientes y caminos hacia el futuro. *In*: Organização dos Estados Americanos (org.). *Desigualdad e inclusión social en las Américas*: 14 ensayos, 2011. p. 48.

CAPÍTULO 3. A COMISSÃO INTERAMERICANA DE DIREITOS HUMANOS COMO VETOR DE NORMAS JURÍDICAS DE PROTEÇÃO DOS POBRES E EXTREMAMENTE POBRES E A INCORPORAÇÃO (OU NÃO) DESSAS NORMAS PELO BRASIL

Em análise acerca das funções da Comissão Interamericana, chega-se à conclusão de que se constitui num órgão fiscalizador, responsável pela promoção dos direitos humanos em todos os Estados que aderiram à CADH, contudo, a Comissão possui um caráter funcional dinâmico com fim de garantir a implementação de ações que protejam os seres humanos de discriminações ou outras condutas contrárias às garantias mínimas previstas na Convenção.[379]

Além do agir como um Ministério Público do sistema interamericano,[380] levando os casos apresentados à Corte Interamericana, a Comissão elenca quem a pode acessar, como a disposta no artigo 23 do Regulamento interno que a rege:

> *Artigo 23. Apresentação de petições*
>
> *Qualquer pessoa ou grupo de pessoas, ou entidade não-governamental legalmente reconhecida em um ou mais Estados membros da Organização pode apresentar à Comissão petições em seu próprio nome ou no de terceiras pessoas, sobre supostas violações dos direitos humanos reconhecidos, conforme o caso, na Declaração Americana dos Direitos e Deveres do*

[379] PRONER, Carol. *Os direitos humanos e seus paradoxos*: análise do sistema interamericano de proteção. Porto Alegre: Sérgio Antônio Fabris Editor, 2002. p. 61.

[380] LEGALE, Siddharta. *Curso de teoria constitucional interamericana.* 2. ed. Núcleo Interamericano de Direitos Humanos: Rio de Janeiro, 2022. p. 287.

> *Homem, na Convenção Americana sobre Direitos Humanos "Pacto de San José da Costa Rica", no Protocolo Adicional à Convenção Americana sobre Direitos Humanos em Matéria de Direitos Econômicos, Sociais e Culturais "Protocolo de San Salvador", no Protocolo à Convenção Americana sobre Direitos Humanos Referente à Abolição da Pena de Morte, na Convenção Interamericana para Prevenir e Punir a Tortura, na Convenção Interamericana sobre o Desaparecimento Forçado de Pessoas, e na Convenção Interamericana para Prevenir, Punir e Erradicar a Violência contra a Mulher, em conformidade com as respectivas disposições e com as do Estatuto da Comissão e do presente Regulamento. O peticionário poderá designar, na própria petição ou em outro instrumento por escrito, um advogado ou outra pessoa para representá-lo perante a Comissão.*[381]

O preâmbulo da CADH prevê a interdependência entre diferentes categorias do direito, legitimando-se que o ideal de ser humano livre só será atingido com o pleno exercício dos direitos econômicos, sociais e culturais, conjuntamente com os direitos civis e políticos, essa concepção, como bem pontuado e explicado por Carol Proner, abre "caminho para uma eventual recomendação contra um Estado americano e conferir-lhe um atestado internacional de responsabilidade pelo descumprimento de deveres de natureza social, econômica ou cultural".[382]

Um dos princípios mais importantes contido no pacto de direitos econômicos, sociais e culturais é a destacada "obrigação estatal de não haver discriminação no exercício desses direitos", essa obrigação negativa imposta aos Estados, tal como previsto no artigo 1º da CADH, impõe oponibilidade e exigibilidade dos direitos econômicos, sociais e culturais[383] dos Estados, assim, tem-se que à luz da concepção da CADH como instrumento vivo,[384] que vai mudando ao longo do tempo, assim como as sociedades o fazem, sua evolução contempla que

---

[381] COMISSÃO INTERAMERICANA DE DIREITOS HUMANOS. CIDH, 2013.

[382] PRONER. *Os direitos humanos e seus paradoxos*, 2002. p. 103.

[383] PRONER. *Os direitos humanos e seus paradoxos*, 2002. p. 168.

[384] A interpretação evolutiva da CADH se deu, primeiramente, na sentença do caso Villagrán Morales y otros vs. Guatemala ("niños de la calle"), em que a Corte Interamericana reconheceu o aspecto interpretativo e evolutivo da Convenção na proteção aos direitos humanos nas Américas (cf. CORTE INTERAMERICANA DE DIREITOS HUMANOS. CORTE IDH, 1999, p. 49).

a Comissão possa exigir a implementação de normas e políticas públicas antidiscriminatórias no âmbito interno dos Estados.[385]

A dinâmica da interpretação sobre os direitos humanos a favor dos pobres e vulneráveis possui destaque após a reafirmação, ocorrida na Conferência de Viena de 1993 da ONU, em que se firmou o compromisso de se garantir, na prática, a indivisibilidade dos direitos humanos, com destaque àqueles que mais necessitam de proteção, os excluídos e segregados.[386]

Embora não seja o foco do presente trabalho abordar questões profundas sobre o sistema global de proteção aos direitos humanos, esclarece-se que a Organização das Nações Unidas é propulsora de importantes pactos entre os Estados, mesmo contando com inúmeras incoerências internas, discordâncias entre a Comunidade Internacional quanto a questões sociais, políticas, econômicas ou socioculturais que, nas palavras de Carol Proner, o "impedem de ser considerado um modelo harmônico".[387]

Além da CADH, outro documento de especial relevância para a proteção dos direitos econômicos, sociais, culturais e ambientais é o protocolo adicional à CADH intitulado "Protocolo de San Salvador" adotado em 1988. Nele, há a previsão de que os Estados devam observar, conquistar e progressivamente desenvolver os direitos reconhecidos no referido Protocolo (DESCA), além disso, o artigo 3º do Protocolo adicional estabelece que os Estados Partes se comprometem a garantir o exercício dos DESCA, sem nenhuma forma de discriminação, seja por raça, cor, sexo, idioma, religião, opiniões políticas, origem nacional ou social, posição econômica, nascimento ou qualquer condição social.[388]

---

385 PRONER. *Os direitos humanos e seus paradoxos*, 2002. p. 170.

386 TRINDADE, Antônio Augusto Cançado. *O direito internacional em um mundo em transformação*: Ensaios, 1976-2001. Rio de Janeiro: Renovar, 2002. p. 938.

387 PRONER. *Os direitos humanos e seus paradoxos*, 2002. p. 77.

388 ORGANIZAÇÃO DOS ESTADOS AMERICANOS. OEA. *Protocolo de San Salvador*, 1988.

O Protocolo de San Salvador tem sido lido e aplicado pela CIDH conjuntamente com outros instrumentos regionais para a proteção dos DESCA, tais como a Declaração Americana dos Direitos e Deveres do Homem, de 1948, e as regras de interpretação elencadas no artigo 29 da CADH, utilizado com parâmetro de justiciabilidade dos DESCA, como vem sendo decidido nos "casos Lagos del Campo vs. Peru, Aloeboetoe e outros vs. Suriname e Poblete Vilches e outros vs. Chile, por exemplo".[389]

A justiciabilidade dos DESCA está prevista, especialmente, no artigo 26 da CADH, inserido no capítulo III, configurando-se o princípio do desenvolvimento progressivo, ou seja, impõe aos Estados Partes que adotem providências, na medida dos recursos disponíveis, mediante cooperação internacional e no âmbito interno, perseguindo-se a plena efetividade dos direitos originados dos DESCA de maneira progressiva, como o que ocorreu no caso Gonzales Lluy e outros vs. Equador[390].[391]

O desenvolvimento progressivo pode ser concebido pelo conjunto de três características: (i) aumento da precisão dos Direitos Humanos protegidos; (ii) adicionar os Direitos Humanos em instrumentos vinculantes no cenário do Direito Internacional; e (iii) criar mecanismos para conferência das obrigações contraídas através do item anterior.[392]

---

389 MELO. *A comissão interamericana e sua relatoria*, 2023. p. 84, grifo do original.

390 O caso Gonzales Lluy e outros vs. Equador julgado pela Corte Interamericana de Direitos Humanos no ano de 2015 será analisado de forma mais pontual no desenvolvimento do item 3.2 deste trabalho.

391 CORREIA, Ana Luzia de Moraes Gonçalves. Direitos das pessoas com deficiência: tutela em matéria de "desca" e a jurisprudência da Corte Interamericana de Direitos Humanos. *In*: Legale, Siddartha; Val, Eduardo Manuel (org.). *O sistema interamericano e os direitos econômicos, sociais, culturais e ambientais (DESCA).* Rio de Janeiro: Núcleo Interamericano de Direitos Humanos (NIDH), 2023. p. 107.

392 DESCHAMPS, Luiza. O artigo 26: Desenvolvimento progressivo. *In*: GUERRA, Sidney; VAL, Eduardo Manuel; VASCONCELOS, Raphael (Org. Científica); LEGALE, Siddharta (Org. Técnica). *Comentários à Convenção Americana de Direitos Humanos*: Pacto de San José da Costa Rica. Curitiba: Instituto Memória, 2019. p. 232.

A implementação do desenvolvimento progressivo quanto aos DESCA impõe uma atitude positiva do Estado[393] e necessita de lastro financeiro e das possibilidades do país em garanti-los, ao contrário do que ocorre com os direitos civis ou políticos, geralmente considerados "autoaplicáveis".[394]

Até o presente momento, os DESCA estão sendo protegidos pela Corte IDH através da conjuntura de outros direitos, especialmente, quanto ao direito à vida digna,[395] o que na concepção expressa pela Corte Interamericana é:

> *Em essência, o direito fundamental à vida compreende, não somente o direito de todo ser humano de não ser privado da vida arbitrariamente, mas também o direito a que não se impeça o acesso às condições que garantem uma existência digna.*[396]

Nesse sentido, a Comissão Interamericana, sob a ótica da REDESCA, possui objetivos definidos, que nas palavras de Paulo Henrique Vaz de Melo podem ser explicados da seguinte maneira:

> *Em relação aos objetivos estratégicos, podem ser citados o seu papel no desenvolvimento de padrões interamericanos em DESCA; no fortalecimento de programas de educação em direitos humanos; na construção de medidas para a efetiva proteção dos DESCA; e na promoção de uma cultura de indivisibilidade dos direitos humanos.*
>
> *[...]*

---

[393] A atitude positiva do Estado constitui-se, por exemplo, na promoção de educação para todos ou em um projeto de ensino antidiscriminatório, ambas atitudes necessitam de previsão orçamentária e uma postura ativa do Estado de modo a implementar a política pública elegida (cf. GONÇALVES. *Direitos humanos das mulheres e a Comissão Interamericana de Direitos Humanos*, 2013, p. 125).

[394] GONÇALVES. *Direitos humanos das mulheres e a Comissão Interamericana de Direitos Humanos*, 2013. p. 124.

[395] DESCHAMPS. *O artigo 26*, 2019. p. 234.

[396] CORTE INTERAMERICANA DE DIREITOS HUMANOS. CORTE IDH, 1999.

> *Em forte consonância com os objetivos da Agenda 2030 da ONU, a REDESCA estabeleceu os direitos e temáticas em que deve atuar, a exemplo de problemas históricos e latentes ainda nos dias atuais na América Latina, como a pobreza estrutural, a dificuldade de acesso aos serviços de saúde, o direito ao meio ambiente sadio e à seguridade social e a violação de direitos sindicais e trabalhistas. Essas matérias, cabe pontuar, têm sido cada vez mais presentes nos relatórios da Comissão Interamericana e nas sentenças e opiniões consultivas da Corte IDH.*[397]

Com efeito, a agenda estratégica da REDESCA ainda possui a missão de promoção e proteção dos DESCA, regendo-se pelo respeito à igualdade e não discriminação, com a possibilidade de atuação ampla da sociedade civil nos trabalhos da Relatoria, inclusive, com "preocupação com o direito de acesso à informação e na defesa da justiciabilidade e responsabilização de violações de direitos humanos de sua temática".[398]

Para definir se existe adequação ou implementação das orientações antidiscriminatórias expedidas pela REDESCA ao Brasil, analisar-se-á no item que segue os compêndios e recomendações inferidas no contexto retirado de visitas *in loco* realizadas pela CIDH em terras brasileiras.

3.1 Normativas Nacionais Relativas à Proteção dos Pobres e sua Relação com os Relatórios e Compêndios da REDESCA (2017-2023)

A pobreza endêmica sofrida por grande parte da população e a discriminação ao pobre pelo Estado brasileiro são categorias de interesses sub-representadas no Congresso Nacional, no Executivo e

---

397 MELO. *A comissão interamericana e sua relatoria*, 2023. p. 89-90.
398 MELO. *A comissão interamericana e sua relatoria*, 2023. p. 90.

no Judiciário como um todo, o que faz com que haja uma racionalidade de naturalização do fenômeno da pobreza.[399] É dizer, produzir, aprovar ou aplicar normas que beneficiem os pobres e lhes deem proteção contra a discriminação são tarefas ainda precárias no Brasil.

Os vetores das normas criadas para a proteção dos pobres e extremamente pobres avançam a passos lentos no Brasil, mas o Estado já considera combater a pobreza, ainda que não haja lei (ainda) contra a aporofobia.

Constatou-se que o combate normativo à pobreza se inicia a partir de uma norma infralegal, com a vigência do Decreto nº 7.053 de dezembro de 2009, o qual institui a "Política Nacional para a População em situação de Rua e seu Comitê Intersetorial de Acompanhamento e Monitoramento", no mesmo diploma legal, avança e descreve-se já no artigo 1º, parágrafo único, que a população em situação de rua faz parte de um grupo populacional heterogêneo, que converge em pontos como a pobreza material extrema, vínculos familiares rompidos ou fragilizados, inexistência de moradia convencional regular e que se utiliza do espaço público e áreas degradadas como espaço de moradia e sustento, seja de maneira temporária ou permanente, assim como as unidades de acolhimento para pernoite temporário ou como moradia não perene.[400]

A iniciativa legislativa de proteção às pessoas em situação de rua somente se deu após mais de uma década da vigência do Decreto nº 7.053/2009, através da elaboração do projeto de lei nº 1.635 de 2022 (PL nº 1.635/2022), ainda em trâmite no Senado Federal.

---

[399] SILVA, Eliana Andrade da; VIVEIROS, Kilza Fernanda Moreira de. Representações sociais de pobreza construídas pelos cursistas da especialização educação, pobreza e desigualdade social realizada no Rio Grande do Norte: primeiros resultados. *Educar em Revista*, Curitiba, Brasil, Edição Especial n. 2, p. 35-54, set. 2017. p. 52.

[400] BRASIL, Senado Federal. *Decreto nº 7.053/2009*. Brasília, DF: 23 de dezembro de 2009.

O PL nº 1.635/2022 já foi aprovado pela Comissão de Assuntos Econômicos do Senado, seguindo para a votação perante a Comissão de Constituição, Justiça e Cidadania.

O referido PL nº 1.635/2022 foi proposto pelo Senador Randolfe Rodrigues e inova em prever a normativa que criminaliza a aporofobia, alçando modificação no art. 140, § 3º do Código Penal, passando a positivar: "Se a injúria consiste na utilização de elementos referentes a raça, cor, etnia, religião, origem ou a condição de pessoa idosa ou portadora de deficiência ou pela sua condição de pobreza:". O PL ainda prevê, dentre outras diretrizes, prioridade de atendimento à população em situação de rua em relação à aquisição de imóveis pelo "Programa Minha Casa, Minha Vida", instituído pela lei nº 11.977/2009, bem como a efetiva interlocução entre o Poder Público no enfrentamento da lacuna legislativa existente quanto a um Estatuto da População em Situação de Rua e de uma Política que envolva esse grupo de vulneráveis.[401]

Consta como diretriz prevista no Estatuto protetivo das pessoas em situação de rua a proibição de técnicas de arquitetura hostil contra esse grupo de vulneráveis, bem como a incumbência, dentre outras, de garantir a formação e capacitação de profissionais e gestores para atuarem no desenvolvimento de políticas públicas intersetoriais, transversais e intergovernamentais direcionadas às pessoas em situação de rua.[402]

Uma das manifestações da aporofobia é a arquitetura hostil, caracterizada por intervenções nos espaços públicos compostas por lanças, vidros, pedras, e outros objetos dispostos com a finalidade de evitar que a população em situação de rua se aproxime ou busque abrigo. Acrescenta-se que o padre Júlio Lancellotti, da Pastoral do Povo da Rua, símbolo nacional da luta contra a arquitetura hostil no Brasil, já usou uma marreta para remover pedras pontiagudas instaladas pelo

[401] BRASIL, Senado Federal. *Projeto de Lei (PL) 1.635/2022*. 2022a.
[402] BRASIL. *Projeto de Lei (PL) nº 1.635/2022*, 2022a.

governo municipal de São Paulo sob um viaduto, gesto repetido em outras oportunidades.[403] Seu engajamento em ações para que a hostilidade contra os pobres cesse motivou a homenagem que "batizou" com seu nome a Lei 14.489, de 2022. A lei Padre Júlio Lancellotti altera o Estatuto da Cidade (Lei 10.257, de 2001) para vedar o emprego de técnicas construtivas hostis em espaços livres de uso público.[404]

A arquitetura hostil, também conhecida como "*defensive design* e arquitetura antimendigo", é um meio construtivo-arquitetônico derivado da aceleração da privatização dos espaços públicos nos últimos anos e, nas bem colocadas palavras das arquitetas e urbanistas Juliana Varejão Giese, Luciana Bosco e Silva e Elizete Maria Menegat, esse tipo de arquitetura aporofóbica "está apoiado na sensação de medo e insegurança intensificada pela ideia de crescimento da violência urbana, a qual as pessoas em situação de rua são frequentemente associadas".[405]

A associação de criminalidade à população em situação de rua reflete os vetores de transmissões de ideologias coloniais muito arraigadas e naturalizadas no seio da sociedade brasileira e, como tal, práticas de arquitetura hostil servem para legitimar e perpetuar a aporofobia no Brasil, ao passo que reforça o "lugar" social do pobre de subalternidade.[406]

Em que pese o Estado brasileiro apresentar possíveis avanços legislativos no que se refere à proteção das pessoas em situação de pobreza e extrema pobreza, às pessoas em situação de rua, constata-se que nenhuma das normas internas citadas possui referência à CIDH ou

---

403 TAMAMOTO, Vinicius. Padre Júlio Lancellotti quebra pedras sob viaduto a marretadas. *Revista Veja São Paulo*, fev., 2021.

404 BRASIL, Senado Federal. *Lei nº 14.489 de 21 de dezembro de 2022*. 2022b. Lei Padre Júlio Lancellotti.

405 GIESE, Juliana Varejão; MENEGAT, Elizete Maria; SILVA, Luciana Bosco. *População em situação de rua e espaço público*: as manifestações contraditórias de aporofobia de gentileza urbana na atualidade. Revista Brasileira de Gestão Urbana, v. 15, 2023. p. 13.

406 TRINDADE. *Discurso de ódio nas redes sociais*, 2022. p. 142.

mesmo, aos relatórios da REDESCA, realizados *in loco* no país. E é esse ponto de convergência entre normas internas e recomendações da Comissão que se analisará em seguida.

3.2 O Sistema Interamericano de Proteção e o Combate à Discriminação Estrutural às Pessoas em Situação de Pobreza no Brasil

O primeiro "Relatório sobre pobreza e direitos humanos na América", conjuntamente com a REDESCA apresentado pela CIDH, no final do ano de 2017, foi o estopim na Comissão Interamericana para desnudar a discriminação estrutural contra os mais pobres na América do Sul e no Brasil, revelando-se que a exclusão social daqueles submetidos à pobreza faz com que tenham ilusória participação na democracia, acesso à justiça e a efetivos direitos humanos, constitucionais ou legais.[407]

O relatório de 2017 sobre a pobreza e direitos humanos nas Américas assim dispõe:

> *A análise da pobreza com base numa perspectiva de direitos humanos pressupõe partir do reconhecimento de pessoas, grupos e coletividades que vivem nesta situação como titulares de direitos humanos e agentes de mudança. Isto significa que as pessoas que vivem na pobreza não são mais considerados "recebedores passivos de ajuda" ou "destinatários de caridade", para serem tratados como detentores de direitos, que podem participar ativamente na tomada de decisões sobre questões que lhes dizem respeito e*

[407] COMISSÃO INTERAMERICANA DE DIREITOS HUMANOS. CIDH. *Relatório sobre pobreza e direitos humanos nas Américas*, 2017.

> *exigem proteção e responsabilização por parte das autoridades do Estado.*[408]

Com relação à conceituação da pobreza e da extrema pobreza no cenário internacional, é preciso indicar que existe um amplo e não encerrado debate sobre sua definição, uma vez que existe a necessidade de se identificar o que se entende por "custo de vida", "necessidades não satisfeitas", "indigência", "qualidade de vida", "bem-estar", "desenvolvimento", dentre outros termos e variáveis, dado que tais fatores variam entre Estados diversos.[409]

Nesse contexto, a Comissão recomendou aos Estados que modifiquem as leis, normas e políticas públicas que estabeleçam diferenças de tratamento entre pessoas em razão das condições sociais ou que possam ter cunho discriminatório, aliada à adoção das medidas necessárias, inclusive, com distinções objetivas e razoáveis, para se garantir condições de igualdade real para com pessoas, grupos e comunidades que vivem em situação de pobreza. Mais que isso, recomendou o combate e a eliminação de estereótipos discriminatórios relacionados às pessoas pobres na sociedade latina, ao final, a CIDH afirma: "A abordagem de gênero constitui um critério transversal essencial para avaliar cumprimento de todas as medidas de combate à pobreza".[410]

Acrescenta-se que o ponto de partida da emancipação (libertação) do ser humano em estado de pobreza deve ser o desnudar da realidade social em que se encontram os pobres, os despossuídos, os desvalidos, aqueles que, em tese, nada ou pouco possuem como objeto material de troca em uma sociedade capitalista, oferecendo-se um instrumental teórico-prático que se revele capaz de romper com o normativo e oficialmente consagrado na sociedade brasileira contemporânea e a

---

408 COMISSÃO INTERAMERICANA DE DIREITOS HUMANOS. CIDH, 2017. p. 11, tradução livre.
409 COMISSÃO INTERAMERICANA DE DIREITOS HUMANOS. CIDH, 2017. p. 21.
410 COMISSÃO INTERAMERICANA DE DIREITOS HUMANOS. CIDH, 2017. p. 189.

possibilidade de operacionalizar outras formas, não repressivas, de prática jurídica.[411]

O trabalho que ora se desenvolve tem por base um suporte teórico crítico que o sustenta, portanto, para impulsionar a ideia de emancipação humana, na forma destacada por Manuel Eugenio Gándara Carballido:

> *Dito isso, vale grifar que nem todo pensamento que critica alguma coisa, pela crítica, é pensamento crítico. A particularidade da crítica no pensamento crítico, e isso deve ser evidente em seu conteúdo, reside em um certo ponto de vista a partir do qual essa crítica é realizada, sendo esse ponto de vista o da emancipação humana. É a isso que se refere Franz Hinkelammert, quando afirma que "é o ponto de vista da humanização das próprias relações humanas e da relação com toda a natureza. Emancipação é humanização, e humanização leva à emancipação. Este ponto de vista constitui o pensamento crítico" (Hinkelammert, 2008b: 267). É com o propósito de contribuir para os processos de emancipação que o pensamento crítico cumpre sua tarefa, desvendando conexões e causas que geralmente permanecem ocultas nos fenômenos sociais e intervindo para apoiar transformações que favoreçam aqueles setores da população que estão sujeitos a relações de subordinação.*[412]

A pesquisa perpassa, assim, pela análise da aporofobia na concepção da REDESCA,[413] ou, simplesmente, a aversão aos pobres na perspectiva das recomendações da CIDH e dos informes de país, "Brasil", de 2021, e sobre o informe temático da "Pobreza e Direitos Humanos", de 2017, expedidos pela REDESCA da CIDH, especificamente, acerca da discriminação estrutural declarada no Brasil contemporâneo a esse grupo específico de vulneráveis.[414]

---

[411] WOLKMER. *Introdução ao pensamento crítico*, 2015. p. 45.

[412] CARBALLIDO. *Los derechos humanos en el siglo*, 2019. p. 25, tradução livre.

[413] Embora tenha se empreendido leituras dos Relatórios da REDESCA e da CIDH, não se encontrou qualquer menção expressa quanto a palavra "aporofobia", contudo, o contexto discriminatório contra o pobre pode ser encontrado em muitos relatórios, alguns deles, inseridos no Capítulo 3.

[414] COMISSÃO INTERAMERICANA DE DIREITOS HUMANOS. CIDH, 2021a.

O conceito de discriminação estrutural trazido pela CIDH pode ser extraído do informe da REDESCA sobre pobreza e direitos humanos nas Américas, que assim registrou:

> *As pessoas que vivem na pobreza e na pobreza extrema muitas vezes sofrem desvantagens e discriminação com base em raça, sexo, idade, origem étnica, práticas culturais, língua e outras condições. Com efeito, pessoas, grupos e coletividades que historicamente foram discriminados, como mulheres, crianças e adolescentes, idosos, pessoas com deficiência, migrantes e suas famílias, refugiados, requerentes de asilo, deslocados internos e membros de povos indígenas, entre outros, que vivem em situação de pobreza e a pobreza extrema nas Américas foram e continuam sendo, em inúmeras ocasiões, vítimas do que foi definido como discriminação interseccional e discriminação estrutural.*[415]

A leitura e descrição que se propõe no presente trabalho acerca da discriminação estrutural às pessoas em situação de pobreza e extrema pobreza não é somente conceitual, mas prática, principalmente, baseada nas peculiaridades da sociedade brasileira pós-colonial, cuja racionalidade revela um duplo sentido de saberes "subalternos/subjugados": (i) enuncia a *práxis* de conhecimento histórico encoberto pela face da modernidade eurocêntrica, ao passo que era absorvido pelo saber dominante disciplinador e (ii) o revelar dos saberes nativos, situados abaixo da hierarquia e do nível exigido para cientificidade, são nesses saberes que a crítica centraliza sua função.[416]

Deve-se compreender a sociedade brasileira em suas históricas características que interseccionam a colonialidade, racismo e exclusão e discriminação do ser despossuído, do ser oprimido em que a condição material negativa é imposta pela totalidade econômica do capital financeiro, eis que estes alienam "suas forças de trabalho (como forças

[415] COMISSÃO INTERAMERICANA DE DIREITOS HUMANOS. CIDH, 2017. p. 65, tradução livre.

[416] FAGUNDES. *Introdução ao pensamento jurídico crítico*, 2018. p. 196-197.

de vida) em prol da concentração do lucro, reproduzindo a condição de negatividade material". É a partir daí que lutas sociais insurgentes emergem contra essa condição material negativa e são empreendidas em contrariedade às "falácias do formalismo legalista do direito na modernidade", o que gera a implementação de resistências das lutas populares enquanto *práxis* políticas inseridas em outros fundamentos, diferentes do direito do Estado, com o objetivo consciente e efetivamente crítico-libertador.[417]

Embora os reiterados relatórios e informes de país, "Brasil", de 2021, e sobre o informe temático da "Pobreza e Direitos Humanos", de 2017, expedidos pela REDESCA da CIDH, demonstrarem o problema da discriminação estrutural no país, o objetivo deste livro é detalhar o impacto normativo das recomendações sob a perspectiva jurídica, própria e específica em relação ao Brasil até o presente momento, especialmente, para a proteção da população pobre contra essas violências sistêmicas.

Elegem-se os informes de país, "Brasil", de 2021, V informe anual da REDESCA e o informe temático da "Pobreza e Direitos Humanos", de 2017, expedidos pela CIDH para se analisar a discriminação estrutural sobre as pessoas em situação de pobreza e extrema pobreza no Brasil, porque é essa unidade de Relatoria da Comissão Interamericana que possui a missão institucional de apoiar a promoção dos direitos econômicos, sociais, culturais e ambientais no continente americano, logo, dar-se-á seguimento, internacionalmente, acerca da perspectiva do sistema interamericano de direitos humanos sobre o tema da discriminação aos pobres em nosso país.

Foi no ano de 2017 que a CIDH apresentou o primeiro "Relatório sobre pobreza e direitos humanos na América", por meio da REDESCA, com o objetivo de reduzir e erradicar a pobreza nas Américas, com recomendações orientadas a melhorar e fortalecer as legislações, as políticas e ações dos Estados-partes, a fim de garantir a

---

[417] CACIATORI. *Pluralismo jurídico*, 2019. p. 27.

promoção e proteção dos direitos humanos das pessoas que vivem em situação de pobreza, aliás, a erradicação da pobreza é um dos propósitos essenciais e um dos princípios que regem a OEA, conforme o art. 2º, "g", e o art. 3º, "f", ambos da Carta da OEA, de 1948.[418]

Em visita ao Brasil no ano de 2021, membros da CIDH desenvolveram um compêndio no qual relata-se e pontua-se a discriminação estrutural da população em situação de pobreza ou extrema pobreza no país.[419]

Com efeito, a propagação da discriminação estrutural aos pobres declarada pela CIDH apresenta-se como uma extensão do discurso de ódio que ofende a dignidade da pessoa humana na atualidade e, ao mesmo tempo, um desafio, eis que se faz urgente desenvolver indicadores e procedimentos que permitam combater as discriminações sociais, de gênero, étnico, raciais e aporofóbicas endêmicas em quase todos os lugares, do Norte ao Sul.[420]

Ao contrário da discriminação individual, que é baseada em atitudes e comportamentos discriminatórios de indivíduos, a discriminação estrutural é um fenômeno mais abrangente, contínuo, histórico e sistêmico, que se relaciona diretamente com o conceito de dominação social, mutável ao longo do tempo.[421]

A discriminação estrutural se manifesta nas instituições, nas políticas públicas, nas leis e nas práticas sociais que perpetuam a desigualdade e a exclusão de um grupo minoritário específico, concentrando-se as oportunidades e os recursos financeiros nas mãos da burguesia. "Dessa forma, temos sistemas sociais como o Direito, a Economia e a Política, que operam a partir dos interesses desses indivíduos de forma que as hierarquias sociais possam ser mantidas".[422]

---

[418] COMISSÃO INTERAMERICANA DE DIREITOS HUMANOS. CIDH, 2017.
[419] COMISSÃO INTERAMERICANA DE DIREITOS HUMANOS. CIDH, 2021a.
[420] PIKETTY. *Uma breve história da igualdade*, 2022. p. 187.
[421] MOREIRA. *Tratado de direito antidiscriminatório*, 2020. p. 467.
[422] MOREIRA. *Tratado de direito antidiscriminatório*, 2020. p. 466.

Adilson José Moreira analisa o sistema de dominação exercido pela discriminação estrutural e suas manifestações, considerando que: "Políticas econômicas são sempre construídas para beneficiar faixas da população que são também as elites brancas que controlam a sociedade como um todo", além disso, necessária é a vinculação e manipulação do Direito no processo discriminatório, parte de um sistema que opera para reproduzir a exclusão através de discursos que preguem a manutenção da neutralidade liberal como uma espécie de justiça social.[423]

A esse respeito, o sistema interamericano, por meio da Corte Interamericana, julgou o caso Gonzales Lluy e outros vs. Equador no ano de 2015, decisão em que se reconheceu influência da "discriminação em diversos níveis", também conhecida como discriminação interseccional, fenômeno quase sempre presente na discriminação estrutural.

No caso Gonzales Lluy e outros vs. Equador, uma criança chamada Talía Gabriela Gonzales Lluy, com apenas três anos de idade, se contaminou com HIV quando foi submetida, no ano de 1998, a uma transfusão de sangue sem os testes sorológicos necessários. Além disso, Talía também foi proibida de ingressar na escola que frequentava, pois, de acordo com o Diretor, o estabelecimento de ensino estaria resguardando a vida das demais crianças. A partir desse momento, os familiares de Talía empreenderam uma verdadeira *via crucis* para responsabilidade civil e criminal dos responsáveis, porém, em 2005, houve a decretação de prescrição quanto à matéria penal e, em 2006, foi determinada pelo Judiciário a extinção do processo civil, sob o argumento de que, se tratando de caso derivado de contenda penal, a ação civil dependeria de prévia sentença penal condenatória transitada em julgado, o que no caso, inexistia.[424]

---

423 MOREIRA. *Tratado de direito antidiscriminatório*, 2020. p. 468.

424 CORTE INTERAMERICANA DE DIREITOS HUMANOS. CORTE IDH. *Caso Gonzales Lluy vs. Equador.* 2015.

Talía deparou-se, em sua jornada pelos estabelecimentos de saúde, com uma miríade de obstáculos, que abarcavam desde os exames hematológicos preliminares até as tentativas de adquirir os imprescindíveis medicamentos antirretrovirais, fato agravado pela sua penúria financeira. Segundo o relato tanto dela quanto de seus entes próximos, frequentemente foram alvo de discriminação em virtude da condição de saúde e pobreza de Talía, sendo compelidos a realocar-se, a subsistir em circunstâncias adversas e em localidades alheias ao seu senso de identidade.[425]

A relevância, portanto, do caso de Talía Gonzales Lluy é que ele trouxe à luz, na Corte Interamericana, o aspecto discriminatório que intersecciona as condições de vulnerabilidades do sujeito, fixando-se pela primeira vez na Corte o conceito de "interseccionalidade", entendida como a confluência em forma interseccional, perpassando múltiplos vetores de vulnerabilidades, como a condição de criança, mulher, pessoa em situação de pobreza e pessoa com deficiência, derivada de sua contaminação pelo HIV.[426]

Nesse contexto delineado, a Corte Interamericana de Direitos Humanos deliberou acerca das violações perpetradas: (i) ao direito à vida e à integridade pessoal de Talía, vinculado à sua saúde, decorrente da contaminação ocasionada pela negligência estatal na supervisão e fiscalização dos serviços de saúde privados, bem como pela dificuldade de acesso aos tratamentos médicos e aos medicamentos antirretrovirais, juntamente com a carência de medidas preventivas, terapêuticas, assistenciais e de apoio no âmbito do HIV; (ii) à integridade pessoal de sua família, que foi alvo de estigmatização, discriminação e marginalização na esfera social, resultantes da omissão estatal em prover-lhes proteção; (iii) ao direito à educação, pois, infringindo também os princípios de não discriminação e o superior interesse da criança, Talía foi privada de frequentar a escola com base em

[425] CORTE INTERAMERICANA DE DIREITOS HUMANOS. CORTE IDH, 2015.
[426] CORTE INTERAMERICANA DE DIREITOS HUMANOS. CORTE IDH, 2015. p. 87.

conjecturas e receios infundados, sendo-lhe negada a devida adaptação, dada a sua condição de criança diagnosticada com HIV; e (iv) aos direitos de acesso à justiça e à duração razoável do processo.[427]

Segundo a REDESCA, a discriminação estrutural pode ser reconhecida em diferentes grupos sociais, como por exemplo: os afrodescendentes, os povos indígenas, as pessoas com deficiência, as mulheres, os migrantes e refugiados, entre outros. Para combater a discriminação estrutural, é necessário implementar normas de políticas públicas que promovam a igualdade e a inclusão social, além de combater as práticas discriminatórias nas instituições e na sociedade como um todo.

No relatório de anual de país, "Brasil", no ano 2021, a REDESCA ressalta não só a discriminação estrutural, mas o racismo histórico e institucional sofrido pelos afrodescendentes, sem deixar de lado o processo de dominação e opressão oriundo do legado social e histórico-escravagista ainda existente no Estado brasileiro, fruto de seu processo histórico de formação:

> *Ao longo da história, os afrodescendentes viveram em um contexto de discriminação estrutural e de racismo institucional. Conforme já relatado pela Comissão em seu primeiro relatório sobre o país de 1997, o processo de dominação sofrido pelas pessoas afrodescendentes e o sentimento de subjugação dessa parcela da população seguem presentes na sociedade brasileira e se repetem nas distintas estruturas estatais. Fenômenos esses que, por ações ou por omissões do Estado, contribuem para a construção de estereótipos raciais e submetem essas pessoas a "diferenças que estão longe da igualdade mínima aceitável, e [...] se traduzem, em muitos casos, em padrões que violam os direitos humanos, especialmente quanto à igualdade, a não discriminação e ao direito à dignidade".*[428]

Nas visitas realizadas pela CIDH ao Brasil, tanto no ano de 2017, quanto no ano de 2021, restou registrada a discriminação estrutural que

---

[427] CORTE INTERAMERICANA DE DIREITOS HUMANOS. CORTE IDH, 2015. p. 87.
[428] COMISSÃO INTERAMERICANA DE DIREITOS HUMANOS. CIDH. *Situação dos direitos humanos no Brasil.* 2021b. p. 19.

o Estado possui com sua população em situação de pobreza e extrema pobreza, sendo essa discriminação compreendida como um conjunto de normas, de direito e de fato, que ao longo da história do Brasil se faz perpetuar um sistema de opressão, inferioridade e exclusão de pessoas com as mais diversas privações, sejam psíquicas ou materiais.

Caso semelhante, com algumas diferenças acerca das discriminações, ocorreu no caso Simone André Diniz vs. Brasil, no qual o Estado brasileiro reconheceu perante a Comissão Interamericana de Direitos Humanos o racismo estrutural e a CIDH pontuou o racismo institucional vivido no país, afirmando, no próprio relatório de mérito, o que segue:

> *[...]*
>
> *84. A Comissão tem conhecimento que o racismo institucional é um obstáculo à aplicabilidade da lei antirracismo no Brasil. "Da prova testemunhal, passando pelo inquérito na polícia até a decisão do Judiciário, há preconceito contra o negro. Os três níveis são incapazes de reconhecer o racismo contra o negro".*
>
> *85. Segundo informou os peticionários, este tratamento desigual que é dado aos crimes raciais no país, seja na fase investigativa, seja na judicial, reflete a distinção com que os funcionários da polícia e da justiça tratam as denúncias de ocorrência de discriminação racial, pois na maioria das vezes em que recebem estas denúncias, alegam a ausência de tipificação do crime e dificuldade em provar a intenção discriminatória toda vez que o perpetrador nega que quis discriminar a vítima, como fatores para não processar a denúncia.*
>
> *86. Pretende-se também minimizar a atitude do agressor, fazendo parecer que tudo não passou de um mal-entendido. Poucos ou raríssimos casos são denunciados, entre estes, a maioria é barrada na delegacia, onde os delegados minimizam a ação do acusado, entendendo como simples brincadeira ou mal-entendido. Das denúncias que chegam a virar inquérito, muitas são descaracterizadas como mera injúria.*
>
> *87. Essa prática tem como efeito a discriminação indireta na medida em que impede o reconhecimento do direito de um cidadão negro de não ser*

> *discriminado e o gozo e o exercício do direito desse mesmo cidadão de aceder à justiça para ver reparada a violação. Demais disso, tal prática causa um impacto negativo para a população afrodescendente de maneira geral. Foi isso precisamente que ocorreu com Simone André Diniz, quando buscou a tutela judicial para ver sanada a violação de que foi vítima.*[429]

No caso de Simone André Diniz vs. Brasil, a celeuma tratava-se de discriminação racial em que a peticionante alegou que teria sido excluída de entrevista de emprego em razão de ser uma mulher negra, quando o anúncio da vaga para o ofício de empregada doméstica informava que só se aceitaria uma pessoa branca para o trabalho. Assim, alegaram perante a CIDH que o Estado violou o princípio não discriminatório e não garantiu à Sra. Simone André Diniz o direito ao devido processo legal e à justiça, dessa forma, afirmou-se, o Estado "falhou na condução dos recursos internos para apurar a discriminação racial sofrida pela senhora Simone André Diniz e por isso descumpriu a obrigação de garantir o exercício dos direitos previstos na Convenção Americana".[430]

Ao fim, a CIDH reconheceu a responsabilidade do Brasil, adotando as recomendações que seguem:

> *Reparar plenamente a vítima Simone André Diniz, considerando tanto o aspecto moral como o material, pelas violações de direitos humanos determinadas no relatório de mérito e, em especial,*
>
> *Reconhecer publicamente a responsabilidade internacional por violação dos direitos humanos de Simone André Diniz;*
>
> *Conceder apoio financeiro à vítima para que esta possa iniciar e concluir curso superior;*
>
> *Estabelecer um valor pecuniário a ser pago à vítima à título de indenização por danos morais;*

---

[429] COMISSÃO INTERAMERICANA DE DIREITOS HUMANOS. CIDH. *Caso Simone André Diniz vs. Brasil.* 2006a.
[430] COMISSÃO INTERAMERICANA DE DIREITOS HUMANOS. CIDH, 2006a.

> *Realizar as modificações legislativas e administrativas necessárias para que a legislação antirracismo seja efetiva, com o fim de sanar os obstáculos demonstrados nos parágrafos 78 e 94 do presente relatório;*
>
> *Realizar uma investigação completa, imparcial e efetiva dos fatos, com o objetivo de estabelecer e sancionar a responsabilidade a respeito dos fatos relacionados com a discriminação racial sofrida por Simone André Diniz;*
>
> *Adotar e instrumentalizar medidas de educação dos funcionários de justiça e da polícia a fim de evitar ações que impliquem discriminação nas investigações, no processo ou na condenação civil ou penal das denúncias de discriminação racial e racismo;*
>
> *Promover um encontro com organismos representantes da imprensa brasileira, com a participação dos peticionários, com o fim de elaborar um compromisso para evitar a publicidade de denúncias de cunho racista, tudo de acordo com a Declaração de Princípios sobre Liberdade de Expressão;*
>
> *Organizar Seminários estaduais com representantes do Poder Judiciário, Ministério Público e Secretarias de Segurança Pública locais com o objetivo de fortalecer a proteção contra a discriminação racial e o racismo;*
>
> *Solicitar aos governos estaduais a criação de delegacias especializadas na investigação de crimes de racismo e discriminação racial;*
>
> *Solicitar aos Ministérios Públicos Estaduais a criação de Promotorias Públicas Estaduais Especializadas no combate ao racismo e a discriminação racial;*
>
> *Promover campanhas publicitárias contra a discriminação racial e o racismo.*[431]

A CIDH pontuou também que essas pessoas pobres, em sua maioria, são afrodescendentes, que por um processo histórico de violação sistêmica de direitos humanos, não possuem direito à igualdade, à não discriminação ou mesmo à dignidade, perpetuando, assim, uma conduta de repulsa àqueles que, mais do que nada

[431] COMISSÃO INTERAMERICANA DE DIREITOS HUMANOS. CIDH, 2006a.

possuírem de material, são estigmatizados pelo estereótipo racial presente em parcela da população brasileira.[432]

Outro caso relevante do sistema interamericano a se analisar é o caso Trabalhadores da Fazenda Brasil Verde vs. Brasil, julgado pela Corte IDH no dia 20 de outubro de 2016. Nesse caso, os trabalhadores da zona rural do Estado do Pará, da Fazenda Brasil Verde, peticionaram afirmando haver trabalho forçado e servidão naquele local. O caso é análogo a vários outros em que o contexto se dá em trabalho escravo, inclusive, com ameaças de morte daqueles indivíduos que desejassem sair da fazenda.[433]

Em que pese tenha havido a abolição formal e legal no Brasil em 1888, no ano de 2016 a Corte IDH reconheceu ser causas estruturais do trabalho escravo a manutenção e agravamento da situação de pobreza da população e a concentração das terras em mãos de poucos no país. Ao não ter terras para trabalhar, muitos trabalhadores são submetidos a situações de exploração e, assim, se submetem a trabalho exaustivo e em demais condições de trabalho desumanas e degradantes.[434]

O reconhecimento das causas estruturantes da escravidão moderna no Brasil é um passo importante para analisar-se quais corpos são submetidos a esse tipo de opressão, ou seja, no caso, a Corte IDH afirmou que o trabalhador escravo no Brasil, geralmente, vem das regiões norte e nordeste, com maiores índices de analfabetismo e, em sua maioria, são homens em situação de pobreza e extrema pobreza, "afrodescendentes ou mulatos", entre 18 a 40 anos de idade, que são recrutados pelos chamados "gatos" em seus Estados para trabalhar em outro estado, com promessas falsas de salários atrativos.[435]

---

[432] COMISSÃO INTERAMERICANA DE DIREITOS HUMANOS. CIDH, 2006a.

[433] CORTE INTERAMERICANA DE DIREITOS HUMANOS. CORTE IDH. *Caso Trabalhadores da Fazenda Brasil Verde Vs. Brasil.* Exceções Preliminares, Mérito, Reparações e Custas. Sentença de 20 de outubro de 2016, Série C Nº 318, par. 340.

[434] CORTE INTERAMERICANA DE DIREITOS HUMANOS. CORTE IDH, 2016.

[435] CORTE INTERAMERICANA DE DIREITOS HUMANOS. CORTE IDH, 2016.

Registra-se que, nas palavras da Corte Interamericana, a situação de pobreza é um dos, senão "o principal fator da escravidão contemporânea no Brasil, por aumentar a vulnerabilidade de significativa parcela da população, tornando-a presa fácil dos aliciadores para o trabalho escravo". A pobreza aqui não é vista na concepção puramente fenomênica de penúria financeira, mas de condição de exclusão e marginalização sistêmica e contumaz que vulnerabiliza significativa parcela da população, aliada à negação contínua de direitos individuais e fundamentais, vetores que contribuíram muito para a exploração dos 85 trabalhadores da Fazenda Brasil Verde e é essa forma de pobreza que dá origem à escravidão, em sua forma contemporânea.[436]

A propósito, a CIDH relatou que no caso dos Trabalhadores da Fazenda Brasil Verde vs. Brasil, o Estado brasileiro tinha consciência da questão do trabalho escravo, inclusive, já se tinha ciência da situação ocorrida na respectiva Fazenda Brasil Verde, consequentemente, a CIDH afirmou que o caso se tratava de uma "discriminação de fato contra um grupo determinado de pessoas que foram marginalizados no gozo dos direitos analisados". Ademais, a Comissão registrou que o Estado "não adotou medidas suficientes e efetivas para garantir, sem discriminação, os direitos dos trabalhadores encontrados nas fiscalizações de 1993, 1996, 1997 e 2000".[437]

O trabalho escravo imposto a pessoas em situação de pobreza e pobreza extrema também foi analisado pela CIDH no caso José Pereira, primeiro caso em que o Brasil celebrou acordo de solução amistosa perante a Comissão.

O caso José Pereira trata de graves lesões corporais sofridas pelo Sr. José Pereira e outro trabalhador rural ao tentarem escapar da fazenda "Espírito Santo" no ano de 1989. Assim como no caso dos

436 CORTE INTERAMERICANA DE DIREITOS HUMANOS. CORTE IDH, 2016.
437 CORTE INTERAMERICANA DE DIREITOS HUMANOS. CORTE IDH, 2016.

Trabalhadores da Fazenda Brasil Verde julgado pela Corte Interamericana, os trabalhadores rurais eram atraídos por falsas promessas de melhores condições de trabalho e, após chegarem à referida fazenda "Espírito Santo", terminaram sendo submetidos a trabalho desumano, exauriente e de forma forçada, sem liberdade, aliás, junto ao Sr. José Pereira mais sessenta trabalhadores estavam na mesma situação de trabalho escravo.[438]

A solução amistosa celebrada pelo Estado brasileiro e a vítima perante a CIDH, segundo relatório nº 95/03, de 24 de outubro de 2003, ocorreu após a aprovação do relatório de mérito, e que a Comissão concluiu que o Brasil era responsável pelas violações à Declaração Americana dos Direitos e Deveres do Homem (DADDH) e à CADH,[439] diferenciando-se do Caso Meninos Emasculados do Maranhão vs. Brasil levado à CIDH no ano de 2006, pois, nesse último, a solução amistosa se deu antes da aprovação do relatório de mérito.[440]

O caso Meninos Emasculados do Maranhão vs. Brasil trata de denúncias por organizações não governamentais consubstanciadas nos fatos ocorridos no Estado do Maranhão nos anos de 1991 e 2003, em que houve uma série de homicídios de crianças e adolescentes de idades entre 8 e 15 anos, encontrados com os órgãos genitais mutilados, todos em situação de pobreza e extrema pobreza, moradores de áreas periféricas e de ocupação irregular.[441]

Em ambos os casos levados à CIDH, tanto o caso José Pereira quanto o caso Meninos Emasculados do Maranhão, trazem consigo a inatividade do Estado frente a violações de direitos humanos ocorridas contra pessoas pobres e extremamente pobres, o que, mesmo não sendo o único vetor discriminatório das condutas violadoras, percebe-se relevante sinal de aporofobia, uma vez que a situação de penúria

---

[438] COMISSÃO INTERAMERICANA DE DIREITOS HUMANOS. CIDH. *Caso José Pereira vs. Brasil.* 2003.

[439] COMISSÃO INTERAMERICANA DE DIREITOS HUMANOS. CIDH, 2003.

[440] HEEMANN; PAIVA. *Jurisprudência internacional de direitos humanos*, 2020. p. 534.

[441] COMISSÃO INTERAMERICANA DE DIREITOS HUMANOS. CIDH. *Caso Meninos Emasculados do Maranhão vs. Brasil.* 2006b.

financeira das vítimas é fator elementar da omissão Estatal, principalmente no que se refere ao trabalho análogo à condição de escravo, problema persistente ao longo dos anos no Brasil.

Outros casos da Corte Interamericana de Direitos Humanos contra o Estado brasileiro espelham quais corpos são submetidos a violações sistemáticas de direitos. Embora não seja objetivo analisar pormenorizadamente nesse trabalho as condenações do país perante a Corte, alguns casos emblemáticos devem ser citados para que se perceba a vitimização da população pobre e extremamente pobre pelo Brasil, a exemplo do caso Empregados da Fábrica de Fogos de Santo Antônio de Jesus e seus familiares vs. Brasil, julgado em 15 de julho de 2020[442] e o caso mais recente, Barbosa de Souza e outros vs. Brasil, cuja sentença foi expedida em 2021. Resumidamente, esse último caso trata da impunidade dos responsáveis pela morte da Sra. Márcia Barbosa de Souza, mulher, pobre, negra e nordestina, ocorrida no ano de 1998 pelas mãos, ao que tudo indica, do então deputado estadual, Aércio Pereira de Lima, falecido sem que fosse devidamente julgado e responsabilizado.[443]

No caso, a Corte decidiu pela condenação do Brasil em relação aos direitos às garantias judiciais, à igualdade perante a lei e à proteção judicial, contidos nos artigos 8.1, 24 e 25 da Convenção Americana sobre Direitos Humanos, em relação às obrigações de respeitar e garantir os direitos sem qualquer discriminação e ao dever de adotar disposições de direito interno, estabelecidos nos artigos 1.1 e 2 do mesmo instrumento, e em relação às obrigações previstas no artigo 7.b da Convenção Interamericana para Prevenir, Punir e Erradicar a Violência contra a Mulher, nos termos dos parágrafos 98 a 151 da presente Sentença. Além disso, declarou que o Estado é responsável

---

[442] CORTE INTERAMERICANA DE DIREITOS HUMANOS. CORTE IDH. *Empregados da Fábrica de Fogos Santo Antônio de Jesus e seus Familiares vs. Brasil*, 2020.

[443] CORTE INTERAMERICANA DE DIREITOS HUMANOS. CORTE IDH. *Caso Márcia Barboza de Souza vs. Brasil*. 2021.

pela violação do direito à integridade pessoal da vítima, reconhecido no artigo 5.1 da Convenção Americana sobre Direitos Humanos, em relação ao artigo 1.1 do mesmo instrumento legal.[444]

Nos dois casos, tanto no caso Empregados da Fábrica de Fogos de Santo Antônio de Jesus e seus familiares, quanto no caso Barbosa de Souza e outros, além de reconhecidas as violações aos direitos humanos pelo Brasil, tem-se também que as vítimas são pessoas pobres ou extremamente pobres, corpos que foram interseccionados pela discriminação racial, de gênero e também pela condição de pobreza em que se encontravam, oprimidos por séculos e estigmatizados pelo Estado como arquétipos de objetos, de menor valor, de meras coisas descartáveis. Por essas razões e outras, o Brasil foi condenado pela Corte, sempre após análise e o crivo jurídico da Comissão Interamericana de Direitos Humanos, enquanto uma espécie análoga a um Ministério Público Transnacional.

No que se refere à proteção das pessoas pobres e extremamente pobres pelo Estado brasileiro, em especial, aquelas em situação de rua, faz-se necessário analisar a decisão da Arguição de Descumprimento de Preceito Fundamental (ADPF) nº 976, que foi proposta pela Rede Sustentabilidade, pelo Partido Socialismo e Liberdade (PSOL) e pelo Movimento dos Trabalhadores Sem Teto (MTST) sob a narrativa de que a população em situação de rua no Brasil está submetida a condições desumanas de vida devido a omissões estruturais dos três níveis federativos do Executivo e do Legislativo. Afirmaram, ainda, os proponentes, que a situação caracteriza "um estado de coisas inconstitucional" e pediram a adoção de providências.[445]

Consideram-se preceitos fundamentais[446] como "pilares de sustentação, explícitos ou implícitos, sem os quais a ordem jurídica

---

[444] CORTE INTERAMERICANA DE DIREITOS HUMANOS. CORTE IDH, 2021.

[445] BRASIL, Supremo Tribunal Federal (STF). *Arguição de Descumprimento de Preceito Fundamental (ADPF) nº 976*. 2023a.

[446] Em que pese o conceito de "preceitos fundamentais" ter várias acepções doutrinárias e esse não ser o foco central do trabalho, elege-se o preceito exposto pela Ministra Rosa Weber na

delineada pelo Poder Constituinte, seja ele originário ou derivado, ficaria desfigurada na sua própria identidade", tal como decidido pela Ministra Rosa Weber do STF na ADPF nº 442.[447]

Nesse contexto, a exemplo do decidido na ADPF nº 33, julgado pelo Ministro Relator Gilmar Mendes, também do STF, defende-se haver os seguintes preceitos fundamentais: (i) direitos e garantias fundamentais; (ii) cláusulas pétreas; (iii) princípios constitucionais sensíveis e (iv) princípios fundamentais.[448]

De acordo com os peticionantes da ADPF 976, o preceito fundamental suscitado se dá em razão da omissão estrutural do Estado quanto à implementação, de forma direta, do princípio republicano da igualdade, vetor constitucional principiológico da pessoa humana, proteção ao direito à vida, saúde, integridade física e, acrescentam, a inobservância do princípio da vedação à tortura, eis que "a omissão estrutural e consciente por parte do Estado acaba, sim, implicando a existência de uma verdadeira situação de tortura em face das pessoas em situação de rua".[449]

Na decisão liminar da ADPF nº 976, publicada no dia 25 de julho de 2023, o Supremo Tribunal Federal (STF), através do Ministro Relator Alexandre de Moraes, afirmou que as condições vivenciadas pelas pessoas em situação de rua no Brasil constituem-se em uma "crise crônica multifacetada, pois acompanha a história brasileira e tem como causas fatores e agentes diversos", proibindo-se a remoção forçada das pessoas em situação de rua e de seus pertences pessoais. A referida crise que assola o Brasil e se agrava ano a ano, além de não suplantada pelas autoridades competentes, é por elas omitida em grande medida, uma

---

ADPF nº 442 porque expressa os elementos básicos cuja definição se fazem necessários para o presente livro.

447 BRASIL, Supremo Tribunal Federal (STF). *Arguição de Descumprimento de Preceito Fundamental (ADPF) nº 442*. 2023b.

448 BRASIL, Supremo Tribunal Federal (STF). *Arguição de Descumprimento de Preceito Fundamental (ADPF) nº 33*. 2003.

449 BRASIL. *Arguição de Descumprimento de Preceito Fundamental*, 2023a.

vez que os censos realizados no Estado somente levam em conta a população domiciliada, com a exceção do levantamento de dados oficial confeccionado no ano de 2009, denominado "Pesquisa Nacional sobre População em Situação de Rua", promovida pelo Ministério do Desenvolvimento Social e Combate à Fome.[450]

Após detida análise dos argumentos apresentados na demanda, o Ministro Alexandre de Moraes determinou, *ad referendum* do Plenário do Supremo Tribunal Federal, que Estados, Municípios e Distrito Federal promovam a adesão imediata e independente, das diretrizes traçadas pelo Decreto nº 7.053/2009, que institui a Política Nacional para a População em Situação de Rua. Em acréscimo, o Ministro deferiu parcialmente o pedido cautelar para determinar:

> *I) A formulação, pelo Poder Executivo Federal, no prazo de cento e vinte dias, do Plano de Ação e Monitoramento para a efetiva implementação da Política Nacional para a População em Situação de Rua, com a participação, dentre outros órgãos, do Comitê intersetorial de Acompanhamento e Monitoramento da Política Nacional para População em Situação de Rua (CIAMP-Rua), do Conselho Nacional de Direitos Humanos (CNDH), da Defensoria Pública da União (DPU) e do Movimento Nacional da População em Situação de Rua. O plano deverá, no mínimo, conter os seguintes tópicos:*
>
> *I.1) Elaboração de um diagnóstico atual da população em situação de rua, com identificação do perfil, da procedência e de suas principais necessidades, entre outros elementos a amparar a construção de políticas públicas voltadas ao segmento;*
>
> *I.2) Criação de instrumentos de diagnóstico permanente da população em situação de rua;*
>
> *I.3) Desenvolvimento de mecanismos para mapear a população em situação de rua no censo realizado pelo IBGE;*

[450] BRASIL. *Arguição de Descumprimento de Preceito Fundamental*, 2023a.

I.4) Estabelecimento de meios de fiscalização de processos de despejo e de reintegração de posse no país, e seu impacto no tamanho da população em situação de rua;

I.5) Elaboração de diretrizes para a intervenção do Poder Público, pautadas no tratamento humanizado e não violento da população em situação de rua, englobando, entre outros, a formação e o treinamento de agentes públicos, bem como as formas de abordagens específicas aos "hiperhipossuficientes";

I.6) Elaboração de programas de capacitação e de sensibilização de agentes públicos das áreas da saúde, assistência social, educação, segurança pública, justiça, entre outras, para atuarem junto à população em situação de rua;

I.7) Incorporação na Política Nacional de Habitação das demandas da população em situação de rua;

I.8) Análise de programas de transferência de renda e sua capilaridade em relação à população em situação de rua;

I.9) Previsão de um canal direto de denúncias contra violência;

I.10) Elaboração de medidas para garantir padrões mínimos de qualidade nos centros de acolhimento, resguardando a higiene e a segurança dos locais;

I.11) Desenvolvimento de programas de prevenção de suicídio junto à população em situação de rua;

I.12) Elaboração de programas educacionais e de conscientização pública sobre a aporofobia e sobre a ADPF 976 MC/DF, da população em situação de rua;

I.13) Formulação de políticas para fomentar a saída da rua através de programas de emprego e de formação para o mercado de trabalho;

I.14) Elaboração de medidas para o fortalecimento de políticas públicas voltadas à moradia, trabalho, renda, educação e cultura de pessoas em situação de rua;

I.15) Indicação de possíveis incentivos fiscais para a contratação de trabalhadores em situação de rua.

(II) Aos Poderes Executivos municipais e distrital, bem como onde houver atuação, aos Poderes Executivos federal e estaduais que, no âmbito de suas zeladorias urbanas e nos abrigos de suas respectivas responsabilidades:

II.1) Efetivem medidas que garantam a segurança pessoal e dos bens das pessoas em situação de rua dentro dos abrigos institucionais existentes;

II. 2) Disponibilizem o apoio das vigilâncias sanitárias para garantir abrigo aos animais de pessoas em situação de rua;

II.3) Proíbam o recolhimento forçado de bens e pertences, assim como a remoção e o transporte compulsório de pessoas em situação de rua;

II.4) Vedem o emprego de técnicas de arquitetura hostil contra as populações em situação de rua, bem como efetivem o levantamento das barreiras e equipamentos que dificultam o acesso a políticas e serviços públicos, assim como mecanismos para superá-las;

II.5) No âmbito das zeladorias urbanas:

II.5.1) Divulguem previamente o dia, o horário e o local das ações de zeladoria urbana nos seus respectivos sites, nos abrigos, e outros meios em atendimento ao princípio da transparência dos atos da administração pública permitindo assim que a pessoa em situação de rua recolha seus pertences e que haja a limpeza do espaço sem conflitos;

II.5.2) Prestem informações claras sobre a destinação de bens porventura apreendidos, o local de armazenamento dos itens e o procedimento de recuperação do bem;

II.5.3) Promovam a capacitação dos agentes com vistas ao tratamento digno da população em situação de rua, informando-os sobre as instâncias de responsabilização penal e administrativa;

II.5.4) Garantam a existência de bagageiros para as pessoas em situação de rua guardarem seus pertences;

II.5.5) Determinem a participação de agentes de serviço social e saúde em ações de grande porte;

II.5.6) Disponibilizem bebedouros, banheiros públicos e lavanderias sociais de fácil acesso para população em situação de rua;

II.5.7) Realizem inspeção periódica dos centros de acolhimento para garantir, entre outros, sua salubridade e sua segurança;

II.6) Realização periódica de mutirões da cidadania para a regularização de documentação, inscrição em cadastros governamentais e inclusão em políticas públicas existentes;

II.7) Criação de um programa de enfrentamento e prevenção à violência que atinge a população em situação de rua;

II.8) Formulação de um protocolo intersetorial de atendimento na rede pública de saúde para a população em situação de rua;

II.9) Ampla disponibilização e divulgação de alertas meteorológicos, por parte das Defesas Civis de todos os entes federativos, para que se possam prever as ondas de frio com a máxima antecedência e prevenir os seus impactos na população em situação de rua;

II.10) Disponibilização imediata:

II.10.1) Pela defesa civil, de barracas para pessoas em situação de rua com estrutura mínima compatível com a dignidade da pessoa humana, nos locais nos quais não há número de vagas em número compatível com a necessidade;

II.10.2) A disponibilização de itens de higiene básica à população em situação de rua.

(III) Aos Poderes Executivos municipais e distrital, no prazo de cento e vinte dias, a realização de diagnóstico pormenorizado da situação nos respectivos territórios, com a indicação do quantitativo de pessoas em situação de rua por área geográfica, quantidade e local das vagas de abrigo e de capacidade de fornecimento de alimentação.[451]

Nesse sentido, é notável o reconhecimento do STF quanto à "hiperhipossuficiência" das pessoas em situação de rua e a necessidade imediata de implementação de "programas educacionais e de

[451] BRASIL. *Arguição de Descumprimento de Preceito Fundamental*, 2023a.

conscientização pública sobre a aporofobia e sobre a ADPF 976 MC/DF, da população em situação de rua;" pelo Poder Executivo Federal é um passo que, ainda que pequeno, move o Poder Público em direção a uma "proposta pluriversal" de direitos humanos, pois implica o reconhecimento horizontal de diversas perspectivas dialógicas, sem que uma se sobreponha às demais. Trata-se, portanto, de proposta de possível abertura e consciência de espaços públicos livres de dominação e que tenham em comum a utópica construção de um mundo plural e que nele vivam os seres humanos, plurais e diversos como são, com a concreta realização de uma vida digna, sem exclusões.[452]

A adoção da Resolução 01/2020 intitulada "Pandemia e Direitos Humanos nas Américas" da CIDH, doravante somente "Resolução" reconhece a relação entre a aversão aos pobres e extremamente pobres e violações dos direitos humanos, expondo-se, quando do início da pandemia por COVID-19, o problema transversal entre todos os Estados da América, como segue:

> *As Américas são a região mais desigual do planeta, caracterizada por profundas disparidades sociais em que a pobreza e a pobreza extrema constituem um problema transversal a todos os Estados da região, bem como pela falta ou precariedade no acesso a água potável e saneamento, insegurança alimentar, situações de contaminação ambiental e falta de moradia ou de hábitat adequado. A isso somam-se altas taxas de informalidade do trabalho e renda precária que afetam grande número de pessoas na região e tornam ainda mais preocupante o impacto socioeconômico da COVID-19. Tudo isto dificulta ou impede que milhões de pessoas tomem medidas básicas de prevenção contra a doença, em particular quando afeta grupos em situação de especial vulnerabilidade.*
>
> *A região é caracterizada por altos índices de violência generalizada, especialmente a violência por razões de gênero, raça ou etnia, bem como pela persistência de flagelos tais como a corrupção e a impunidade. Além disso, na região prevalece por parte dos cidadãos e cidadãs o exercício do direito ao protesto social, num contexto de repressão mediante o uso desproporcional da força, bem como de atos de violência e vandalismo, graves crises*

---

[452] SCUSSEL; WOLKMER. *Pensar os direitos humanos no século XXI*, 2021. p. 110.

> *penitenciárias que afetam a grande maioria dos países e a profundamente preocupante extensão do fenômeno das migrações, do deslocamento forçado interno, de pessoas refugiadas e apátridas, além da discriminação estrutural contra grupos em situação de especial vulnerabilidade.*[453]

A Resolução da CIDH enfatiza que é dever dos Estados combaterem a aporofobia e garantir a igualdade de acesso e oportunidades para todos, independentemente de sua condição socioeconômica. Nesse sentido, a CIDH destaca a importância da adoção de políticas públicas que visem a redução da pobreza com um maior apoio econômico em época pandêmica, a promoção da igualdade e a prevenção contra a discriminação.[454]

Na ótica de Piketty[455] a luta pela igualdade deve prosseguir nos próximos séculos, levando até as últimas consequências o movimento no sentido da construção de um Estado Social, ao imposto progressivo, igualdade material concreta e combate a todos os tipos de discriminações, para tanto, far-se-á necessária uma transformação estrutural no sistema econômico mundial. A manutenção da organização econômica atual, baseada na acumulação e circulação descontrolada de capitais, sem objetivo social ou ambiental, por vezes, assemelha-se a uma espécie de neocolonialismo, política e ecologicamente insustentável, mas que sempre beneficia os mais ricos.

A respeito da gravidade situacional atual da desigualdade quanto a população pobre e extremamente pobre, a Resolução 01/2020, inclusive, declarou que a pandemia teria potencial para majorar, de maneira diferenciada e interseccional, os problemas referentes aos DESCA para esses grupos de vulneráveis, tornando-se essencial uma ação rápida para prevenir-se o contágio viral e proporcionar-se a devida

---

453 COMISSÃO INTERAMERICANA DE DIREITOS HUMANOS. CIDH. *Resolução nº 1/2020*. Pandemia e direitos humanos nas Américas. 2020. p. 3.

454 COMISSÃO INTERAMERICANA DE DIREITOS HUMANOS. CIDH, 2020. p. 8.

455 PIKETTY. *Uma breve história da igualdade*, 2022. p. 215.

proteção "às populações em situação de vulnerabilidade uma atenção integral à saúde física e psíquica, sem discriminação".[456]

Com efeito, a CIDH tem contribuído para o combate à aporofobia por meio da adoção de resoluções e recomendações que reconhecem essa forma de discriminação como uma violação dos direitos humanos e apontam para a necessidade de implementação de políticas públicas que objetivem reduzir a pobreza e promover a igualdade, acrescentando-se ser o direito à saúde um direito humano que faz parte do "*corpus iuris*" do direito internacional dos direitos humanos.[457]

Além dos relatórios e compêndios temáticos oriundos da REDESCA da CIDH em relação à discriminação estrutural quanto às pessoas pobres no Brasil, objetivar-se-á no trabalho fazer uma intersecção com as concepções da alteridade na teoria de Enrique Dussel, assim, buscar-se-á analisar se as orientações sociopolíticas da CIDH são ou não relevantes ao reconhecimento do Outro, daquele que a filosofia dusseliana chama de "ser", o oprimido. É dizer, na linguagem da filosofia da libertação, o ser é o Outro.[458]

Em que pese se reconheça que o direito positivo seja a configuração originária do eurocentrismo, os casos levados à CIDH e as visitas e observações realizados pela REDESCA dão voz ativa a uma parcela hiperhipossuficiente da população que exige o exercício da prometida igualdade iluminista nunca cumprida, assim, exige-se também a libertação negada por séculos de liberdade capitalista, aclarando-se que a fraternidade só é constituída na circunscrição do sistema econômico e em razão destes interesses, os quais, por sua vez, dão origem à miséria e infelicidade humana.[459]

---

456 COMISSÃO INTERAMERICANA DE DIREITOS HUMANOS. CIDH, 2020. p. 3.

457 COMISSÃO INTERAMERICANA DE DIREITOS HUMANOS. CIDH, 2020. p. 5.

458 ZIMMERMANN. *América Latina*, 1986. p. 44.

459 FERRAZZO, Débora. O novo constitucionalismo e dialética da descolonização. In: CAOVILLA, Maria Aparecida Lucca; WOLKMER, Antônio Carlos. (org.). *Temas atuais sobre o constitucionalismo latino-americano.* São Leopoldo: Karywa, 2015. p. 36.

3.3 Análise das Implementações (ou não) das Recomendações da CIDH sobre a Discriminação contra os Pobres pelo Estado Brasileiro

A análise das recomendações elaboradas pela CIDH/REDESCA quanto ao combate às discriminações relacionadas à aporofobia, que tenham por base a condição socioeconômica do ser, desagua no último relatório confeccionado pela Relatoria após visita ao Brasil entre os dias 11 e 17 de junho de 2023.[460]

Objetivar-se-á analisar se as recomendações da REDESCA são coerentes com o atual cenário discriminatório no Brasil e, consequentemente, se as diretrizes formuladas pelo órgão da CIDH possuem ou não acolhimento na ordem jurídica interna.

A análise empreendida pela REDESCA no ano de 2023 afirma que os desafios quanto aos direitos econômicos, sociais, culturais e ambientais (DESCA) no país se revelam similares ao que já se havia percebido no ano de 2021, em que se analisou a situação dos direitos humanos no Brasil.[461]

O relatório anual de 2023 revelou vários fatores sociais que se agravaram durante o tempo, como o aumento da pobreza e extrema pobreza. A situação de pobreza do indivíduo traduz-se em obstáculos para o exercício dos direitos humanos "em condições de igualdade real".[462]

---

460 COMISSÃO INTERAMERICANA DE DIREITOS HUMANOS. CIDH. *Relatoria especial sobre direitos econômicos, sociais e culturais*, 2023. Relatório anual 2023.
461 COMISSÃO INTERAMERICANA DE DIREITOS HUMANOS. CIDH, 2021b.
462 COMISSÃO INTERAMERICANA DE DIREITOS HUMANOS. CIDH, 2023.

Em 2017 a REDESCA já prescrevia que a (des)igualdade real tem relação direta quanto ao alcance ou não às condições de uma vida digna por todos, não estando sujeitas somente a um aspecto econômico-financeiro. Essa espécie de desigualdade estrutural na sociedade brasileira constitui-se em obstáculos ao pleno exercício dos direitos humanos, o que leva a uma maior exposição dos pobres e extremamente pobres às violações desses direitos, aguçando, dessa forma, a vulnerabilidade em razão da situação socioeconômica das pessoas e que pode dar ensejo, segundo a Relatoria, à responsabilidade internacional do Estado.[463]

No ano de 2021 a REDESCA afirmou em seu relatório anual que existe evidente despreparo do Estado brasileiro quanto a dados acerca da população em situação de rua no país, estimando-se que 221.869 pessoas estejam nessa condição de pobreza extrema. Através desta grave situação, o Conselho Nacional de Justiça (CNJ) aprovou a Resolução nº 425/2021, a qual trata sobre "Política Judiciária Nacional de Atenção às Pessoas em Situação de Rua" e expõe a necessidade de proteção e não estigmatização ou implementação de visões higienistas quanto à população em situação de rua.[464]

A propósito, se faz relevante analisar que o Brasil, por meio da Resolução nº 425/2021 do CNJ determinou expressamente em seu artigo 1º, inciso II, que o país deve instituir no âmbito do Poder Judiciário, a Política Nacional de Atenção a Pessoas em Situação de Rua e suas interseccionalidades com o objetivo de:

> *II - considerar a heterogeneidade da população em situação de rua, notadamente quanto ao nível de escolaridade, naturalidade, nacionalidade, identidade de gênero, características culturais, étnicas, raciais, geracionais e religiosas, e com atenção aos aspectos interseccionais no atendimento a essa população, pensando em mulheres, população LGBTQIA+, crianças e*

---

[463] COMISSÃO INTERAMERICANA DE DIREITOS HUMANOS. CIDH, 2017. p. 39.
[464] COMISSÃO INTERAMERICANA DE DIREITOS HUMANOS. CIDH. *V Informe anual da relatoria especial sobre direitos econômicos, sociais, culturais e ambientais (REDESCA) da comissão interamericana de direitos humanos (CIDH).* 2021c.

> *adolescentes, pessoas idosas, pessoas convalescentes, população negra, pessoas egressas do sistema prisional, migrantes, povos indígenas e outras populações tradicionais, pessoas com deficiência, com especial atenção às pessoas em sofrimento mental, incluindo aquelas que fazem uso abusivo de álcool e outras drogas, exigindo tratamento equitativo e políticas afirmativas, para assegurar o gozo ou exercício dos direitos, nos termos do art. 5º da Convenção Interamericana contra Toda Forma de Discriminação e Intolerância; [...].*[465]

Nesse sentido, considera-se que após a instrumentalização de normas protetivas às pessoas pobres como o Decreto nº 7.053/2009, baseada na interseccionalidade e heterogeneidade deste tipo de população, deveria o poder público traçar diretrizes e princípios fundamentais para enfrentar as várias barreiras derivadas de múltiplas vulnerabilidades econômicas e sociais que vivenciam esses vulneráveis, bem como a sua situação de precariedade e/ou falta de moradia.

É inegável, porém, que o Estado brasileiro pouco avança na implementação de medidas legislativas ou mesmo de políticas públicas eficazes a reduzir a discriminação aos pobres e extremamente pobres e isso pode estar ligado à forma que se constitui institucionalmente o próprio Estado, que produz e reproduz a mesma questão social de vulnerabilidade da população pobre e extremamente pobre.

Antes do Decreto nº 7.053/2009 as políticas públicas de atendimento à população de rua estavam restritas a políticas higienistas, de repressão e criminalização deste grupo de vulneráveis por meio de, muitas vezes, atos institucionalmente violentos, como a retirada da pessoa da rua, enviando-a para seu local de origem ou albergues, abrigos, sem seu consentimento.[466]

Nesse sentido, leciona Antônio Carlos Wolkmer:

---

[465] CONSELHO NACIONAL DE JUSTIÇA. CNJ. *Resolução nº 425/2021*. 21 de set. 2021.

[466] OLIVEIRA, Rafaela Barbosa de. *A população em situação de rua e as violências estrutural e institucional*: um desafio para o serviço social. V SIPINF. Seminário Internacional de políticas públicas, intersetorialidade e família: atravessamentos do neoliberalismo nas políticas públicas no contexto pandêmico, PUCRS, 2021. p. 4.

> *No processo de formação de nossas instituições, destacou-se a estranha e contraditória confluência, de um lado, da herança colonial burocrático-patrimonialista, marcada por práticas nitidamente conservadoras; de outro, de uma tradição liberal que serviu e sempre foi utilizada, não em função de toda a sociedade, mas no interesse exclusivo de grande parcela das elites hegemônicas que detinham o poder, a propriedade privada e os meios de produção da riqueza. Destarte, a produção jurídica brasileira esteve quase sempre associada ao resguardo e à satisfação dos intentos das minorias oligárquicas pouco democráticas, individualistas e subservientes às forças e imposições do mercado internacional. Isso permite compreender que o Direito comum oficial nem sempre representou o genuíno espaço da cidadania, de participação e das garantias legais para grande parte da população. A prática do Direito oficial do Estado ensejou longo processo histórico em que a sociedade brasileira viveu permanentemente: exclusão, privilégios e carência de justiça.*[467]

A forma hegemônica pela qual se constitui o discurso institucional brasileiro legitimador do conhecimento revela um projeto de uma europeização do mundo com fundamentos eurocentristas, que possui o objetivo de obtenção do poder, dominação e exploração, consubstanciando-se em "processos de colonização com outras roupagens".[468]

É interessante reparar que o termo discriminação é mais amplo que uma proibição de arbitrariedade entre particulares, manifestando-se diversamente a depender dos atores sociais envolvidos e dos objetivos que se pretende alcançar com os atos de exclusão social. A esse respeito, Moreira[469] afirma que a discriminação institucional está intrinsecamente ligada às relações assimétricas de poder que caracterizam as interações entre os diversos grupos sociais, definindo-se como "uma forma de tratamento desfavorável que tem origem na operação de instituições públicas ou privadas".

---

[467] WOLKMER, Antônio Calos. *História do direito no Brasil*. 10. ed. Rio de Janeiro: Forense, 2018. p. 196-197.
[468] LIPPSTEIN. *Por uma educação latino-americana em direitos*, 2017. p. 293.
[469] MOREIRA. *Tratado de direito antidiscriminatório*, 2020. p. 547.

Expõe, ainda, o autor, que a discriminação institucional refere-se à existência de políticas e práticas que possibilitam a produção e reprodução da discriminação estrutural, na medida em que tais práticas imbricam em elementos educacionais ou culturais das instituições, podendo ter como intenção excluir grupos minoritários de posições dentro de instituições e colocá-los em posições subalternas, impedindo-os de alçar posições de comando e liderança, assim como, ao mesmo tempo, privilegia-se a preferência por pessoas brancas no círculo de relacionamento pessoal e profissional.[470]

As práticas discriminatórias no Brasil, por seu caráter sistêmico e coletivo, revelam que o exercício de uma vida digna depende do nível de acesso a várias categorias de direitos e oportunidades. Assim, a exclusão social constitui-se em uma contínua, portanto, sistemática forma discriminatória em que diversas instituições públicas e privadas não oferecem as condições ou não admitem o gozo de direitos fundamentais por determinados grupos minoritários, como acesso a uma formação educacional mais elevada, o que impede esse grupo de vulneráveis de ter acesso às mesmas oportunidades profissionais por ausência de educação formal. Da mesma forma, impede-se que esses indivíduos sejam inseridos no mercado de trabalho ou mesmo, sejam mantidos dentro das empresas em que trabalham, muitos deles em situação de pobreza ou pobreza extrema, na medida em que não possuem, institucionalmente, o poder político para transformar essa forma de discriminação estrutural.[471]

A formulação das instituições brasileiras e a aplicação do direito pelo Estado expressam, mediante a racionalidade liberal, a imposição de normas que resistem a combater a dominação e exploração dos pobres, pois, oculta-se tais determinantes para a manutenção do sistema capitalista, de viés eurocêntrico, patriarcal, elitista e burguês, ao passo

[470] MOREIRA. *Tratado de direito antidiscriminatório*, 2020. p. 459.
[471] MOREIRA. *Tratado de direito antidiscriminatório*, 2020. p. 466.

que se mantém a hegemonia do poder burguês-liberal,[472] principalmente, através do direito.

Através da visão sociológica liberal implementada no Brasil, não se observa a racionalidade intrínseca na sociedade capitalista chamada de razão instrumental, razão científica, técnica, contabilista e calculadora. É a partir desta razão instrumental que se faz robôs, criam-se máquinas, novas armas de guerra, utilizando-se de toda a estrutura estatal com o fito de dominação. Contra essa razão deve se suscitar uma razão crítica, que revela os objetivos dessa razão instrumental e saiba criticá-la, apontando o seu caráter de exploração, dominação, injustiça.[473]

Na concepção de Alysson Leandro Mascaro:

> *Um dos grandes artefatos desta razão instrumental, que torna a sociedade capitalista plenamente dominada, é o direito. A racionalidade jurídica é técnica. A exploração e as dominações não se fazem apenas quando se vai contra o direito, mas, principalmente, pelo próprio direito. A propriedade privada, de um contra todos, a extração de mais-valor do trabalho assalariado, a prisão, a segregação, a violência de classe organizada, todas essas manifestações, socialmente, não são apenas atentados contra o direito e as leis, mas são o próprio direito e as leis. A exploração e as dominações sociais são procedimentos de força bruta, violência física e coerções econômicas que vão se estabelecendo em um processo refinado de institucionalização social do domínio. Nas faculdades de direito se ensinam complexas e difíceis operacionalidades jurídicas para que a sociedade seja dominada, mas de tal modo que se chame a tudo isso de racionalidade jurídica e ordem.*[474]

Nessa perspectiva, embora tenha-se variados casos na CIDH acerca da proteção aos pobres quanto à não discriminação, verifica-se que a elaboração ou aplicação de normas protetivas pelos Poderes

---

[472] WOLKMER, Antônio Carlos. *Pluralismo jurídico*: Fundamentos de uma nova cultura do Direito. São Paulo: Alfa-Ômega, 2001. p. 169.

[473] MASCARO, Alysson Leandro. *Sociologia do direito.* 2. ed. Rio de Janeiro: Atlas, 2022. p. 182.

[474] MASCARO. *Sociologia do direito*, 2022. p. 183.

Públicos aos pobres no Brasil não possui relevante impacto político-normativo interno do Estado.

Secchi,[475] conceitua o procedimento de políticas públicas como a perfectibilização de um ciclo que engloba as seguintes fases: (i) a identificação do problema; (ii) a formação da agenda; (iii) formulação de alternativas; (iv) tomada de decisão; (v) implementação; (vi) avaliação e (vii) extinção.

Dentre as fases do ciclo das políticas públicas, Leonardo Secchi ressalta a formulação da agenda, enquanto um conjunto de problemas ou temas que são lidos pelo Poder Público como relevantes. Esse é um dos pontos nevrálgicos que impede o Brasil de avançar em matéria protetiva e antidiscriminatória aos pobres. Das subespécies de formulação da agenda, tem-se: (i) a agenda política ou sistêmica, compreendida como conjunto de problemas que a comunidade política percebe como relevante e, (ii) a agenda formal ou institucional, concebida como um conjunto de problemas ou temas que o poder público já decidiu enfrentar.[476]

Se, para Celina Souza,[477] política pública "permite distinguir entre o que o governo pretende fazer e o que, de fato, faz", isto refere-se à capacidade de organização e da definição da agenda sobre o que é relevante no processo democrático entre os poderes Legislativo e Executivo, na concepção, por este último, dos temas a serem objeto de deliberação por aquele. Em momento algum, no Brasil, a Constituição concede autorização aos mandatários de cargos eletivos que decidam, por exemplo, não promover direitos sociais.

Com efeito, é impossível compreender ações do Estado para a promoção de direitos sociais como política pública em sentido estrito,

---

475 SECCHI, Leonardo. Políticas públicas: conceitos, esquemas de análise, casos políticos. 2. ed. São Paulo: Editora Cengage, 2013. p. 43.

476 SECCHI. *Políticas públicas*, 2013. p. 46.

477 SOUZA, Celina. Políticas públicas: uma revisão da literatura. *Sociologias*, Porto Alegre, ano 8, n. 16, p. 20-45, jul./dez. 2006. p. 37.

as políticas públicas no Brasil materializam-se através de um objetivo traçado, voltado ao desenvolvimento social ou ao crescimento econômico, previsto em lei e cujo custo de implementação esteja previamente previsto no orçamento público, assim, além da materialização dos direitos, tem-se o dever do Estado em promovê-los, "por meio de ações estatais contínuas, ininterruptas e universalizantes, o que impede que tais ações sejam compreendidas como políticas públicas em sentido estrito".[478]

É nesse viés de formulação de uma agenda quanto à pauta de combate à aporofobia que se encontra resistência na comunidade política, pois, ainda que a partir dos anos de 1990 tenha-se implementado "um movimento de autocrítica" sobre o combate à pobreza pelos organismos internacionais, as propostas legislativas apenas reforçam a concepção de que o pobre é aquele ser despossuído de capacidade para sobreviver no sistema de mercado em que a competição rege o jogo, logo, a lógica competitiva neoliberal legitima a ideia de um Estado mínimo no campo social, precarizando a formulação de agenda que insira elementos normativos no direito interno do Estado. Aqui, o termo "pobreza" é substituído pelo conceito de "cidadania social", esse sim, comprometido com o princípio universal dos direitos humanos, o qual parece quedar-se ausente na ordem social brasileira.[479]

---

[478] IFANGER, Fernanda Carolina de Araújo; MASTRODI, Josué. Sobre o conceito de políticas públicas. *Revista de Direito Brasileira*, 2020.

[479] UGÁ, Vivian Domínguez. A categoria "pobreza" nas formulações de política social do banco mundial. *Rev. Sociol. Polít.*, Curitiba, 23, p. 55-62, nov. 2004. p. 55-61.

CONSIDERAÇÕES FINAIS

Descrever e analisar a aporofobia no cenário brasileiro desde a conquista do país por Portugal, necessariamente, implicou considerar e reconstruir a questão histórico-social colonialista, em que após ciclos ininterruptos de discriminações aos mais variados tipos de vulneráveis, resulta numa espécie discriminatória interseccionada, institucional e estrutural quanto à discriminação do corpo pobre, violentado, escravizado, subalternizado, espoliado e explorado que o sistema capitalista produz e se reproduz na busca insaciável pela ampla mais-valia e acumulação do capital.

O fato de ter-se revelado a real natureza violenta da conquista do Brasil pelos invasores portugueses desnuda como o contexto social se desenvolveu no período colonial, sempre amparado pelo sistema-mundo eurocêntrico, elitista, burguês, machista e que, sobretudo, privilegiava sempre o capital e as elites que o detêm.

O conceito de aporofobia enquanto aversão aos pobres, mais que uma patologia social, como expôs a filósofa Adela Cortina, se constitui de atos, gestos, sinais e omissões que subalternizam e excluem o ser pobre, além disso, manifesta-se através de sentimentos de ódio ou repulsa àquele que é visto como objeto na sociedade brasileira.

A exemplo das seguintes expressões: "eles não são ninguém, filho", "acho eles fedidos", "tenho medo deles", "são uns infelizes", "que fome que nada! Tudo fingimento", "Eles deixam a cidade suja", "remexem nosso lixo", "estão nas ruas por suas más escolhas", "alguns são perigosos", "atrapalham o trânsito" e "não trabalham, são vagabundos", a aporofobia pode se manifestar como um instrumento de opressão instituído pelo projeto de Estado neoliberal, que visa também implementar uma perspectiva individualista, competitiva, mercantilista do ser, através de um Estado mínimo no que se refere a direitos sociais ou igualdade material.

Sob essa ótica se descobriu a veia discriminatória do Brasil a partir da colonização de espectro político, social e jurídico de dominação. A violência e a opressão, instituídas como forma de pensar, agir e proceder pelos colonizadores europeus que inicialmente avassalou a cultura e o povo indígena que aqui vivia, foi continuada ao contingente negro, trazido do continente Africano para trabalhos escravos, intensos, extenuantes e degradantes no Brasil.

Tanto os indígenas, quanto o povo africano, foram percebidos pelos colonizadores como diferentes e, na concepção cristã imanada da Coroa Portuguesa, seres sem alma, desprovidos de humanidade, cultura, sociabilidade ou civilidade.

A resistência dos povos indígenas e africanos que se insurgiam contra a violência institucionalizada fazia com que fossem categorizados como bestas a serem civilizadas pelos "iluminados" europeus.

Sob o pretexto de trazer-se a cristandade e imporem comportamentos "civilizados", os portugueses dizimaram, com armas e brutal violência, milhares de indivíduos, devastando muitas culturas e sociedades existentes originariamente no Brasil. Importa destacar que o ímpeto violento e dominador do europeu possuía objetivos claros, além de alargar o império português em termos territoriais, os colonizadores visavam extrair matérias-primas, ouro, prata e tudo que pudesse render o acúmulo de capital à Coroa e seus asseclas. Os negros eram vistos, percebidos e considerados coisas, objetos de exploração e tráfico, sem qualquer aspecto de humanidade.

Nesse aspecto, revelou-se durante a pesquisa que o Brasil foi o último país das Américas a abolir formalmente a escravidão, no ano de 1888, todavia, a atitude social escravista, hierarquizante e colonialista ainda hoje é percebida contra os negros, subalternizados e desumanizados desde antes de ingressarem nos navios negreiros, aliás, muitos deles sequer chegavam à orla brasileira, mortos por inanição, degradações e toda sorte de violências brutais. Aqueles que adoeciam, se quedavam fracos ou demoravam a se recuperar das enfermidades, eram descartados dos navios negreiros sumariamente.

Com efeito, foi a partir da época colonial, por volta do ano de 1530 e desde o século XVI, que o Direito passou a ser um instrumento para manter e legitimar o poder dos proprietários (europeus) sobre sua propriedade (escravos e indígenas), normatizando e deferindo-lhes o poder sobre os corpos escravizados para a exploração de toda espécie, açoites, estupros, submissão a variadas violências, enfim, conferiu-se aos colonizadores total domínio sobre as vidas escravizadas, de seus ascendentes e descendentes.

Nesse aspecto, instituiu-se no Brasil uma cultura de dupla opressão e culpa aos dominados, primeiro, por serem aculturados, desprovidos de civilidade e dados à "barbárie", depois, por resistirem à proposta de dominação eurocêntrica política, religiosa, cultural, social e econômica do ser.

Percebeu-se, então, que mais que raízes políticas e econômicas, o projeto colonial também iniciou profundos mecanismos sistêmicos de dominação situados no âmbito do conhecimento, da cultura e da sociedade, sustentado essencialmente, ainda que não exclusivamente, na imposição de uma classificação racial e étnica da população mundial.

Importa conceber a aporofobia, portanto, como uma manifestação da estrutura sistêmica de poder e exclusão eurocêntrica, de exploração pré-estabelecida pelas elites europeias desde o período colonial, com o objetivo específico de dominar o outro, principalmente para extrair-lhe o trabalho, bens e direitos.

Os portugueses pertencentes à nobreza, situados em postos das capitanias hereditárias, eram sedentos pela "cultura do escambo". Tudo poderia ser trocado, desde que a troca fosse favorável aos europeus, trocavam objetos, muitas vezes de pouco valor, por mulheres indígenas, alimentos e demais produtos tropicais, como forma de imposição de sociedade eurocêntrica e que impactava destrutivamente, ao menos em parte, toda uma cultura pré-estabelecida, assim, os que resistiam à colonização eram consequentemente massacrados.

É nesse contexto que a escravidão tomou maior relevo na sociedade brasileira, uma vez que desde sua chegada, os conquistadores impuseram seu *habitus*, implementando por meio da força uma hegemonia política, cultural, social e jurídica, ao passo que oprimiam, duplamente, os dominados (indígenas e negros), negando-lhes suas próprias culturas e constituição social e, posteriormente, perseguindo-os por resistir à violência sistêmica e a dominação econômica e social imposta pelos europeus.

Importa refletir que a colonização tentou fixar um ideário comum na sociedade brasileira, a desfiguração humana do outro, do diferente, do indígena e do negro, mais que concebidos como inferiores, foram entendidos e assim considerados como objetos e animais sem alma.

Se os indígenas e todo o povo negro escravizado não fossem concebidos como humanos, mas como animais, bestas e objetos, a culpa das atrocidades cometidas pelos colonizadores não os assolaria. Isso ajuda, aliás, a compreender também como esse instrumento político constituído de forma a manipular a racionalidade social objetiva a dominação de seres e terras e tentativa de extermínio de povos sem oposição ou resistência significativa dos dominados, a exemplo da incapacidade de reação do povo judeu aos primeiros atos genocidas cometidos por Adolf Hitler e como grande parcela do povo alemão daquela época se fez indiferente a quase morte de todo aquele "não ariano", hegemonicamente considerado como "raça superior", ainda que não apoiassem o nazismo.

Após o fim formal da escravatura no Brasil, implementou-se um projeto claramente branqueador da sociedade. Enquanto o país ofereceu condições materiais, terras e ensino da língua a imigrantes estrangeiros da Itália, Portugal, Alemanha, dentre outros, o povo negro foi deixado à própria sorte naquela já sociedade capitalista. Sem terras, sem trabalho digno, os negros e indígenas foram sumariamente descartados e marginalizados, ou seja, colocados à margem da sociedade eurocêntrica, branca, elitista, burguesa, patriarcal e capitalista.

Instituiu-se no Brasil, nesse período histórico, um modelo neocolonial, claramente inspirado no século XIX, em que as nações hegemônicas impuseram um sistema político e econômico de dependência em relação às ex-colônias "em nome do liberalismo triunfante", ideário central do capitalismo: a liberdade do capitalista para produção, reprodução, manutenção e acúmulo ilimitado de capital, sempre extraído, de forma lógica e consequente, do trabalho humano alheio.

Restou claro, assim, que o projeto criado no desenvolvimento do Brasil enquanto sociedade foi estruturado pela ideologia racial supremacista, hegemônica, elitista, burguesa e eurocêntrica e, por consequência, impossibilitou a distribuição equânime de renda a toda a população, tanto que desconsiderou o bem-estar social e a busca pela igualdade material entre os indivíduos, expurgando os pobres e extremamente pobres para a margem social.

A aversão ao pobre, chaga social chamada de aporofobia, cunhada pela filósofa Adela Cortina, como repulsa àquele que não possui capacidades suficientes de "ser" algo no atual sistema-mundo "capitalismo-colonialismo-patriarcado", portanto, está arraigada não só a um processo histórico de dominação de povos originários e de escravização de africanos e afrodescendentes no Brasil, mas refere-se a um projeto de Estado em franca expansão, atualmente, baseado numa política socioeconômica neoliberal opressora, o que faz também concluir que existe a intencionalidade, ou seja, a resistência efetiva à aplicação das normas orientadas pela CIDH, especificamente quanto ao intento antidiscriminatório aos miseráveis, aos débeis, confirmando-se a hipótese formulada no presente trabalho.

A ideologização do neoliberalismo implementado no Brasil após 1980 trouxe consequências políticas, sociais e jurídicas quanto à discriminação estrutural, é nesse contexto neoliberal que surge o projeto, já em plena atividade, da visão economicista do mundo, primando-se por um Estado mínimo na economia, máximo contra direitos sociais, que privilegie o mercado como estrutura principal e a competição do *homo oeconomicus*, ávido por capital e sua acumulação ilimitada, mesmo que isso importe na destruição de outros seres ou mesmo de todo o habitat.

Nesse ensejo, a aporofobia também está vinculada à percepção distorcida do outro, devendo-se objetivar a superação do comportamento competitivo, substituindo-o pelo cooperativo. Daí a importância de superar a visão estigmatizante e estereotipada dos pobres, que muitas vezes são vistos como preguiçosos, desonestos ou responsáveis pela própria condição de pobreza.

Essa percepção distorcida da realidade apenas reforça a discriminação e a exclusão dos pobres, dificultando a construção de uma sociedade mais justa e solidária, pois, se deve considerar a responsabilidade pelo outro como estrutura constitutiva do sujeito, em busca pela alteridade.

Ao analisar-se a realidade da sociedade brasileira, buscou-se bases na filosofia da libertação impulsionada pelo saudoso professor Enrique Dussel, falecido no dia 5 de novembro de 2023. Afinal, foi na filosofia da libertação dusseliana que se encontrou terreno firme para se pensar a realidade da América Latina, a partir da crítica à totalidade totalizante ontológica colonizadora.

A filosofia da libertação dusseliana oferece ferramentas para um novo modo de pensar. É nela que Enrique Dussel desenvolve o método *ana-dialético* como "mais além" da Totalidade imersa na modernidade. Ao irromper a esfera da Totalidade para a Exterioridade, o método dusseliano propõe um rompimento com a modernidade eurocêntrica desvelando o rosto do oprimido, do Outro na concepção marginalizada e excludente da modernidade.

É a partir da filosofia da libertação que se compreende a particularidade da América Latina enquanto continente periférico e o Brasil como nação colonizada, explorada e dependente, assim, revela-se a necessidade da negação da dialética negativa, pois, interpreta o momento de crise, exploração e fundamenta o pensar da realidade que irrompe no grito do oprimido desde fora, da Exterioridade, concretizando, dessa forma, um movimento *ana-dialético*, ou seja, para mais além da dialética marxista.

Ao revelar a face e o grito do oprimido, do pobre, Dussel ensina que a filosofia da libertação só se concretiza se existir um agir político constitutivo de uma nova realidade, que parte de uma outra epistemologia, insurgente, e que parta da voz ressoada de todos os vulneráveis.

Assim, mais que revelar a realidade periférica do ser oriundo da América Latina, a metodologia *ana-dialética* dusseliana desnuda a face oprimida e impele o interlocutor a reconhecer o grito do Outro por libertação como parte de sua própria realidade, ou seja, é através dessa abordagem filosófica que se reconhece o Outro, pelo Outro e para o Outro em sua Exterioridade, fora do alcance limitado da Totalidade hegemônica.

Compreender o anseio por libertação ante a repressão pressupõe um processo de luta social por justiça, o que deve conduzir à liberdade de todos os indivíduos, seja liberdade de conceber uma vida digna, libertação de teorias e *práxis* desumanas, libertação pessoal e coletiva de toda dependência ou mesmo, libertação de si, afastando, consequentemente, o senso de egocentrismo destrutivo.

Esses processos de lutas por direitos humanos, essenciais a toda vida humana, são a base para a concepção do que seja direitos humanos em uma visão crítica.

Desvelou-se falacioso afirmar que os direitos humanos são universais, ainda que haja um postulado libertário, a realidade do sistema capitalista não permite sua concretização.

Os direitos humanos, ao menos numa visão crítica da realidade brasileira, não são direitos naturais *a priori* reconhecidos, mas configuram-se através de um processo histórico de racionalização, compreensão, reconhecimento e luta social para a institucionalização de um "novo" direito humano. Os destinatários deste "novo" direito (humano) são os chamados "sem-direitos" que ao lutar pelo reconhecimento de um "novo" direito, fazem parte de um momento cocriador histórico, inovador, que poderá ser normatizado e efetivamente exercido.

Já na atualidade, a partir do século XXI, a noção dos direitos humanos alçou concepções jurídicas e sociais internacionais que superavam a compreensão de que os direitos internacionais dos direitos humanos eram geridos somente por Estados.

A perspectiva transcivilizacional de se compreender o direito internacional na contemporaneidade desenvolvida por Onuma Yasuaki oferece um modo peculiar de ver as coisas, diverso das formas predominantes no consciente coletivo, diferente também da visão de mundo modernista, ocidentalizado e centrado na figura do Estado. É dizer, existe a proposta de efetivamente superar-se a visão hegemônica e eurocêntrica dos direitos humanos, abrindo-se para uma nova forma de epistemologia, agora, baseada no ser humano e em sua plena dignidade.

É nesse contexto de repensar a comunidade internacional que se permitiu o desenvolvimento dos direitos econômicos, sociais, culturais e ambientais (DESCA) no continente da América Latina, tendo como base e inspiração o sistema onusiano de proteção.

Com efeito, essa "nova" visão epistemológica de analisar os direitos humanos deve partir do indivíduo, que agora poderá atuar e exigir seus direitos humanos perante os diversos sistemas de proteção, em especial, o sistema interamericano de direitos humanos.

Toda essa construção centralizada na dignidade da pessoa humana leva, mesmo em meio à existência de Estados com regimes totalitários e autoritários na América Latina, à criação da CIDH, primeiro órgão da Organização dos Estados Americanos e que iniciou e maturou o sistema interamericano de proteção.

A partir de 1961, a CIDH iniciou visitas *in loco* nos Estados partes no intuito de fiscalizar e promover os direitos humanos nas Américas, cumprindo sua função institucional.

Uma das funções primordiais da CIDH, de igual forma, é zelar pela aplicação da Convenção Americana de Direitos Humanos de 1969 pelos Estados partes.

Mais que o zelo quanto à CADH, outro documento de especial relevância para a proteção dos direitos econômicos, sociais, culturais e ambientais é o protocolo adicional à CADH intitulado "Protocolo de San Salvador" adotado em 1988.

O Protocolo de San Salvador impõe que os Estados devam observar, conquistar e progressivamente desenvolver os direitos reconhecidos no referido Protocolo (DESCA), além disso, o artigo 3º do Protocolo adicional estabeleceu que os Estados Partes se comprometam a garantir o exercício dos DESCA, sem nenhuma forma de discriminação, seja por raça, cor, sexo, idioma, religião, opiniões políticas, origem nacional ou social, posição econômica, nascimento ou qualquer condição social.

Observa-se que a ótica da CIDH, por seu órgão de Relatoria (REDESCA), possui intensa normatividade quanto à proteção antidiscriminatória, o que poderia ser internalizado pelo Brasil.

Quanto a esse aspecto protetivo antidiscriminatório, procurou-se explorar alguns casos levados a julgamento, tanto perante a CIDH, quanto à Corte IDH.

A análise do conjunto normativo constituído pelo Brasil em proteção à dignidade das pessoas pobres expressa um cenário ainda incipiente, embrionário, tanto que o próprio STF, órgão judicial de hierarquia mais alta no país, foi chamado a julgar a ADPF nº 976 a fim de proteger as pessoas em situação de extrema pobreza, em situação de rua.

Importa refletir, por fim, que o Estado brasileiro ainda não implementa no direito interno os relatórios oriundos da REDESCA.

Das leis e decretos que tratem da proteção contra a conduta de aporofobia em vigência, nenhum deles citou relatórios ou orientações da CIDH.

Essa resistência à implementação de normas e políticas públicas protetivas aos mais pobres, descobriu-se, é inerente aos interesses políticos dos governantes que criam e recriam o projeto neoliberal de Estado.

Como observa Antônio Carlos Wolkmer, o caráter hegemônico, elitista, burguês e eurocêntrico do direito implementado pelo Estado brasileiro impede ou mesmo, retarda o exercício e implementação de medidas normativas que combatam a aporofobia.

Nesse passo, concluiu-se que as raízes sociológicas e jurídicas são permeadas e atravessadas pelo colonialismo, racismo, xenofobia, machismo e muitas outras formas discriminatórias próprias da estrutura social instituída no Brasil.

A expressão mais severa da aporofobia reside no fato de que não depende somente de características fenotípicas, mas é revelada como face última de diversas discriminações transversais no cenário brasileiro e que possui, intensamente, como forma de Estado, a proposital exclusão social dos pobres, dos despossuídos, daqueles excluídos e ocultos pela modernidade, vistos como meras peças no jogo capitalista que os leva à margem social, empurrados de forma projetada, proposital e estrutural para zonas vulneráveis dos centros urbanos.

A discriminação estrutural aos pobres e extremamente pobres como construção social no Brasil, se inspirou fortemente na teoria de dependência, em que os países periféricos são assim condicionados em dependência ao mercado do Norte Global, que subalterniza, hierarquiza e relega à margem os países "pobres" dependentes.

A análise geográfica que se iniciou nesta pesquisa, ainda demanda maior exploração, quiçá como objeto de investigação doutoral, em todo caso, desde já, essa reflexão desvela uma forma de êxodo social que dá consequência a uma nova forma discriminatória, a discriminação geográfica a que são submetidos os pobres e extremamente pobres no Brasil, uma modalidade de aporofobia que hipervulnerabiliza não só pela ausência de políticas públicas que protejam os pobres das desigualdades e assimetrias sociais, mas que os empurra à margem social e territorial, zonas urbanas também vulnerabilizadas e suscetíveis de incontáveis riscos sanitários, de vida, saúde e de dignidade.

No que se refere ao combate à aporofobia, observou-se que, no projeto de Estado neoliberal, em que se privilegia o mercado sobre o humano, o Brasil ainda não percebe o pobre em sua plena dignidade. A matriz do sistema capitalista oculta o pobre, abafa seu grito, explora seu corpo, discrimina-o e o exclui para a margem, na periferia. Lá, segundo a visão eurocêntrica, é o "lugar" dos pobres, os quais, ainda que base de todo o sistema, não são vistos como mais que uma mera peça, um objeto ou ironicamente chamado atualmente de "colaborador" do enriquecimento do capitalista, espelho do neocolonialismo tardio, que ainda hoje insiste em existir.

[illegible]

[illegible]

REFERÊNCIAS BIBLIOGRÁFICAS

ALMEIDA, Silvio Luiz de. *O que é racismo estrutural?* Belo Horizonte: Letramento, 2018.

ALMEIDA, Silvio Luiz de. *Racismo estrutural.* São Paulo: Sueli Carneiro, 2019.

ALVARADO, Dante Maurício Negro. El desarrollo progresivo del derecho internacional: desafíos y posibilidades para la Organización de los Estados Americanos. *In*: Comité Jurídico Interamericano y el Departamento de Derecho Internacional de la Secretaría de Asuntos Jurídicos de la Organización de los Estados Americanos (org.). *XLVI Curso de derecho internacional.* Rio de Janeiro, Brasil, 2019.

ALVES, Jean Alesi Ferreira. Artigo 13: Liberdade de pensamento e de expressão. *In*: GUERRA, Sidney; VAL, Eduardo Manuel; VASCONCELOS, Raphael. *Comentários à Convenção Americana de Direitos Humanos*: Pacto de San José da Costa Rica. Curitiba: Instituto Memória, 2019.

ALVES, Rubem. *Filosofia da ciência*: introdução ao jogo e suas regras. São Paulo: Editora Brasiliense, 1981.

ANDRADE, Fábio Santos de. *Crianças e adolescentes em situação de rua no Brasil*: Táticas de sobrevivência e ocupação do espaço público urbano. Jundiaí, SP: Paco Editorial, 2019.

ANDRADE, Uelinton Santos de; FERREIRA, Fábio Félix. *Crise no sistema penitenciário brasileiro*: Capitalismo, desigualdade social e prisão. Revista Psicologia, Diversidade e Saúde, Salvador. V. 4. Nº 1, 2015.

ARAUJO, Luis Claudio Martins. *Constitucionalismo transfronteiriço, direitos humanos e direitos fundamentais*: a consistência argumentativa da jurisdição de garantias nos diálogos transnacionais. Rio de Janeiro: Lumen Juris, 2017.

ÁVILA, Lívia Neves. Crise estrutural do capital e a evidenciação das tendências burguesas. *In*: LAMAS, Fernando Gaudetero; OLIVEIRA, Ednéia Alves de. (org.). *Ofensiva do capital, trabalho e desigualdade social*. Rio de Janeiro: Lumen Juris, 2017.

BANDEIRA, Lourdes; BATISTA, Analía Soria. Preconceito e discriminação como expressões de violência. *Revista Estudos Feministas*, 2002. Disponível em: https://www.scielo.br/j/ref/a/77qSbxLKYLyttqQbSzFjMcb/?format=pdf&lang=pt. Acesso em 11 dez. 2023.

BARROSO, Luis Roberto. *Constitucionalismo democrático*: A ideologia vitoriosa do século XX. Ribeirão Preto: Migalhas, 2019.

BARROSO, Luis Roberto. *Curso de direito constitucional contemporâneo*: Os conceitos fundamentais e a construção do novo modelo. São Paulo: Saraiva, 2009.

BANCO MUNDIAL. *Fact sheet*: an adjustment to global poverty lines. Washington, D.C.: World Bank, 2022. Disponível em: https://www.worldbank.org/en/news/factsheet/2022/05/02/fact-sheet-an-adjustment-to-global-poverty-lines. Acesso em 2 ago. 2026.

BANCO MUNDIAL. *June 2025 update to global poverty lines*. Washington, D.C.: World Bank, 2025. Disponível em: https://www.worldbank.org/en/news/factsheet/2025/06/05/june-2025-update-to-global-poverty-lines. Acesso em 2 ago. 2026.

BAUMAN, Zygmunt. *Vidas desperdiçadas*. Rio de Janeiro: Zahar, 2005.

BELLUZZO, Luiz Gonzaga; GALÍPOLO, Gabriel. *A escassez na abundância capitalista*. São Paulo: Editora Contracorrente, 2019.

BOFF, Clodovis. *Como trabalhar com o povo e com os excluídos*. São Paulo: Editora Vozes, 2015. Disponível em: https://servicioskoinonia.org/biblioteca/pastoral/BoffClodov ComoTrabalharPovo.pdf. Acesso em 09/02/2024.

BOFF, Leonardo. *Ethos mundial*: Um consenso mínimo entre os humanos. Rio de Janeiro: Sextante, 2003.

BRASIL. *Constituição da República Federativa do Brasil de 1988*. Brasília, DF: Senado Federal: Centro Gráfico, 1988.

BRASIL, Senado Federal. *Decreto nº 7.053/2009*. Brasília, DF: 23 de dezembro de 2009.

BRASIL, Senado Federal. *Decreto-lei nº 2.848/1940*. Código Penal. Brasília, DF: 7 de dezembro de 1940.

BRASIL, Senado Federal. *Lei nº 14.489 de 21 de dezembro de 2022*. 2022b. Lei Padre Júlio Lancellotti. Disponível em: https://www.planalto.gov.br/ccivil_03/_ato2019-2022/2022/lei/l14489.htm. Acesso em 06 de fev. 2024.

BRASIL, Senado Federal. *Lei nº 14.994*, de 9 de outubro de 2024. Torna o feminicídio crime autônomo e altera dispositivos do Código Penal e de outras leis. Diário Oficial da União: seção 1, Brasília, DF, 10 out. 2024. Disponível em: https://www.planalto.gov.br/ccivil_03/_ato2023-2026/2024/lei/l14994.htm. Acesso em 2 ago. 2026.

BRASIL, Senado Federal. *Lei nº 8.080/1990. Lei do Sistema Único de Saúde*. Brasília, DF: 19 de setembro de 1990.

BRASIL, Senado Federal. *Lei nº 8.742/1993*. Lei da Assistência Social. Brasília, DF: 7 de dezembro de 1993.

BRASIL, Senado Federal. *Projeto de Lei (PL) 1.635/2022*. 2022a. Disponível em: https://www25.senado.leg.br/web/atividade/materias/-/materia/153627. Acesso em 05 fev. de 2024.

BRASIL, Supremo Tribunal Federal (STF). *Arguição de Descumprimento de Preceito Fundamental (ADPF) nº 33*. 2003. Disponível em: https://portal.stf.jus.br/processos/detalhe.asp?incidente=2030720. Acesso em 25 de fev. 2024.

BRASIL, Supremo Tribunal Federal (STF). *Arguição de Descumprimento de Preceito Fundamental (ADPF) nº 442*. 2023b. Disponível em: https://portal.stf.jus.br/processos/detalhe.asp?incidente=5144865. Acesso em 25 de fev. 2024.

BRASIL, Supremo Tribunal Federal (STF). *Arguição de Descumprimento de Preceito Fundamental (ADPF) nº 976*. 2023a. Disponível em: https://portal.stf.jus.br/processos/downloadPeca.asp?id=15359679044&ext=.pdf. Acesso em 18 de fev. 2024.

BRASIL, Supremo Tribunal Federal (STF). *Convenção Americana sobre Direitos Humanos*: anotada com a jurisprudência do Supremo Tribunal Federal e da Corte Interamericana de Direitos Humanos / Supremo Tribunal Federal, 2. ed., Brasília: STF, Secretaria de Altos Estudos, Pesquisas e Gestão da Informação, 2022c.

BUENO, Eduardo. *Brasil*: Uma história, cinco séculos de um país em construção. Rio de Janeiro: Leya, 2012. Livro eletrônico. Disponível em: https://ler.amazon.com.br/?asin=B07G1D4Z6J&ref_=dbs_t_r_kcr. Acesso em 13 de dez. 2023.

CÁCERES, Luis René; CHINCHILLA, Fernando A.; VERA, Óscar Parra. Pobreza y Derechos Humanos: hacia la definición de parámetros conceptuales desde la doctrina y acciones del sistema interamericano. *In*.: *Quién responde por los derechos humanos de las poblaciones más pobres en América Latina y El Caribe*. Instituto Interamericano de derechos humanos. San José, C.R.: IIDH, 2012.

CACIATORI, Emanuela Gava; FAGUNDES, Lucas Machado. Fundamentação dos direitos humanos desde a filosofia da libertação. *Revista Direitos Humanos e Democracia*, [S. l.], v. 5, n. 9, p. 331–348, 2017. DOI: 10.21527/2317-5389.2017.9.331-348. Disponível em: https://www.revistas.unijui.edu.br/index.php/direitoshumanosedemocracia/article/view/6618. Acesso em: 26 jan. 2024.

CACIATORI, Emanuela Gava; FAGUNDES, Lucas Machado; PATRÍCIO, Ághata July Goularte. *Pluralismo jurídico*: no processo constituinte boliviano. Rio de Janeiro: Editora Lumen Juris, 2019.

CARBALLIDO, Manuel Eugenio Gándara. *Los derechos humanos en el siglo XXI*: Una mirada desde el pensamiento crítico. Ciudad Autónoma de Buenos Aires: CLACSO, 2019. Livro digital, PDF.

CARBONARI, Paulo César. Direitos humanos no Brasil: uma leitura da situação em perspectiva. *In*: CARBONARI, Paulo César et al. (org.). *Direitos humanos no Brasil 2*. Coletânea Ceris. Rio de Janeiro: CERIS/Mauad X, 2007.

CARRIERI, Alexandre de Pádua; COUTO, Felipe Fróes. Enrique Dussel e a Filosofia da libertação nos estudos organizacionais. *EBAPE*, v. 16, nº 4, Rio de Janeiro, Out./Dez. 2018.

CARVALHO, Amilton Bueno de. *Lei penal*: sentido e aplicação (e outros ensaios críticos). Rio de Janeiro: Lumen Juris, 2022.

CARVALHO, Gilson. A saúde pública no Brasil. *Revista estudos avançados* 27 *(78)*, 2013. Disponível em: https://www.scielo.br/j/ea/a/HpvKjJns8GhnMXzgGDP7zzR/?format=pdf&lang=pt. Acesso em 20 de jan. 2024.

CHAMBERS, Robert et al. *Voices of the poor*: Can anyone hear us? Washington, D.C.: The World Bank, Oxford University Press, 2000.

CHOMSKY, Noam. *O lucro ou as pessoas*: neoliberalismo e ordem global. 5. ed. Rio de Janeiro: Bertrand Brasil, 2006.

COMISSÃO INTERAMERICANA DE DIREITOS HUMANOS. CIDH. *Caso José Pereira vs. Brasil.* 2003. Disponível em: https://cidh.oas.org/annualrep/2003port/brasil.11289.htm. Acesso em 22 de fev. 2024.

COMISSÃO INTERAMERICANA DE DIREITOS HUMANOS. CIDH. *Caso Meninos Emasculados do Maranhão vs. Brasil.* 2006b. Disponível em: https://cidh.oas.org/annualrep/2006port/BRASIL.12001port.htm. Acesso em 12 de fev. 2024.

COMISSÃO INTERAMERICANA DE DIREITOS HUMANOS. CIDH. *Caso Simone André Diniz vs. Brasil.* 2006a. Disponível em: https://www.oas.org/es/cidh/soluciones_amistosas/FT/2019/FT_SA_BRA_Case_12.426_SPA.PDF. Acesso em 22 de fev. 2024.

COMISSÃO INTERAMERICANA DE DIREITOS HUMANOS. CIDH. *Desigualdad e inclusión social em las Américas*: 14 ensaios. Washington, 2021a. Disponível em: https://www.oas.org/docs/desigualdad/libro-desigualdad.pdf. Acesso em 05 de fev. 2024.

COMISSÃO INTERAMERICANA DE DIREITOS HUMANOS. CIDH. *Regulamento da Comissão Interamericana de Direitos Humanos.* 2013. Disponível em: https://www.oas.org/pt/CIDH/jsForm/?File=/pt/cidh/mandato/basicos/reglamentocidh.asp. Acesso em 29 de jan. 2024.

COMISSÃO INTERAMERICANA DE DIREITOS HUMANOS. CIDH. *Relatoria especial sobre direitos econômicos, sociais e culturais, 2023.* Relatório anual 2023. Disponível em: https://artigo19.org/wp-content/blogs.dir/24/files/2023/09/REDESCA_visitaBrasil_observaciones_POR.pdf. Acesso em 15 de out. 2022.

COMISSÃO INTERAMERICANA DE DIREITOS HUMANOS. CIDH. *Relatório sobre pobreza e direitos humanos na América.* 2022. Disponível em: https://www.oas.org/es/cidh/informes/pdfs/PobrezaDDHH2017.pdf. Acesso em 24 de nov. 2022.

COMISSÃO INTERAMERICANA DE DIREITOS HUMANOS. CIDH. *Relatório sobre pobreza e direitos humanos nas Américas,* 2017. Disponível em: https://www.oas.org/es/cidh/informes/pdfs/PobrezaDDHH2017.pdf. Acesso em 03 de nov. 2023.

COMISSÃO INTERAMERICANA DE DIREITOS HUMANOS. CIDH. *Resolução nº 1/2020.* Pandemia e direitos humanos nas Américas. 2020. Disponível em: https://www.oas.org/pt/cidh/decisiones/pdf/Resolucao-1-20-pt.pdf. Acesso em 21 de jan. 2023.

COMISSÃO INTERAMERICANA DE DIREITOS HUMANOS. CIDH. *Situação dos direitos humanos no Brasil.* 2021b. Disponível em: https://www.oas.org/pt/cidh/relatorios/pdfs/Brasil2021-pt.pdf. Acesso em 15 de out. 2022.

COMISSÃO INTERAMERICANA DE DIREITOS HUMANOS. CIDH. *V Informe anual da relatoria especial sobre direitos econômicos, sociais, culturais e ambientais (REDESCA) da comissão interamericana de direitos humanos (CIDH).* 2021c. Disponível em: https://www.oas.org/pt/cidh/relatorios/pdfs/Brasil2021-pt.pdf. Acesso em 23 de fev. 2024.

CONSELHO NACIONAL DE JUSTIÇA (CNJ). *Resolução n. 425, de 8 de outubro de 2021.* Institui a Política Judiciária Nacional de Atenção a Pessoas em Situação de Rua e suas interseccionalidades no âmbito do Poder Judiciário. Brasília, DF: CNJ, 2021.

CORRÊA, Valcionir. *Capitalcracia*: A crise como exploração e degradação. Florianópolis: Editora em Debate, 2012.

CORREIA, Ana Luzia de Moraes Gonçalves. Direitos das pessoas com deficiência: tutela em matéria de "desca" e a jurisprudência da Corte Interamericana de Direitos Humanos. *In*: LEGALE, Siddartha; VAL, Eduardo Manuel (org.). *O sistema interamericano e os direitos econômicos, sociais, culturais e ambientais (DESCA).* Rio de Janeiro: Núcleo Interamericano de Direitos Humanos (NIDH), 2023.

CORTE INTERAMERICANA DE DIREITOS HUMANOS. CORTE IDH. *Caso de los "Niños de la Calle" (Villagrán Morales y otros) Vs., Guatemala.* 1999. Disponível em: https://www.corteidh.or.cr/docs/casos/articulos/seriec_63_esp.pdf. Acesso em 29 de jan. 2024.

CORTE INTERAMERICANA DE DIREITOS HUMANOS. CORTE IDH. *Caso Gonzales Lluy vs. Equador.* 2015. Disponível em: https://www.corteidh.or.cr/docs/casos/articulos/seriec_298_esp.pdf. Acesso em 12 de fev. 2024.

CORTE INTERAMERICANA DE DIREITOS HUMANOS. CORTE IDH. *Caso Barbosa de Souza e outros vs. Brasil.* 2021. Disponível em: https://www.corteidh.or.cr/docs/casos/articulos/seriec_435_por.pdf. Acesso em 21 fev. 2024.

CORTE INTERAMERICANA DE DIREITOS HUMANOS. CORTE IDH. *Caso Trabalhadores da Fazenda Brasil Verde Vs. Brasil.* Exceções Preliminares, Mérito, Reparações e Custas. Sentença de 20 de outubro de 2016, Série C Nº 318, par. 340. Disponível em: https://www.corteidh.or.cr/docs/casos/articulos/seriec_318_por.pdf. Acesso em 12 de fev. 2024.

CORTE INTERAMERICANA DE DIREITOS HUMANOS. CORTE IDH. *Empregados da Fábrica de Fogos Santo Antônio de Jesus e seus Familiares vs. Brasil*, 2020. Disponível em: https://www.corteidh.or.cr/docs/casos/articulos/seriec_407_por.pdf. Acesso em 04 de mai. 2022.

CORTINA, Adela. *Aporofobia, el rechazo al pobre.* Un desafío para la democracia. Barcelona: Paidós, 2017.

CORTINA, Adela. *Aporofobia*: a aversão ao pobre, um desafio para a democracia. São Paulo: Editora Contracorrente, 2020.

CORTINA, Adela. *Ciudadanos del mundo*: hacia una teoría de la ciudadanía. Madrid: Alianza Editorial, 2009a.

CORTINA, Adela. *Ética mínima.* São Paulo: Martins Fontes, 2009b.

COURI, Sérgio. *Liberalismo e societalismo.* Brasília: Editora Universidade de Brasília, 2001.

CRESPO, Antônio Pedro Albernaz; GUROVITZ, Elaine. A pobreza como fenômeno multidimensional. FGV – Fundação Getúlio Vargas. *RAE-eletrônica*, Volume 1, Número 2, jul-dez/2002. Disponível em:

https://www.scielo.br/j/raeel/a/LVPkw9yHZfJ9kvjC8VSgTsh/?format=pdf&lang=pt. Acesso em 25 de ago. 2022.

CYRILLO DA SILVA, Carolina Machado; FUENTES-CONTRERAS, Édgar Hérnan; LEGALE, Siddharta. O Estado Interamericano de Direito no constitucionalismo sul-americano. *Seqüência Estudos Jurídicos e Políticos*, [S. l.], v. 42, n. 88, p. 1–27, 2021. DOI: 10.5007/2177-7055.2021.e83437. Disponível em: https://periodicos.ufsc.br/index.php/sequencia/article/view/83437. Acesso em 25 de jan. 2024.

DAMATTA, Roberto. *O Que Faz o Brasil, Brasil?* Rio de Janeiro: Rocco, 1986.

DARDOT, Pierre. et al., *A escolha da guerra civil*: Uma outra história do neoliberalismo. São Paulo: Elefante, 2021.

DEBONE, Rebecca Rafart de Seras Hoffmann. *Pobreza extrema*: Violação dos direitos humanos? Belo Horizonte: Arraes Editores, 2016.

DESCARTES, René. *Discurso do método.* São Paulo: Nova Cultural, 1999.

DESCHAMPS, Luiza. O artigo 26: Desenvolvimento progressivo. *In*: GUERRA, Sidney; VAL, Eduardo Manuel; VASCONCELOS, Raphael (Org. Científica); LEGALE, Siddharta (Org. Técnica). *Comentários à Convenção Americana de Direitos Humanos*: Pacto de San José da Costa Rica. Curitiba: Instituto Memória, 2019.

DORNELLES, João Ricardo Wanderley. Reflexões sobre direitos humanos, democracia e as políticas de segurança pública adotadas no Rio de Janeiro. *In*: DORNELLES, João Ricardo Wanderley; SOBRINHO, Sérgio Francisco Carlos Graziano.

(org.). *Estado, política e direito*: Políticas públicas e direitos fundamentais. Vol. 2. Criciúma: Ed. Unesc, 2011.

DUSSEL, Enrique. *1492*: O encobrimento do Outro. 1993. Livro eletrônico em PDF.

DUSSEL, Enrique. *A produção teórica de Marx*: um comentário aos Grundrisse. Tradução de José Paulo Netto. São Paulo: Expressão Popular, 2012.

DUSSEL, Enrique. Direitos humanos e ética da libertação: Pretensão política de justiça e a luta pelo reconhecimento dos novos direitos. *Revista InSURgência*, Brasília, ano 1, v. 1, n. 1, jan.- jun., 2015.

DUSSEL, Enrique. *Ética da Libertação na Idade da Globalização e da Exclusão*. São Paulo: Editora Vozes, 1998.

DUSSEL, Enrique. *Filosofia da libertação na América Latina.* São Paulo: Editora Loyola, 1977. Livro eletrônico em PDF.

DUSSEL, Enrique. *Filosofia da libertação*: crítica à ideologia da exclusão. São Paulo: Paulus, 1995.

DUSSEL, Enrique. *Para uma ética da libertação latino-americana.* São Paulo: Editora Loyola, 1973b.

DUSSEL, Enrique. *América Latina*: dependencia y liberación. Buenos Aires: Fernando García Cambeiro, 1973a.

ECCARD, Wilson Danilo de Carvalho. Histórico dos tratados e constituições em desca. *In*: Legale, Siddartha; Val, Eduardo Manuel (org.). *O sistema interamericano e os direitos econômicos, sociais, culturais e ambientais (DESCA).* Rio de Janeiro: Núcleo Interamericano de Direitos Humanos (NIDH), 2023.

ELLACURÍA, Ignacio. *La lucha por la justicia*: selección de textos de Ignacio Ellacuría. Universidad de Deusto, 2012.

ENGELS, Friedrich. *A situação da classe trabalhadora na Inglaterra.* São Paulo: Boitempo, 2010. Versão eletrônica em PDF. Disponível em: https://edisciplinas.usp.br/pluginfile.php/4662435/mod_resource/content/1/ENGELS.pdf. Acesso em 05 de jan. 2024.

ESCRIVÃO FILHO, Antônio; SOUZA JÚNIOR, José Geraldo. *Para um debate teórico-conceitual e político sobre os direitos humanos.* Belo Horizonte: Editora D'Plácido, 2021.

FACHIN, Melina Girardi. Constitucionalismo multinível: diálogos e(m) direitos humanos. *Revista Ibérica do Direito,* Portugal, Volume 1, nº 1, Ano 1, p. 53-68, junho, 2020.

FAGUNDES, Lucas Machado; FERRAZZO, Débora; LIXA, Ivone Fernandes Morcillo. *Cultura jurídica latino-americana*: entre o pluralismo e o monismo na condição da colonialidade. Aguascalientes-San Luis Potosí: CENEJUS-UASLP, 2020.

FAGUNDES, Lucas Machado; MARTÍNEZ, Alejandro Rosillo. *Introdução ao pensamento jurídico crítico desde a filosofia da libertação.* Belo Horizonte: D'Plácido, 2018.

FANON, Frantz. *Pele negra, máscaras brancas.* Salvador: EDUFBA, 2008.

FAUSTO, Boris. *História concisa do Brasil.* São Paulo: Ed. USP, 2019.

FERRAZZO, Débora. O novo constitucionalismo e dialética da descolonização. *In*: CAOVILLA, Maria Aparecida Lucca; WOLKMER, Antônio Carlos. (org.). *Temas atuais sobre o constitucionalismo latino-americano.* São Leopoldo: Karywa, 2015.

FERRAZZO, Débora; WOLKMER, Antônio Carlos. Democracia comunitária e comunitarismo andino: aportes descoloniais desde a experiência latino-americana. *Rev. direitos fundam. democ.*, v. 26, n. 2, p. 169-202 mai./ago. 2021.

FERREIRA, Siddharta Legale; ARAÚJO, David Pereira de. O Estado de Coisas Inconvencional: trazendo a Corte Interamericana de Direitos Humanos para o debate sobre o sistema prisional brasileiro. *Revista Publicum*, [S. l.], v. 2, n. 2, p. 67–82, 2016. DOI: 10.12957/publicum.2016.26042. Disponível em: https://www.e-publicacoes.uerj.br/publicum/article/view/26042. Acesso em: 25 de jan. 2024.

FERRO, Marc. *El libro negro del colonialismo*. Madrid: La Esfera de los libros, 2005. Versão eletrônica em PDF.

FLORES, Joaquim Herrera. *A (re)invenção dos direitos humanos*. Florianópolis: Fundação Boiteux, 2009.

FOUCAULT, Michel. *Microfísica do poder*. Rio de Janeiro: Graal, 1996.

FRANCO, Blandina; LOLLO, José Carlos. *Aporofobia*: você não conhece a palavra, mas conhece o sentimento. São Paulo: Companhia das Letrinhas, 2023.

FREYRE, Gilberto. *Casa-grande & senzala*: formação da família brasileira sob o regime da economia patriarcal. Rio de Janeiro: Maia & Schmidt, 1933.

FUNCIA, Francisco Rózsa. Subfinanciamento e orçamento federal do SUS: referências preliminares para a alocação de recursos. *Revista Ciência & Saúde Coletiva*, v. 24, p. 4405-4414, 2019. Disponível em: https://www.scielo.br/j/csc/a/n77WSKwsWhzyBHGXtgLfFMj/?lang=pt&format=html. Acesso em 09 de fev. 2024.

FURTADO, Celso. *Formação Econômica do Brasil*. São Paulo: Companhia das Letras, 2007.

GALEANO, Eduardo. *As veias abertas da América Latina*. 23. ed. Rio de Janeiro: Paz e Terra, 1986.

GIESE, Juliana Varejão; MENEGAT, Elizete Maria; SILVA, Luciana Bosco. População em situação de rua e espaço público: as manifestações contraditórias de aporofobia de gentileza urbana na atualidade. *Revista Brasileira de Gestão Urbana*, v. 15, 2023. Disponível em: https://www.scielo.br/j/urbe/a/SBMZZC55v5JbfvSNjzfrFDD/. Acesso em 06/02/2024.

GONÇALVES, Tamara Amoroso. *Direitos humanos das mulheres e a Comissão Interamericana de Direitos Humanos.* São Paulo: Editora Saraiva, 2013.

GUERRA, Sidney. *Curso de direito internacional público.* 10. ed. São Paulo: Saraiva, 2016.

GUERRA, Sidney; LEGALE, Siddartha. Preâmbulo. *In*: GUERRA, Sidney; VAL, Eduardo Manuel; VASCONCELOS, Raphael. *Comentários à Convenção Americana de Direitos Humanos*: Pacto de San José da Costa Rica. Curitiba: Instituto Memória, 2019.

GUTIÉRREZ, Gustavo. *A força histórica dos pobres.* Rio de Janeiro: Editora Vozes, 1981.

HEEMANN, Thimotie Aragon; PAIVA, Caio. *Jurisprudência internacional de direitos humanos.* 3. ed. Belo Horizonte: CEI, 2020.

HESBURGH, Theodore Martin, 1917. *O imperativo humanitário.* Trad. De Paulo Roberto Palm. Brasília: Editora Universidade de Brasília, 1980.

HOLANDA, Sérgio Buarque de. *Raízes do Brasil.* São Paulo: Companhia das Letras, 2006.

IFANGER, Fernanda Carolina de Araújo; MASTRODI, Josué. Sobre o conceito de políticas públicas. *Revista de Direito Brasileira*, v. 25, n. 10, 2020. Disponível em:

https://www.indexlaw.org/index.php/rdb/article/view/5702. Acesso em 28 fev. 2024.

INSTITUTO BRASILEIRO DE GEOGRAFIA E ESTATÍSTICA (IBGE). *Desigualdades sociais por cor ou raça no Brasil.* Rio de Janeiro: IBGE, 2019. (Estudos e Pesquisas: Informação Demográfica e Socioeconômica, n. 41). Disponível em: https://biblioteca.ibge.gov.br/visualizacao/livros/liv101681_informativo.pdf. Acesso em 8 jul. 2022.

INSTITUTO DE PESQUISA ECONÔMICA APLICADA (IPEA). *Rendimentos e horas trabalhadas.* Carta de Conjuntura, n. 54, nota de conjuntura 25, jun. 2022. Disponível em: https://www.ipea.gov.br/portal/images/stories/PDFs/conjuntura/220610_cc_54_nota_25_rendimentos_e_horas_trabalhadas.pdf. Acesso em 13 jun. 2022.

INSTITUTO BRASILEIRO DE GEOGRAFIA E ESTATÍSTICA (IBGE). *Desigualdades sociais por cor ou raça no Brasil.* 2. ed. Rio de Janeiro: IBGE, 2022. (Estudos e Pesquisas: Informação Demográfica e Socioeconômica, n. 48).

INSTITUTO BRASILEIRO DE GEOGRAFIA E ESTATÍSTICA (IBGE). *Estimativas da população residente no Brasil.* Rio de Janeiro: IBGE, 2022.

KHALED JR., Salah H. *Ordem e progresso*: A invenção do Brasil e a gênese do autoritarismo nosso de cada dia. 3. ed. Rio de Janeiro: Lumen Juris, 2019.

LAKATOS, Eva Maria; MARCONI, Marina de Andrade. *Fundamentos de metodologia científica.* 5. ed. São Paulo: Atlas, 2003.

LAVAL, Christian. *Foucault, Bourdieu e a questão neoliberal.* São Paulo: Elefante, 2020.

LAZARI, Rafael de. *Teoria da consolidação substancial dos direitos humanos*: Aportes à concepção de "pessoas democráticas de direito". Rio de Janeiro: Lumen Juris, 2017.

LEGALE, Siddharta. *A corte interamericana de direitos humanos como tribunal constitucional*: Exposição e análise crítica dos principais casos. 2. ed. Rio de Janeiro: Lumen Juris, 2020.

LEGALE, Siddharta. *Curso de teoria constitucional interamericana*. 2. ed. Núcleo Interamericano de Direitos Humanos: Rio de Janeiro, 2022.

LEGALE, Siddharta. La constitución interamericana. *In*: Comité Jurídico Interamericano y el Departamento de Derecho Internacional de la Secretaría de Asuntos Jurídicos de la Organización de los Estados Americanos (org.). *XLVI Curso de derecho internacional*. Rio de Janeiro, Brasil, 2019.

LESBAUPIN, Ivo. *As classes populares e os direitos humanos*. Petrópolis/RJ: Vozes, 1984. Livro eletrônico em PDF.

LIPPSTEIN, Daniela; WOLKMER, Antônio Carlos. Por uma educação latino-americana em direitos humanos: Pensamento crítico contra-hegemônico. *Revista da Faculdade de Direito de Vitória – ES*, Vitória, v. 18, n. 1, p. 283-301, jan./abr. 2017.

LIQUIDATO, Véra Lúcia Viegas. Direitos fundamentais da pessoa humana: classificação em "gerações" /dimensões. *In*: BRASIL, Ministério Público Federal. Direitos humanos fundamentais: 70 anos da Declaração Universal dos Direitos Humanos e 20 anos do reconhecimento da jurisdição da Corte Interamericana de Direitos Humanos e as mudanças na aplicação do direito no Brasil: coletânea de artigos – Brasília: MPF, 2019. Disponível em:
https://www.mpf.mp.br/pgr/documentos/coletanea_direitos_humanos_fundamentais.pdf. Acesso em 02/01/2024.

LISBÔA, Natália de Souza. Perspectivas decoloniais do novo constitucionalismo latino-americano. *Revista Conpedi Law Review*, Quito-Equador, v. 4, n. 2, p. 199-214, jul./dez. 2018.

LOPES, José Reinaldo de Lima. *O estudo comparado de instituições políticas*: perspectivas metodológicas e teóricas. São Paulo: Alfa-Omega, 2006.

LOSURDO, Domenico. *Liberalismo*: Entre a civilização e a barbárie. 2. ed. São Paulo, SP: Anita Garibaldi, 2021.

MACHADO, Carlos Augusto Alcântara; REZENDE, Augusto César Leite. A fraternidade como antídoto contra a aporofobia. *Revista Sequência: Estudos jurídicos e políticos*. Universidade Federal de Santa Catarina, Vol. 42, nº 88, 2021. Disponível em: https://www.scielo.br/j/seq/a/XkM7fbnDPkcctgCzHbjKJms/. Acesso em: 21 de dez. 2023. Livro eletrônico em PDF.

MACHADO, Luiz Toledo. *A teoria da dependência na América Latina*. Estudos Avançados, 1999. Disponível em: https://www.scielo.br/j/ea/a/mjsc7pDvgJxjSNFFM6NwmGN/?format=pdf&lang=pt. Acesso em 13 de dez. 2023.

MARINHO, Alexandre. Um estudo sobre as filas para transplantes no Sistema Único de Saúde brasileiro. *Cad. Saúde Pública*, Rio de Janeiro, p. 2229-2239, out, 2006. Disponível em: https://www.scielo.br/j/csp/a/D579DPWHMHh3nL5gc9LS7RB/. Acesso em 19 de dez. 2023.

MARINI, Ruy Mauro. Dialética da dependência. *Germinal: Marxismo e Educação em Debate*, Salvador, v. 9, n. 3, p. 325-356, dez. 2017. Disponível em: https://biblioteca-repositorio.clacso.edu.ar/bitstream/CLACSO/16061/1/Dialectica-de-dependencia.pdf. Acesso em 13 de dez. 2023.

MARTÍNEZ, Alejandro Rosillo. F*undamentação dos Direitos Humanos desde a Filosofia da Libertação*. Tradução Ivone Fernandes Morcillo Lixa e Lucas Machado Fagundes. Ijuí: Ed. Unijuí, 2015.

MARTINS, Ives Gandra; REZEK, Francisco (Coord). C*onstituição Federal*: Avanços, contribuições e modificações no processo democrático brasileiro. São Paulo: Editora Revista dos Tribunais, 2008.

MASCARO, Alysson Leandro. *Sociologia do direito*. 2. ed. Rio de Janeiro: Atlas, 2022.

MAZZUOLI, Valério de Oliveira. *Controle jurisdicional da convencionalidade das leis*. 5. ed. Rio de Janeiro: Forense, 2018a.

MAZZUOLI, Valério de Oliveira. *Curso de direitos humanos*. 5. ed. Rio de Janeiro: Forense; São Paulo: Método, 2018b. Livro eletrônico em PDF.

MELIN, Cláudio. *Ensaio sobre a cura do direito*: indícios de uma verdade jurídica possível. Florianópolis: Editora Empório do Direito, 2015.

MELO, Paulo Henrique Lopes Vaz de. A comissão interamericana e sua relatoria especial sobre direitos econômicos, sociais, culturais e ambientais. *In*: Legale, Siddartha; Val, Eduardo Manuel (org.). *O sistema interamericano e os direitos econômicos, sociais, culturais e ambientais (DESCA)*. Rio de Janeiro: Núcleo Interamericano de Direitos Humanos (NIDH), 2023.

MIGNOLO, Walter. El desprendimiento: pensamiento crítico y giro descolonial. *In*: WALSH, Catherine; GARCÍA LINERA, Álvaro; MIGNOLO, Walter. (org.). *Interculturalidad, descolonización del Estado y del conocimiento*. Buenos Aires: Del Signo, 2006.

MONTENEGRO, Marina Regitz. A teoria dos circuitos da economia urbana de Milton Santos: de seu surgimento à sua atualização. *Revista Geográfica Venezolana*, Vol. 53, 2012, p. 147-164.

MOREIRA, Adilson José. Pensando como um negro: Ensaio de hermenêuticas jurídicas. *Revista de Direito Brasileira*, São Paulo, SP, v. 18, n. 7, p. 393-421, set./dez. 2017. Disponível em: https://www.indexlaw.org/index.php/rdb/article/view/3182. Acesso em 10 de out. 2023.

MOREIRA, Adilson José. *Tratado de direito antidiscriminatório*. São Paulo: Editora Contracorrente, 2020.

MOURA, Clóvis. *Rebeliões da senzala*: quilombos, insurreições, guerrilhas. 6. ed. São Paulo, SP: Anita Garibaldi, 2021.

NAKAMURA, Lisa. Afterword: racism, sexism and gaming's cruel optimism. *In*: MALKOWSKI, Jennifer; RUSSWORM, TreaAndrea M. (ed.). *Gaming representation*: race, gender and sexuality in video games. Bloomington: Indiana University Press, 2017.

NASCIMENTO, Marília Aguiar Ribeiro do. *Acesso do indivíduo à justiça internacional*: Limites e perspectivas. Rio de Janeiro: Lumen Juris, 2018.

NOVAIS, Jorge Reis. *Contributo para uma teoria do estado de direito*. Coimbra: Almedina, 2006.

OLIVEIRA, Francisco. *Crítica à razão dualista*: o ornitorrinco. São Paulo: Boitempo Editorial, 2003.

OLIVEIRA, Francisco. Privatização do público, destituição da fala e anulação da política. *In*: OLIVEIRA, F. & PAOLI, Maria Célia (org.) *Os sentidos da democracia*: políticas de dissenso e hegemonia global. 2. ed. Petrópolis; RJ: Vozes, Brasília: NEDIC, 1999.

OLIVEIRA, Lorena Silva. O conceito de governamentalidade de Michel Foucault. *Revista Ítaca*, UFRJ, n. 34, 2019. Disponível em: https://revistas.ufrj.br/index.php/Itaca/article/view/26395. Acesso em 02 de jan. 2024.

OLIVEIRA, Rafaela Barbosa de. *A população em situação de rua e as violências estrutural e institucional*: um desafio para o serviço social. V SIPINF. Seminário Internacional de políticas públicas, intersetorialidade e família: atravessamentos do neoliberalismo nas políticas públicas no contexto pandêmico, PUCRS, 2021. Disponível em: https://editora.pucrs.br/anais/sipinf/assets/edicoes/2021/artigo/41.pdf. Acesso em 23 de fev. 2024.

ORGANIZAÇÃO DAS NAÇÕES UNIDAS. ONU. *Declaração Universal dos Direitos Humanos*, 1948. Disponível em: https://brasil.un.org/sites/default/files/2020-09/por.pdf. Acesso em 30 de ago. 2022.

ORGANIZAÇÃO DOS ESTADOS AMERICANOS. OEA. *Carta da Organização dos Estados Americanos*, 1948. Disponível em: https://www.cidh.oas.org/basicos/portugues/q.carta.oea.htm. Acesso em 25 de ago. 2022.

ORGANIZAÇÃO DOS ESTADOS AMERICANOS. OEA. *Convenção Americana sobre Direitos Humanos (Pacto de San José da Costa Rica)*. 1969. Disponível em: https://www.planalto.gov.br/ccivil_03/decreto/1990-1994/anexo/and678-92.pdf. Acesso em: 16 de jan. 2024.

ORGANIZAÇÃO DOS ESTADOS AMERICANOS. OEA. *Protocolo de San Salvador*, 1988. Disponível em: https://www.oas.org/pt/cidh/mandato/basicos/sansalvador.pdf. Acesso em 21 de fev. 2024.

PELE, Antonio. De calvino a buda: Um novo "espírito" do capitalismo? *In*: CITTADINO, Gisele. Et Al. (org.). *Direitos humanos e neoliberalismo*. Rio de Janeiro: Lumen Juris, 2018.

PIKETTY, Thomas. *A economia da desigualdade*. Rio de Janeiro: Intrínseca, 2015.

PIKETTY, Thomas. *Uma breve história da igualdade*. Rio de Janeiro: Intrínseca, 2022.

PIOVESAN, Flávia. *Direitos humanos e o direito constitucional internacional*. 14. ed. São Paulo: Saraiva, 2013.

PIOVESAN, Flávia. Sistema interamericano de direitos humanos: impacto transformador, diálogos jurisdicionais e desafios da reforma. *Revista Direitos Emergentes na Sociedade Global*. v. 3, n. 1, p. 76-101. jan.jun/2014. Disponível em: https://periodicos.ufsm.br/REDESG/article/view/16282/pdf. Acesso em 24 de jan. 2024.

PORTO, Maria Célia da Silva. *Estado e neoliberalismo no Brasil contemporâneo*: implicações para as políticas sociais, 2020. IV Jornada Internacional de Políticas Públicas, promovida pela Universidade Federal do Maranhão (UFMA) através do Programa de Pós-Graduação em Políticas. Disponível em: http://www.joinpp.ufma.br/jornadas/joinppIV/eixos/1_Mundializacao/estado-e-neoliberalismo-no-brasil-contemporaneo.pdf. Acesso em 23 de jan. 2024.

PRADO, João Fernando de Almeida. O *Brasil e o colonialismo europeu*. Vol. 288. São Paulo: Companhia Editora Nacional, 1956.

PRIORE, Mary del. *Histórias da gente brasileira*. Vol. 1. Colônia. São Paulo: Leya, 2016. Edição em formato de livro eletrônico.

PRONER, Carol. *Os direitos humanos e seus paradoxos*: análise do sistema interamericano de proteção. Porto Alegre: Sérgio Antônio Fabris Editor, 2002.

QUEIROZ, Cristina. Direito Constitucional: *As instituições do Estado democrático e constitucional.* Coimbra: Coimbra Editora, 2009.

RAMOS, André de Carvalho. *Curso de direitos humanos.* São Paulo: Saraiva, 2014. Livro em PDF. Disponível em: http://pergamum.ifsp.edu.br/pergamumweb/vinculos/000044/000044dd.pdf. Acesso em 27 de dez. 2023.

REDE BRASILEIRA DE PESQUISA EM SOBERANIA E SEGURANÇA ALIMENTAR E NUTRICIONAL (REDE PENSSAN). *II Inquérito Nacional sobre Insegurança Alimentar no contexto da pandemia da Covid-19 no Brasil.* São Paulo: Fundação Friedrich Ebert; Rede PENSSAN, 2022.

REDESCA. Relatoria Especial sobre os Direitos Econômicos, Sociais e Cultural. CIDH. *Informe temático sobre "Pobreza e Direitos Humanos"*, 2017. Disponível em: https://www.oas.org/es/cidh/informes/pdfs/PobrezaDDHH2017.pdf. Acesso em 19 de dez. 2022.

RIBEIRO, Darcy. *O povo brasileiro*: A formação e o sentido do Brasil. 2. ed. São Paulo: Companhia das Letras, 1995.

ROBERT, Marayse. La desigualdad y la inclusión social en las Américas: Elementos clave, tendencias recientes y caminos hacia el futuro. *In*: Organização dos Estados Americanos (org.). *Desigualdad e inclusión social en las Américas*: 14 ensayos, 2011. Disponível em: https://www.oas.org/docs/desigualdad/libro-desigualdad.pdf. Acesso em 10 de jan. 2024.

SAMPAIO, Tamires Gomes. *Código oculto*: política criminal, processo de racialização e obstáculos à cidadania da população negra no Brasil. São Paulo: Editora Contracorrente, 2020.

SANDEL, Michael J. *A tirania do mérito*: o que aconteceu com o bem comum? 8. ed. Rio de Janeiro: Civilização Brasileira, 2023.

SANTOS, Boaventura de Sousa. *Para uma revolução democrática da justiça*. São Paulo: Cortez Editora, 2011.

SANTOS, Boaventura de Sousa. *Pensar el estado y la sociedad*: desafíos actuales. Buenos Aires: Waldhuter, 2009.

SANTOS, Boaventura de Sousa. *Toward a new legal common sense*: law, globalization and emancipation. London: Butterworths, 2002.

SANTOS, Milton. *O espaço dividido*: os dois circuitos da economia urbana dos países subdesenvolvidos. 2. ed. São Paulo: Editora da Universidade de São Paulo, 2008.

SANTOS, Milton. *Pobreza urba*na. 3. ed. São Paulo: Editora da Universidade de São Paulo, 2013.

SCUSSEL, Jaqueline; WOLKMER, Maria de Fátima Schumacher. *Pensar os direitos humanos no século XXI*: Por um giro descolonial. Florianópolis: Conceito Atual Editora, 2021.

SECCHI, Leonardo. *Políticas públicas*: conceitos, esquemas de análise, casos políticos. 2. ed. São Paulo: Editora Cengage, 2013.

SEN, Amartya. *A ideia de justiça*. São Paulo: Editora Schwarcz LTDA, 2009. Edição eletrônica em PDF.

SEN, Amartya. *Desigualdade reexa*minada. Rio de Janeiro: Record, 2001. Edição eletrônica em PDF.

SILVA, Eliana Andrade da; VIVEIROS, Kilza Fernanda Moreira de. Representações sociais de pobreza construídas pelos cursistas da especialização educação, pobreza e desigualdade social realizada no Rio Grande do Norte: primeiros resultados. *Educar em Revista*, Curitiba, Brasil, Edição Especial n. 2, p. 35-54, set. 2017. Disponível em: https://www.scielo.br/j/er/a/9RCwwVHWh8N3pmKpDfF5gqs/?lang=pt#. Acesso em 28 de jan. 2024.

SILVA, Tédney Moreira da. *No banco dos réus, um índio*: Criminalização de indígenas no Brasil. São Paulo: IBCCRIM, 2016.

SOUZA, Celina. Políticas públicas: uma revisão da literatura. *Sociologias*, Porto Alegre, ano 8, n. 16, p. 20-45, jul./dez. 2006.

SOUZA, Jessé. *A elite do atraso*: da escravidão a Bolsonaro. São Paulo: Editora Estação Brasil, 2019.

SOUZA, Jessé. *A elite do atraso*: da escravidão à Lava Jato. Rio de Janeiro: Leya, 2017.

SOUZA, Jessé. *A ralé brasileira*: quem é e como vive. Belo Horizonte: Editora UFMG, 2009.

SOUZA, Jessé. Por uma teoria da ação social da modernidade periférica: um diálogo crítico com Florestan Fernandes. *In*: SOUZA, Jessé (org.). *A invisibilidade da desigualdade brasileira*. Belo Horizonte: Editora UFMG, 2006.

STRECK, Lênio. *Jurisdição constitucional*. 6. ed. São Paulo: Editora Forense, 2021.

STRECK, Lênio. *Precisamos falar sobre direito e moral*: Os problemas da interpretação e da decisão judicial. Florianópolis: Tirant lo blanch, 2019.

SWIECH, Gregório Furtado. Artigo 1: Obrigação de respeitar os direitos. *In*: GUERRA, Sidney et al. (org.). *Comentários à Convenção Americana de Direitos Humanos*: Pacto de San José da Costa Rica. Curitiba: Instituto Memória. Centro de Estudos da Contemporaneidade, 2019.

TAMAMOTO, Vinicius. Padre Júlio Lancellotti quebra pedras sob viaduto a marretadas. *Revista Veja São Paulo*, fev., 2021. Disponível em: https://vejasp.abril.com.br/cidades/padre-julio-lancellotti-pedras-marreta-viaduto. Acesso em 06/02/2024.

TERRA, Ricardo Ribeiro. *Lógica formal.* Curitiba: UFPR, 2006.

TRINDADE, Antônio Augusto Cançado. *A humanização do direito internacional.* 2. ed. São Paulo: Editora Del Rey, 2015.

TRINDADE, Antônio Augusto Cançado. *Desafios e conquistas do direito internacional dos direitos humanos no início do século XXI.* Trabalho de pesquisa apresentado pelo Autor, em um primeiro momento, nas Jornadas de Direito Internacional Público no Itamaraty, na forma de conferência de encerramento por ele ministrada em Brasília, em 09.11.2005, e, em um segundo momento, em forma final e definitiva, em forma de três conferências proferidas pelo Autor no XXXIII Curso de Direito Internacional Organizado pela Comissão Jurídica Interamericana da OEA, no Rio de Janeiro, em 18 e 21-22 de agosto de 2006. Disponível em: https://www.oas.org/dil/esp/407-490%20cancado%20trindade%20oea%20cji%20%20.def.pdf. Acesso em 21/01/2024.

TRINDADE, Antônio Augusto Cançado. *O direito internacional em um mundo em transformação*: Ensaios, 1976-2001. Rio de Janeiro: Renovar, 2002.

TRINDADE, Antônio Augusto Cançado. The fundamental right to self-determination of peoples in the domain of *jus cogens*. *In*: Comité Jurídico Interamericano y el Departamento de Derecho Internacional de la Secretaría de Asuntos Jurídicos de la Organización de los Estados Americanos (org.). *XLVI Curso de derecho internacional.* Rio de Janeiro, Brasil, 2019.

TRINDADE, Luiz Valério. *Discurso de ódio nas redes sociais.* São Paulo: Jandaíra, 2022.

UGÁ, Vivian Domínguez. A categoria "pobreza" nas formulações de política social do banco mundial. *Rev. Sociol. Polít.*, Curitiba, 23, p. 55-62, nov. 2004. Disponível em:

https://www.scielo.br/j/rsocp/a/mmW4c4THp9XDfXjt9mxGSqM/?format=pdf&lang=pt. Acesso em 27 de fev. 2024.

VALIM, Rafael. *Estado de exceção*: A forma jurídica do neoliberalismo. São Paulo: Editora Contracorrente, 2018.

WACQUANT, Loïc. *As prisões da miséria*. Rio de Janeiro: Zahar, 2011.

WOLKMER, Antônio Carlos. *História do direito no Brasil*. 10. ed. Rio de Janeiro: Forense, 2018.

WOLKMER, Antônio Carlos. *Introdução ao pensamento crítico*. 9. ed. Florianópolis, 2015.

WOLKMER, Antônio Carlos. *História do direito no Brasil*. 6. ed. Rio de Janeiro: Forense, 2012a.

WOLKMER, Antônio Carlos. *Pluralismo jurídico*: Fundamentos de uma nova cultura do Direito. São Paulo: Alfa-Ômega, 2001.

WOLKMER, Antônio Carlos. *Pluralismo jurídico*: fundamentos de uma nova cultura no Direito. São Paulo: Alfa-Omega, 2012b.

WOLKMER, Antônio Carlos. Reinvenção dos direitos humanos: um aporte descolonial desde o sul. *In*: RABINOVITCH-BERKMAN, Ricardo. *Los derechos humanos desde la historia*. Immersiones Libres. Chile: EH Editorial Hammurabi, 2019.

WOLKMER, Antônio Carlos; BATISTA, Anne Carolinne. Direitos humanos e processos de lutas na perspectiva da interculturalidade. *In*: PRONER, Carol (Coord.). *Teoria crítica dos direitos humanos*: in memoriam Joaquim Herrera Flores. Belo Horizonte: Ed. Fórum, 2011.

YASUAKI, Onuma. *Direito internacional em perspectiva transcivilizacional*: Questionamento da estrutura cognitiva predominante no emergente mundo multipolar e multicivilizacional do século XXI. Belo Horizonte: Arraes editores, 2017.

ZIMMERMANN, Roque. *América Latina*: O não ser; uma abordagem filosófica a partir de Enrique Dussel (1962-1976). São Paulo: Vozes, 1986.

PUBLIQUE CONOSCO!

NIDH

Núcleo interamericano de Direitos Humanos

https://nidh.com.br/

@nidhufrj

/nidhfnd

iiltda@hotmail.com

Mais direitos para mais humanos

www.ingramcontent.com/pod-product-compliance
Lightning Source LLC
LaVergne TN
LVHW030725061126
851857LV00019B/1998
9786583301161